管理学基础知识读本
（现职军官培训）

王灵芝　主　编
刁　军　孙鲁青　副主编

U0832976

航空工业出版社
北　京

内　容　提　要

本书在系统地介绍现代管理学的基本概念、基本职能和基本原理等基础知识的同时，引入了对现代管理科学中的各种经典管理理论和现代管理方法的介绍，重点围绕管理的各项职能展开介绍。

本书可作为管理类课程的基础培训教材，也可供一切有志于提高管理学识的读者学习使用。

图书在版编目（CIP）数据

管理学基础知识读本：现职军官培训／王灵芝主编
.--北京：航空工业出版社，2019.7
ISBN 978-7-5165-1979-0

Ⅰ.①管… Ⅱ.①王… Ⅲ.①管理学—干部培训—教材 Ⅳ.①C93

中国版本图书馆 CIP 数据核字(2019)第 167904 号

管理学基础知识读本（现职军官培训）
Guanlixue Jichu Zhishi Duben（Xianzhi Junguan Peixun）

航空工业出版社出版发行
（北京市朝阳区北苑 2 号院　100012）
发行部电话：010-59773006　010-85672462
三河市华骏印务包装有限公司印刷　全国各地新华书店经售
2019 年 7 月第 1 版　2019 年 7 月第 1 次印刷
开本：787×1092　1/16　印张：14　字数：330 千字
印数：1—1000　定价：56.00 元

管理学基础知识读本
（现职军官培训）
编委会

主　　编： 王灵芝

副 主 编： 刁　军　孙鲁青

参编人员： 贾向军　王利明　王文秀　纪云飞　刘　阳

前　言

在现代社会，每个人都生活在各种不同层次、不同类型的组织之中，每个人都涉及管理，管理无处不在。人们不论从事何种职业，无论职位高低，每天都在进行着有意识和无意识的管理活动。

本书以指挥类现职干部学员的特点和具体学习需求为出发点和落脚点，结合现职干部学员岗位任职需要，构建了以管理职能为主线，以现代管理科学基本概念、基本理论、基本方法为主体的内容体系。在内容的取舍和体系的构建上，针对现职干部学员的具体学习需求，突出基础性和系统性，旨在便于现职干部学员了解和掌握现代管理科学的基础知识、基本方法和基本理论，完善现职干部学员的知识结构，为进一步提升现职干部学员的领导管理能力提供必要的理论支持和帮助。

本书由王灵芝主编，刁军、孙鲁青任副主编。王灵芝负责整体框架的设计及全书的统稿和定稿，刁军、孙鲁青、贾向军、王利明、王文秀、纪云飞、刘阳参与了资料收集整理和相关章节的编写工作。

本书在编写过程中，得到了多位部队领导和海军现职干部培训学员的大力支持和帮助，也参考和引用了国内外大量专著、教材和文献资料，在此一并表示诚挚的感谢。

由于编著人员水平有限，难免存在不成熟和不妥之处，恳请读者批评指正。

编　者

2018 年 6 月

目　　录

第一章　绪　论

“管理是由心智所驱使的唯一无处不在的人类活动。”——戴维·B. 赫尔茨

“在人类历史上，还很少有什么事比管理的出现和发展更为迅猛，对人类具有更为重大和更为激烈的影响。”——彼得·德鲁克

随着人类社会的进步和发展，管理所起的作用越来越大。当今世界，各国经济水平的高低很大程度上取决于其管理水平的高低。

第二次世界大战以后，一些英国专家小组去美国学习工业方面的经验。他们很快发现，英国在工艺和技术方面并不比美国落后多少，但英国的生产率水平与美国相比却相差悬殊。是什么造成这种情况呢？通过深入的调查，专家们发现，造成英国工业在生产率水平方面比较低的主要原因在于英国的管理组织水平远落后于美国，美国经济快速发展最主要的原因就在于其较高的管理水平。

美国前国防部长麦克纳马拉说过，美国经济的领先地位三分靠技术，七分靠管理。美国经济上强大的竞争力与其在管理科学上的突飞猛进显然具有内在联系。

第一节　管理的含义、职能与性质

管理，顾名思义，既管且理。管什么？理什么？家长要管理家务，儿童要管理自己的零用钱，每个人都要管理自己的时间。这是广义的管理。更重要的领域是组织的管理：总统管理国家，将军管理军队，校长管理学校，总经理管理公司，等等。这是狭义的管理。本书中主要探讨后者，即组织的管理。

国家为什么要设立总统、总理、部长？军队为什么要设立司令员、参谋？企业为什么要设立董事、总经理、厂长？这些管理者所面对的主要难题是什么？一言以蔽之——有限的资源与互相竞争的多种目标的矛盾，这是管理的基本矛盾。

假使资源的供应是无限的，人们要钱有钱，要物有物，要人有人，要时间有时间，要空间有空间……那么组织的活动将可随心所欲，为所欲为。管理将变成多余之举。遗憾的是，当今的世界仍然是资源有限（甚至贫乏）的，而人们所要追求的目标则是多种多样的。这些目标在实现的过程中，围绕着争夺资源而进行无情的竞争。那么，这有限的资源如何在互相竞争的多种目标之间合理分配？分配之后的资源如何组织、控制和协调？对于其中最宝贵的资源——人，如何进行领导和激励？这都需要有专人去思考去组织，去携手实施，亦即进行管理。随着生产力的发展和人类社会的进步，资源与目标的矛盾越来越复杂，管理也越来越成为人们关注的焦点。

一、管理的含义

什么是管理？这是每个初学管理的人首先遇到的问题。众所周知，管理有许多特殊的领域，例如行政管理、经济管理、企业管理，以及各种行业、部门和过程的管理。这些领域都有专门的学科进行研究，但是我们稍加分析就可以发现，这些专门的学科有许多共性的内容，如人、财、物的组织与计划问题，对人进行领导和激励的问题等。一般地说，这些专门的学科都有管理这一含义。本书所要研究的正是这种一般意义上的管理。

截至目前为止，“管理”一词仍没有一个统一的、为大多数人所接受的定义。原因很简单，由于不同的人在研究管理时的出发点不同，因此，他们对“管理”一词所下的定义也就不同。总体而言，有以下几种具有代表性的观点：

1. 现代管理理论创始人，法国实业家法约尔（Henri Fayol）于1916年提出：管理是有计划、组织、指挥、协调及控制等职能为要素组成的活动过程。经近百年的研究和实践证明，除在职能的提法上有所增减外，总的来说是正确的，并成为管理定义的基础。

2. 管理是通过计划工作、组织工作、领导工作和控制工作的诸过程来协调所有的资源，以便达到预期的目标。这一表述由三个部分组成：

（1）管理首先是协调资源，资源包括资金（Money）、物质（Material）和人员（Man）三个方面，因为这三个英文单词的第一字母均为M，故人们也简称之“3M”；

（2）各种管理职能是协调的手段；

（3）管理是有目的的过程，协调资源的目的是为了达到既定的目标。

3. 管理是在某一组织中，为完成目标而从事的对人与物质资源的协调活动。这一表述包括四个要素：

（1）为完成某种目标；

（2）由人进行的协调活动；

（3）通过管理职能进行协调；

（4）是某一组织群体努力的活动。

4. 管理就是由一个或更多的人来协调他人活动，以便收到个人单独活动所不能收到的效果而进行的各种活动。简化的说法为：“管理是通过其他人的工作达到组织的目标。”这种表述包含三点内容：

（1）管理其他人及其他人的工作；

（2）通过其他人的活动来收到工作效果；

（3）通过协调其他人的活动来进行管理。

5. 管理就是协调人际关系，激发人的积极性，以达到共同目标的一种活动。这一表述突出了人际关系和人的行为。它包括三层意思：

（1）管理的核心是协调人际关系；

（2）管理者应当根据人的行为规律去激发人的积极性；

（3）在一个组织中的人们，具有共同的目标。管理的任务就是要使人们相互沟通和理解，为完成共同目标而努力。

6. 管理也是社会主义教育。这是毛泽东在 1964 年提出的观点。初看起来，这一观点似乎难以理解，实际上包含了深刻的思想：

（1）管理的关键是人的精神状态；

（2）管理的根本方法是通过教育提高人的觉悟，激发人的积极性；

（3）管理与社会制度相关，如果每个人懂得自己的工作怎样对组织的最高目标做出贡献时，组织就会实现最好的管理。

显然这一观点是从社会和政治的角度强调了人的信仰、价值观在管理中的重要作用，而回避了管理中固有的专业技能。

7. 管理是一种以绩效、责任为基础的专业技能。这是彼得·德鲁克教授提出的观点。他的观点与毛泽东的观点恰恰相反。他认为：

（1）管理与所有权、地位或权力完全无关；

（2）管理是专业性的工作，与其他技术性工作一样，有自己专有的技能、方法、工具和技术；

（3）管理人员是一个专业的管理阶层；

（4）管理的本质和基础是执行任务的责任。

显然，德鲁克淡化了管理的社会属性，而片面地强调了管理的自然属性。

8. 管理就是决策。这是 1978 年诺贝尔经济学奖获得者赫伯特·西蒙提出的。他把决策过程分为四个阶段：

（1）调查情况，分析形势，搜集信息，找出决策的理由；

（2）制订可能的行动方案，以应付面临的形势；

（3）在各种可能解决问题的行动方案中进行选择，确定比较满意的方案，付诸实施；

（4）了解、检查过去所选择方案的执行情况，作出评价，制定新的决策。

决策过程实际上是任何管理工作解决问题时所必经的过程。任何组织、任何层次的管理者在进行管理时都要经过这种决策过程，所以从这方面看，可以说，管理就是决策。

9. 管理就是根据一个系统所固有的客观规律，施加影响于这个系统，从而使这个系统呈现一种新状态的过程。这是许多系统论者所共有的观点。这个观点包含的内容有四点：

（1）任何社会组织都是若干单元或子系统组成的复杂系统；

（2）系统内各个组成部分具有耦合功能，因而系统的发展变化表现出一定的规律；

（3）管理的职能就是根据系统的客观规律对系统施加影响；

（4）管理的任务就是使系统呈现出新状态，以达到预定的目的。

以上这些关于管理概念的观点，都是从各个不同角度提出的，均反映了管理性质的某个侧面。为了对管理进行比较广泛的研究，综合前人的观点，本书采用以下的定义：管理是社会组织中，以期更好地达成组织目标，通过决策、计划、组织、领导、控制和创新，协调以人为中心的活动过程。

二、管理的职能

人类的管理活动具有哪些最基本的职能呢？这一问题经过近一百年的研究，至今还是众说纷纭。自法约尔提出五种管理职能以来，有提出六种、七种的，也有提出四种、三种，甚至两种、一种的。各种提法都是表 1 所列 14 种职能中不同数量的不同组合。最常见的提法是计划、组织、领导、控制。随着管理理论的不断发展，对管理职能的认识也在不断的发展变化中，我国著名的管理学家、南京大学商学院企业管理系教授、博士生导师周三多教授在其所著的《管理学——原理与方法》一书中提出：计划、组织、领导、控制和创新这五种职能是一切管理活动的基本职能。

表 1–1　管理职能表

<table>
<tr><th>管理职能</th><th>古典提法</th><th>常见提法</th><th>其他提法</th></tr>
<tr><td>计划（planning）</td><td>○</td><td>○</td><td>计划</td></tr>
<tr><td>组织（organizing）</td><td>○</td><td>○</td><td rowspan="2">组织</td></tr>
<tr><td>用人（staffing）</td><td>—</td><td>—</td></tr>
<tr><td>指导（directing）</td><td>—</td><td>—</td><td rowspan="7">领导</td></tr>
<tr><td>指挥（commanding）</td><td>○</td><td>—</td></tr>
<tr><td>领导（leading）</td><td>—</td><td>○</td></tr>
<tr><td>协调（coordinating）</td><td>○</td><td>—</td></tr>
<tr><td>沟通（communicating）</td><td>—</td><td>—</td></tr>
<tr><td>激励（motivating）</td><td>—</td><td>—</td></tr>
<tr><td>代表（representing）</td><td>—</td><td>—</td></tr>
<tr><td>监督（supervising）</td><td>—</td><td>—</td><td rowspan="3">控制</td></tr>
<tr><td>检查（checking）</td><td>—</td><td>—</td></tr>
<tr><td>控制（controlling）</td><td>○</td><td>○</td></tr>
<tr><td>创新（innovating）</td><td>—</td><td>—</td><td>创新</td></tr>
</table>

（一）计划

组织中所有层次的管理者，包括高层管理者、中层管理者和一线（或基层）管理者，都必须从事计划活动。所谓计划，就是指“制定目标并确定为达成这些目标所必需的行动”。虽然组织中的高层管理者负责制定总体目标和战略，但所有层次的管理者都必须为其工作小组制订经营计划，以便为组织作贡献。所有管理者必须制定符合并支持组织总体战略的目标。另外，他们必须制订一个支配和协调他们所负责的资源的计划，从而能够实现工作小组的目标。

（二）组织

计划的执行要靠他人的合作。组织工作正是源自人类对合作的需要。合作的人们如果要在执行计划的过程中，能有比各合作个体总和更大的力量、更高的效率，就应根据工作的要求与人员的特点，设计岗位，通过授权和分工，将适当的人员安排在适当的岗位上，用制度规定各个成员的职责和上下左右的相互关系，形成一个有机的组织结构，使整个组织协调地运转。这就是管理的组织职能。

组织目标决定着组织结构的具体形式和特点。例如，政府、企业、学校、医院、军队、教会、政党等社会组织由于各自的目标不同，其组织结构形式也各不相同，并显示出各自的特点。反过来，组织工作的状况又在很大程度上决定着这些组织各自的工作效率和活力。在每一项计划的执行中，在每项业务管理中，都要做大量的组织工作，组织工作的优劣同样在很大程度上决定着这些计划和管理活动的成败。任何社会组织是否具有自适应机制、自组织机制、自激励机制和自约束机制，在很大程度上也取决于该组织结构的状态。因此，组织职能是管理活动的根本职能，是其他一切管理活动的保证和依托。

（三）领导

计划与组织工作做好了，也不一定能保证组织目标的实现，因为组织目标的实现要依靠组织全体成员的努力。配备在组织机构各岗位上的人员，由于在个人目标、需求、偏好、性格、素质、价值观、工作职责和掌握信息量等方面存在很大差异，在相互合作中必然会产生各种矛盾和冲突。因此就需要有权威的领导者进行领导，指导人们的行为，通过沟通增强人们的相互理解，统一人们的思想和行动，激励每个成员自觉地为实现组织目标共同努力。管理的领导职能是一门非常奥妙的艺术，它贯彻在整个管理活动中。在中国，领导者的概念十分广泛，不仅组织的高层领导、中层领导要实施领导职能，基层领导也要实施领导职能，而担负领导职能的人都要做人的工作、重视工作中人的因素的作用。

（四）控制

人们在执行计划过程中，由于受到各种因素的干扰，常常使实践活动偏离原来的计划。为了保证目标及为此而制订的计划得以实现，就需要有控制职能。控制的实质就是使实践活动符合于计划，计划就是控制的标准。管理者必须及时取得计划执行情况的信息，并将有关信息与计划进行比较，发现实践活动中存在的问题，分析原因，及时采取有效的纠正措施。纵向看各个管理层次都要充分重视控制职能，愈是基层的管理者，控制的时效性愈强，控制的定量化程度也愈高；愈是高层的管理者，控制的时效性要求愈弱，控制的综合性愈强。横向看，各项管理活动、各个管理对象都要进行控制。没有控制就没有管理。有的管理者以为有了良好的组织和领导，目标和计划自然就会实现。实际上无论什么人，如果你对他放纵不管，只是给他下达计划、布置任务、给他职权、给他奖励而不对他工作的实绩进行严格的检查、监督，发现问题不采取有效的纠正措施，听之任之，那么这个人迟早将会成为组织的累赘，甚至会把他完全毁掉。所以控制与信任并不完全对立。

管理中可能有不信任的控制，但绝不存在没有控制的信任。

（五）创新

迄今为止很多研究者没有把创新列为一种管理职能。但是，最近几十年来，由于科学技术迅猛发展，社会经济活动空前活跃，市场需求瞬息万变，社会关系也日益复杂，每位管理者每天都会遇到新情况、新问题。如果因循守旧、墨守成规，就无法应付新形势的挑战，也就无法完成肩负的任务。现在已经到了不创新就无法维持的地步。许多事业获得成功的管理者成功的关键就在于创新。要办好任何一项事业，大到国家的改革，小到办实业、办学校、办医院，或者办一张报纸，推销一种产品，都要敢于走新的路，开辟新的天地。

各项管理职能都有自己独有的表现形式。例如，计划职能通过目标的制定和行动的确定表现出来。组织职能通过组织结构的设计和人员的配备表现出来。领导职能通过领导者和被领导者的关系表现出来。控制职能通过偏差的识别和纠正表现出来。创新职能与上述各种管理职能不同，它本身并没有某种特有的表现形式，它总是在与其他管理职能的结合中表现自身的存在与价值。

各项管理职能的相互关系如图 1-1 所示。每一项管理工作一般都是从计划开始，经过组织、领导到控制结束。各职能之间同时相互交叉渗透，控制的结果可能又导致新的计划，开始又一轮新的管理循环。如此循环不息，把工作不断推向前进。创新在这管理循环之中处于轴心的地位，成为推动管理循环的原动力。

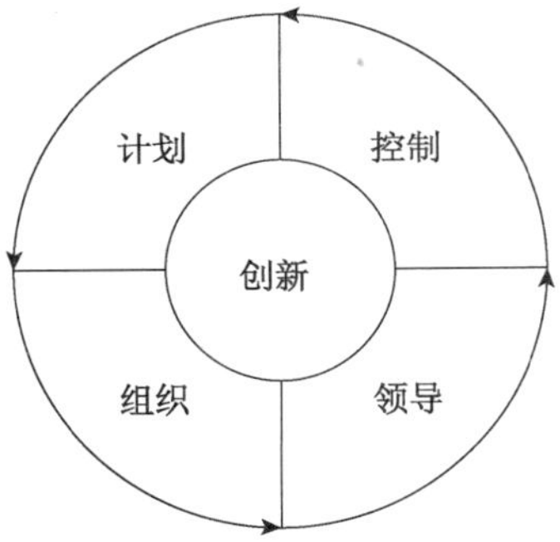

图 1-1　管理职能循环图

三、管理的性质

（一）管理的自然属性

管理的出现是由人类活动的特点决定的，人类的任何社会活动都必定具有各种管理职能。如果没有管理，一切生产、交换、分配活动都不可能正常进行，社会劳动过程就会发生混乱和中断，社会文明就不能继续。这一点，马克思在一百多年前就做了有力的论证：“一切规模较大的直接社会劳动或共同劳动，都或多或少地需要指挥，以协调个人的活动，并执行生产总体的运动——不同于这一总体的独立器官的运动——所产生的各种一般职能。一个单独的提琴手是自己指挥自己，一个乐队就需要一个乐队指挥。”可见，管理是人类社会活动的客观需要。

管理也是社会劳动中的一种特殊职能。管理寓于各种社会活动之中，所以说它是一般职能，但就管理职能本身而言，由于社会的进化，人类分工的发展，早在原始社会就已经有专门从事管理职能的人从一般社会劳动过程中分离出来，就如同有人专门从事围猎，有人专门从事进攻，有人专门从事农业一样。人类社会经过几千年的演变发展，出现了许多政治家和行政官员，专门从事国家管理；出现了许多军事家和军官，专门从事军队的管理；出现了许多社会活动家专门从事各种社会团体的管理，出现了许多店主、厂长、企业家、银行家，专门从事商店、工厂、企业、银行的管理。还有许多人专门从事学校、医院、交通运输和人事的管理，等等。据保守的估计，全体就业人员中，至少有30%～40%的人，专门从事各类管理工作，他们的职能就是协调人们的活动，而不是直接从事物质、服务产品或精神产品的生产。因此管理职能早已成为社会劳动过程中不可缺少的一种职能。

管理也是生产力。任何社会、任何企业，其生产力是否发达，都取决于它所拥有的各种经济资源、各种生产要素是否得到有效的利用，取决于从事社会劳动的人的积极性是否得到充分的发挥，而这两者都有赖于管理。在同样的社会制度下，企业外部环境基本相同，有不少企业其内部条件如资金、设备、能源、原材料、产品及人员素质和技术水平基本相同，但经营结果、所达到的生产力水平却相差十分悬殊。同一个部门有时只是更换了部门的主要领导，部门就可能出现新的面貌。而其他社会组织也有类似的情况，其原因也在于管理，由于不同的领导人采用了不同的管理思想、管理制度和管理方法，就会产生完全不同的效果。这样的事例不胜枚举，事实可以证明管理也是生产力。科学技术是生产力，但科学技术的发展本身需要有效的管理，并且只有通过管理，科学技术才能转化为生产力。

管理的上述性质并不以人的意志为转移，也不因社会制度意识形态的不同而有所改变，这完全是一种客观存在，所以，我们称之为管理的自然属性。

（二）管理的社会属性

管理是为了达到预期目的而进行的具有特殊职能的活动。谁的预期目的？什么样的预期目的？实际上就是“为谁管理”的问题。在人类漫长的历史中，管理从来就是为统治阶级、为生产资料的占有者服务的。管理不能不是一定社会生产关系的反映。国家的管理、企业的管理、以至于各种社会组织的管理概莫能外。以资本主义企业管理为例，马克思有过十分深刻的分析：“资本家的管理不仅是一种由社会劳动过程的性质产生并属于社会劳动过程的特殊职能，它同时也是剥削社会劳动过程的职能，因而也是由剥削者和他所剥削的原料之间不可避免的对抗决定的。”列宁当时也曾指出：“资本家所关心的是怎样为掠夺而管理，怎样借管理来掠夺。”因此，资本主义企业管理的社会属性具有剥削性和资本的独裁性。

在过去半个多世纪中，世界发生了急剧的变化。社会主义曾经成为一股席卷世界的洪流，形成了几十年的冷战、对抗和纷争。

尽管眼下的世界并不太平，局部战争与冲突从未停止，但是，和平、改革与发展已成为当代世界的基本特征。各国政府已愈来愈多地关心本国经济的发展和人民生活的改善。许多国家都在致力于本国经济、政治体制的改革和政治文明的建设。包括中国在内的许多发展中国家和地区，已经在经济发展进程中，取得了举世瞩目的成绩。世界的面貌已经改变，并且仍将发生更大的改变。

世界在变化，企业也在变化。昔日马克思、恩格斯曾经剖析过的企业，今天已经面目皆非。从笔者的观点来看，与管理的社会属性有关的基本变化至少有四点：

1. 随着科学技术的飞速进步，经济加速发展，工业组织规模不断扩大，社会分工更加细密，信息传播速度和信息传播数量都空前增加，人们之间的相互交往频繁，使管理的复杂性大大提高了，于是一批受过良好职业训练的经理阶层应运而生，使企业的终极所有权与经营权发生了分离。通过股份制的组织形式，企业资本的所有者——

股东不再直接管理企业。由于股东可以随时出卖自己的所有权——股权，因而甚至不怎么关心企业的管理。他所关心的仅仅是股票价格的涨落和红利的多少。

2. 许多西方发达国家经过最近几十年和平的经济发展，人民的生活水平提高了，尽管贫富差距仍然十分悬殊，失业率时高时低，但整个社会普遍出现了一个中产阶级，有相当一部分职工持有企业的股票，使拥有企业所有权的人数大大增加了。

3. 西方发达国家政府对本国的经济采取了不同形式、不同程度的干预。瑞典、挪威、芬兰、法国、德国以及日本等国政府都制定了长期和中期以至年度的经济发展计划，并用法律、经济、行政等手段促使企业执行政府的计划。美国、英国、法国、日本等国家也都对产业结构进行控制，对企业的经营活动采取干涉的政策，使资本主义世界本来就不十分自由的“自由竞争”变得更不自由了。

4. 社会公众和广大消费者（用户）对企业提供的商品和劳务，对企业活动、对环境造成的损害，抱着更加挑剔的态度，并且形成了各种消费者协会和形形色色的环境保护组织，迫使企业管理者不得不认真考虑消费者利益和社会生态环境的保护。

现实世界所发生的新变化，不能不深刻地影响到管理的社会属性。在现代企业中，已不能简单地说管理只是资本家剥削工人的工具。作为企业的职业管理者在行使管理职能时，他既要满足资本家及所有股东对股息和红利的要求，又要保证扩展企业实力的需要；他既要尽可能满足本企业职工物质和精神方面的需要，又要考虑到社会公众、广大消费者和用户的利益；他既要千方百计追求企业的最大利润，又要处理好企业同政府的关系，遵从政府的种种法规和限制。所以可以说企业管理的社会属性已经多元化了。但从本质上讲，并没有改变资本的剥削性和独裁性。只是由于经济繁荣和管理的进步，使蛋糕做得更大了，普通职工变得富裕了，虽然许多职工也拥有股票，但是普通职工大多只是100股以下的小股东，小股东大约占公司股份的80%。股东的分散化恰好给大资本家利用他人的财富来获取更多财富提供了机会。现在大资本家只要掌握股票的百分之几就可控制公司。例如，美国国际商用机器公司（IBM）是一家世界上名列前茅的超级公司，它为四家财团所控制，而四家财团每一家拥有的股票最多不超过3%，其中，摩根金融信托公司2.85%，汉诺威银行1.57%，银行家信托公司0.99%，大通曼哈顿银行0.98%，四家财团合计只拥有公司股票总数的6.39%，可他们却牢牢地控制了整个IBM公司，公司的一切重大决策当然只能有利于这四家财团。

我国经济体制改革的目标是建立社会主义市场经济体制，目前正处在艰难的转变之中。由于历史的原因和初级阶段的国情，我国仍然处在社会主义初级阶段的国家，需要在以公有制为主体的条件下发展多种所有制经济。并且，公有制实现形式也正在向多样化方向发展，股份制、股份合作制及其他有效的资本组织形式，正在被愈来愈多的企业所采用。所有权和经营权分离已成为国有企业改革的目标之一。在我国，企业管理的形式正在发生急剧的变化，但管理的社会属性并未发生根本性的变化。从总体上看，我国的企业及其他社会组织的管理都是为人民服务的，管理的预期目的都是为了使人与人之间的关系以及国家、集体和个人的关系更加协调。所以在社会主义条件下管理的社会属性与资本主义社会根本不同。社会主义条件下，管理的社会属性应当体现为任何组织、任何个人在实行管理时都要从全社会、全体人民的利益出发，并且自觉地让局部的利益服从全局的利益、个人的利益服从集体的利益。任何层次的管理者都应当真正成为人民的公仆，而人民则应当真正成为各种社会组织的主人。但是应当把社会主义理解为一种发展过程，当她尚处在初级阶段时，由于不发达而形成的落后的意识形态影响，总是要在管理实践中程度不同地表现出来。管理和整个社会一样，要经过一定的历史阶段，才能逐步摆脱不发达状态。

第二节 管理的基本原理

原理是指某种客观事物的实质及运动的基本规律。管理原理是对管理工作的实质内容进行科学分析总结而形成的基本真理，它是现实管理现象的抽象，是对各项管理制度和管理方法的高度综合与概括，因而对一切管理活动具有普遍的指导意义。

一、管理原理的主要特征

（一）客观性

管理原理是对管理的实质及客观规律的表述。因此，它与管理工作中所确定的原则有严格区别。原则是根据对客观事物的基本原理的认识引申而来的，是人们规定的行动准则。原则的确定固然应以客观真理为依据，但是有一定的人为因素，为了加强其约束作用，一般带有指令性和法定性，是要求人们共同遵循的行为规范，人们违反了规定的原则要受到群体组织的制裁。而原理则是对管理工作客观必然性的刻画，原理之“原”即“源”，原本、根本的意思，原理之“理”即道理、基准、规律。违背了原理必然会遭到客观规律的惩罚，承受严重的后果，但在群体组织上不一定有某种强制反应。在日常的管理工作中，我们既要认识原理与原则的区别，又要注意两者之间的联系。在确定每项管理原则时，要以客观真理为依据，尽量使之符合相应的原理，同时，又要以指令或法令形式来强化原则的约束作用，加强管理原理的指导作用，从而获得满意的管理效果。

（二）概括性

管理原理所反映的事物很广泛，涉及自然界与社会的许多领域。包括人与物的关系、物与物的关系以及人与人的关系。但它不是现象的罗列，不反映管理的多样性。例如，国民经济包括许多门类，每个门类又分成许多部门，每个部门又分为许多行业，每个行业又包括许多企业，每个企业又各自有其自身的特点，即使同一类型企业，它们的产品品种、企业规模、技术装备水平、人员构成、建厂历史、厂址地理位置与自然环境、社会环境等，相互之间也不可能完全一样，因而每个企业结合自身的特点具有不完全相同的管理方式和方法，即企业管理活动呈现多样性。但是，管理原理对这些不同的企业都是适用的，具有普遍的指导意义。因此，管理原理是对包含了各种复杂因素和复杂关系的管理活动客观规律的描绘，或者说，是在总结大量管理活动经验的基础上，舍弃了各组织之间的差别，经过高度综合和概括而得出的具有普遍性、规律性的结论。

（三）稳定性

管理原理不是一成不变的僵死教条，它随着社会经济和科学技术的发展而不断发展。但是，它也不是变化多端和摇摆不定的，而应相对稳定。管理原理和一切科学原理一样，都是确定的、巩固的，具有“公理的性质”。不管事物的运动、变化和发展的速度多么快，这个确定性是相对稳定的。因此，管理原理能够被人们正确认识和利用，从而指导管理实践活动取得成效。

（四）系统性

管理原理中的系统原理、效益原理、人本原理、责任原理以及伦理原理，组成了一个有机体系，它不是各种繁琐的概念和原则的简单堆砌，也不是各种互不相关的论据和论点的机械组合，而是根据管理现象本身的有机联系，形成一个相互联系、相互转化的完整的统一体。管理的实质，简言之，就是在系统内部，以人为本，通过确定责任，以达到一定的效益。

二、系统原理

任何社会组织都是由人、物、信息组成的系统，任何管理都是对系统的管理，没有系统，也就没有管理。系统原理不仅为认识管理的本质和方法提供了新的视角，而且它所提供的观点和方法广泛渗透到人本原理、责任原理、效益原理和伦理管理之中，从某种程度上来说，在管理原理的有机体系中起着统率的作用。系统原理的要点具体如下所述。

（一）整体性原理

整体性原理指系统要素之间的相互关系及要素与系统之间关系以整体为主进行协调，局部服从整体，使整体效果为最优。实际上就是从整体着眼，部分着手，统筹考虑，各方协调，达到整体的最优化。

从系统目的的整体性来说，局部与整体存在着复杂的联系和交叉效应。大多数情况下，局部与整体是一致的。对局部有利的事，对整体也是有利的，对整体有利的，对局部也有利。但有时，局部认为是有利的事，从整体上来看并不一定就是有利的，甚至是有害的。有时，局部的利越大，整体的弊反而越多。因此，当局部和整体发生矛盾时，局部利益必须服从整体利益。

从系统功能的整体性来说，系统的功能不等于要素功能的简单相加，而是往往要大于各个部分功能的总和，即“整体大于各个孤立部分的总和”。这里的“大于”，不仅指数量上大，而且指在各部分组成了一个系统后产生了总体的功能，即系统的功能。这种总体功能的产生是一种质变，它的功能大大超过了各个部分功能的总和。因此，系统要素的功能必须服从系统整体的功能，否则，就要削弱整体功能，从而也就失去了系统功能。

在现实情形中，经常可以看到一个系统中，重局部，轻全局，特别是局部之间不协调，互相扯皮，从而损害了全局的利益。在这种情况下，子系统的功能虽好，但不利于达到整体的目的，效果当然不会好；相反，有时候子系统的效益虽然低一些，但有利于实现系统的功能，有利于达到整体的目的，其效果自然一定是好的。

（二）动态性原理

系统作为一个运动着的有机体，其稳定状态是相对的，运动状态则是绝对的。系统不仅作为一个功能实体而存在，而且作为一种运动而存在。系统内部的联系就是一种运动，系统与环境的相互作用也是一种运动。系统的功能是时间的函数，因为不论是系统要素的状态和功能，还是环境的状态或联系的状态都是在变化的，运动是系统的生命。例如，企业是社会经济系统中的子系统，它为了适应外部社会经济系统的需要，必须不断地完善和改变自己的功能，而企业内部各子系统的功能及相互关系也必须随之相应地发展变化。企业系统就是在这种不断变化的动态过程中生存和发展的，因此，企业的产品结构、工艺过程、生产组织、管理机构、规章制度、经营方针、管理方法等都具有很强的时限性。掌握系统动态原理，研究系统的动态规律，可以使我们预见系统的发展趋势，树立起超前观念，减少偏差，掌握主动，使系统向期望的目标顺利发展。

（三）开放性原理

封闭系统因受热力学第二定律作用，其熵将逐渐增大，活力逐步减少。严格地说，完全封闭系统是不能存在的。实际上，不存在一个与外部环境完全没有物质、能量、信息交换的系统。任何有机系统都是耗散结构系统，系统与外界不断交流物质、能量和信息，才能维持其生命。并且只有当系统从外部获得的能量大于系统内部消耗散失的能量时，系统才能克服熵而不断发展壮大。所以，对外开放是系统的生命。在管理工作中，任何试图把本系统封闭起来与外界隔绝的做法都只会导致失败。明智的管理者应当从开放性原理出发，充分估计到外部对本系统的种种影响，努力从开放中扩大本系统从外部吸入的物质、能量和信息。

（四）环境适应性原理

系统不是孤立存在的，它要与周围事物发生各种联系。这些与系统发生联系的周围事物的全体，就是系统的环境，环境是个更高级的大系统。如果系统与环境进行物质、能量和信息的交流，能够保持最佳适应状态，则说明这是一个有活力的理想系统。否则，一个不能适应环境的系统则是无生命力的。

系统对环境的适应并不都是被动的，也有能动的，那就是改善环境。环境可以施加作用和影响系统，系统也可施加作用和影响环境。如构成社会系统的人类具有改造环境的能力，没有条件可以创造条件，没有良好的环境可以改造环境。这种能动地适应和改造环境的可能性，受到一定时期人类掌握科学技术（包括组织管理）知识和经济力量的限制。作为管理者既要有勇气看到能动地改变环境的可能，又要冷静地看到自己的局限，才能实事求是地做出科学的决策。

（五）综合性原理

所谓综合性就是把系统的各部分、各方面和各种因素联系起来，考察其中的共同性和规律性。任何一个系统都可以看作是由许多要素为特定的目的而组成的综合体，社会、国家、企业、学校、医院以及大型工程项目几乎都是非常复杂的综合体。

系统的综合性原理包括的含义，一方面是系统目标的多样性与综合性。系统最优化目标的确定，是靠从各种复杂的甚至对立的因素中综合的结果。由于大系统涉及一系列的复杂因素，如果对这些因素在分析的基础上能够综合得好，系统目标确定得恰当，各种关系能够协调一致，就能大大发挥系统的效益。反之，如果综合得不好，不适当地忽略了其中的某一个目标或因素，有时会造成极为严重的后果。如环境污染，就是一个易被忽略的目标和因素，甚至会引起工程的报废。综合性原理的另一方面是系统实施方案选择的多样性与综合性，就是说同一问题，可以有不同的处理方案，为了达到同样一个目标，有各种各样的途径与方法。方案的多样性，必须进行综合研究，选出满意方案，系统的综合性原理的另一重要方面是由综合而创造。现在一切重大尖端科学技术，无不具有高度的综合性，世界上没有什么新的东西不是通过综合而得到的，如日本松下彩色电视机的300多项技术，都是世界各国已有的，但经过综合，造出的电视机却是世界各国所没有的。最佳的综合导致质的飞跃，产生了新的事物，综合的对象越多，范围越广，所作的创造也就越大。正因为任何复杂的系统都是由许多子系统和单元综合而成的，因此，任何复杂的系统又都是可以分解的。系统整体可能看上去十分复杂不可战胜，但如果将其分解到每个子系统和单元可能变得简单而容易解决。所以管理者既要学会把许多普通的东西综合为新的构思、新的产品、创造出新的系统，又要善于把复杂的系统分解为最为简单的单元去控制。

三、人本原理

世界上一切科学技术的进步，一切物质财富的创造，一切社会生产力的发展，一切社会经济系统的运行，都离不开人的服务、人的劳动与人的管理。人本原理就是以人为中心的管理思想。这是管理理论发展到20世纪末的主要特点。人本原理主要包括下述主要观点：职工是企业的主体；职工参与是有效管理的关键；使人性得到最完美的发展是现代管理的核心；服务于人事管理的根本目的。

（一）职工是企业的主体

劳动是企业经营的基本要素之一。人们对提供劳动服务的劳动者在企业生产经营中的作用是逐步认识的，这个认识过程大体上经历了两个阶段。

1. 要素研究阶段

对劳动力在生产过程中的作用研究是随着以机器大生产为主要标志的现代企业的出现而开始的。但在早期，这种研究基本上限于把劳动者视为生产过程中的一种不可缺少的要素。例如，管理科学的奠基人泰勒的全部管理理论和研究工作的目的，都是致力于挖掘作为机器附属物的劳动者潜能。他仔细研究工人操作的每个动作，精心设计出最合理的操作程序，要求所有工人严格地执行，而不要自己再去创造和革新。他坚信，工人只要按照规范程序去作业，就能实现最高的劳动生产率，从而获得最多的劳动报酬。这样对工人和企业双方都是有利的。泰勒之后几十年中所有对劳动和劳动力的研究大多都未摆脱这种把人视作机器附属物的基本观点和方法。

2. 行为研究阶段

第二次世界大战前，特别是战后，有一部分管理学家和心理学家，开始认识到劳动者的行为决定了企业的生产效率、质量和成本。在此基础上，他们进行了大量的案例分析，研究劳动者行为的影响因素。通过这些研究他们发现，人的行为是由动机决定的。而动机又取决于需要。劳动者的需要是多方面的，经济需要只是其基本内容之一。所以他们强调，管理者要从多方面去激励劳动者的劳动热情，引导他们的行为，使其符合企业的要求。这一阶段的认识有其科学合理的一面，但其基本出发点仍然是把劳动者作为管理的客体。

3. 主体研究阶段

1970 年以来，随着日本经济的崛起，人们通过对日本成功企业的经验剖析，进一步认识到职工在企业生产经营活动中的重要作用，逐渐形成了以人为中心的管理思想。中国管理学家蒋一苇在 1980 年末发表了著名论文“职工主体论”，明确提出“职工是社会主义企业的主体”的观点，从而把对职工在企业经营活动中地位和作用的认识提到了一个新的高度。根据这种观点，职工是企业的主体，而非客体；企业管理既是对人的管理，也是为人的管理；企业经营的目的，绝不是单纯商品的生产，而是为包括企业职工在内的人的社会发展而服务的。

（二）有效管理的关键是职工参与，实现有效管理有两条完全不同的途径

1. 高度集权、从严治厂，依靠严格的管理和铁的纪律，重奖重罚，使得企业目标统一，行动一致，从而实现较高的工作效率。

2. 适度分权、民主治厂，依靠科学管理和职工参与，使个人利益与企业利益紧密结合，使企业全体职工为了共同的目标而自觉地努力奋斗，从而实现高度的工作效率。

两条途径的根本不同之处，在于前者把企业职工视作管理上的客体，职工处在被动被管的地位；后者把企业职工视作管理的主体，使职工处于主动地参与管理的地位。当企业职工受到饥饿和失业的威胁时，或受到政治与社会的压力时，前一种管理方法可能是有效的；而当职工经济上已比较富裕，基本生活已得到保证，就业和流动比较容易，政治和社会环境比较宽松时，后一种方法就必然更为合理、更为有效。

影响企业发展的因素固然很多，但归纳起来无非是天时、地利、人和。其中“人和”最为宝贵。有了“人和”才能去争取和利用“天时”（客观环境和机遇），有了“人和”才有可能去逐步完善和充分发挥“地利”（本企业的资源优势）。如果没有人和，经营者与劳动者纠纷不断，企业领导内部、上下级之间、各部门之间遇事互相扯皮、遇责互相推诿、遇权或利互相争夺，则再好的外部环境也将错过，再好的内部条件也将耗尽，失败将是必然结果。

“人和”的物质基础是经济利益的一致。真正“人和”的企业应当成为全体职工的命运共同体。但并不因为企业的性质是国有企业，职工就自然地产生这种“主人翁感”，也不因为企业的非国有性质就一定形不成命运共同体。新一代的中国人已经摆脱了他们父辈的那种平均主义、空想主义的思潮，他们变得非常现实。他们不是根据滔滔不绝、气壮山河的宏论来决定自己的行为，而是根据自身的感受来认识企业。他们从工资报酬分配、企业红利分配、管理者工作态度和作风、管理者对劳动者权益的关心程度等，来判定是否应把自己的命运托付给企业。

另一方面，企业职工，从厂长经理到普通工人，又都是依靠向企业让渡自己的劳动力的使用权而谋生的劳动者。职工的劳动目前仍然是他们谋生的主要手段，并且只有当劳动者具有企业需要的劳动能力时，才能成为企业的职工。职工之间的工作岗位

和劳功报酬的差别，也基本上都是根据每个人的劳动力状况（受教育程度、专长、能力、经验等）、劳动态度、劳动贡献等因素确定的。所以企业中职工都是劳动者，没有主人仆人之分，实际上“主人仆人”的说法是一种很容易引起误解的很不恰当的过时的比喻。经营者和管理者不能把下属和工人视作花钱雇来的奴仆随意揉来揉去。普通职工也不应因没有直接决策权或未能指挥别人而感到“主人翁”地位的失落。企业生产经营活动中领导与被领导的分工是集体劳动的客观需要，人人享有平等的人权，人人都是劳动者，人人都可能成为领导者。有许多在生产劳动中表现出聪明才智的工人，担起了企业高级领导的责任；也有不少领导者因不能胜任工作而重新成为普通劳动者。

正是由于企业全体职工的共同努力，才使企业各项资源（包括劳动力本身）得到最合理的利用，才使企业创造出了产品、利润和财富。所以，企业全体职工都有权参与企业管理。企业职工中的一部分（经营者和管理人员）其职业就是管理。所以要特别重视非专职管理的职工（普通工人、职员和技术人员）参与企业管理的问题。具体的途径和形式是多种多样的。但有三种形式应当是最基本的。

一是通过职工代表大会选举代表参加企业的最高决策机构——管理委员会或董事会。职工代表在管委会和董事会中应占有一定比例，并享有与其他代表同等的权利和义务。

二是由职工代表大会选举代表参加企业的最高监督机构——监事会。职工代表在监事会中应占有较多名额，并与其他监事一样，享有监督企业生产经营活动的职权。

三是广泛参加日常生产管理活动（如质量管理、设备管理、成本管理和现场管理等）。由于劳动者最了解自己直接参与的那部分生产经营活动的实际情况，因此在参与日常生产管理活动时应有更大的发言权，并且一定能取得更好的效果。

（三）现代管理的核心是使人性得到最完美的发展

人之初，性本善，还是性本恶？这个问题已经争论了许多世纪。这个争论，不论在中外古代的伦理思想中，还是在现代管理学的研究中，都得到了不同程度的反映。这两种相互对立的观点都可在社会生活中找到支持或反对的论据与事例。这个事实本身就表明，世界上并不存在绝对善或恶的人性。人性是受后天环境影响而形成的，因而也是可以塑造和改变的。

不同的时代，人性都不可避免地打上历史的烙印。在封建社会，超经济的人身依附成为人性中最普遍的现象。君臣之间、官民之间、夫妇之间、父子之间、地主农民之间、师徒之间、主仆之间……几乎无不以人身依附作为建立正常关系的准则，并且以是否完全遵守这准则作为评价人性是否完美的标准。一切管理也都是建立在一方完全无条件服从另一方的基础之上的。资本主义社会摧毁了这种封建的人身依附关系，建立了以人的利己本性为基础的商品经济关系。资本家拥有资本，劳动者拥有自己的劳动力，人们都是“平等”的“商品”所有者，都是为了利己的目的通过市场进行“自由”的交换和买卖，相互讨价还价，然后成交、签订协议。因而“利己”和“守信’就成为资本主义条件下人际关系的基本准则，并以能否遵守这一准则作为评价人生是否正常、完美的标准。一切管理活动也都建立在这一准则之上。

按照马克思的设想，在资本主义高度发达基础上建立的社会主义社会，由于物质财富极大丰富，人们的思想觉悟极大提高，人们之间将形成完全平等的友爱关系。毫不利己专门利人的品格将成为人性的主流。但是实际上由于社会生产力尚不发达，今天的中国社会主义尚处于初级阶段，人们的物质生活尚不富裕，传统的思想意识尚有较大影响，因此管理所面临的人性状况极为复杂。有专门利他的奉献精神，也有专门利己的个人主义；有自由平等的民主要求，也有官贵民贱的等级观念。这就是中国管理界所面临的挑战。成功的管理者要在应对这个挑战的过程中，引导和促进人性的发展。

事实上，任何管理者都会在管理过程中影响下属人性的发展。同时，管理者行为本身又是管理者人性的反映。只有管理者的人性达到比较完美的境界，才能使企业职工的人性得到完美的发展，而职工队伍的状况又是企业成功的关键。社会主义精神文明建设实质上是新时代人性的塑造。这绝不是靠喋喋不休的说教能够完成的，而是要靠管理的实践。在实施每一项管理措施、制度、办法时，不仅要看到实施取得的经济效果，同时要考虑对人精神状态的影响，要分析它们是促使职工的精神状态更加健康，人性更加完美，还是起相反的作用。

（四）管理是为人服务的

我们说管理是以人为中心的，是为人服务的，是为了实现人的发展，这个“人”当然不仅包括企业内部、参与企业生产经营活动的人（虽然在大多数情况下，这类人是管理学研究的主要对象），而且包括存在于企业外部的、企业通过提供产品为之服务的用户。

为社会生产和提供某种物质产品（或服务），是企业社会存在的主要理由。在我国传统的计划经济体制下，企业是根据国家指令性计划来组织产品生产的。据此生产出来的产品，交由国家有关部门统一销售。企业不需研究社会和用户的要求。因此，执行上级指令成为企业活动的主要任务，服务于行政主管部门成为企业管理明显的或隐含的宗旨。随着经济体制改革的开展和不断深入，企业被逐渐地推向市场，市场需求的特点及发展趋势逐渐取代国家指令性计划，成为企业组织生产经营活动的主要依据，市场是否愿意接纳和吸收企业的产品成为企业能否继续生存、企业经营能否成功的主要决定因素。“服务用户”“服务市场”逐渐取代“服务上级”“服务计划”，成为企业以及企业管理必须依循的基本宗旨。

在市场经济条件下，用户是企业存在的社会土壤，是企业利润的来源。我们知道，作为商品生产者，企业生产的目的，不是为了企业自己或企业职工对某种产品的直接使用或消费，而是为了通过这些产品的销售，获得销售收入，旨在补偿了生产过程中的各种消耗后实现利润，只有实现销售收入和销售利润，企业才能获得继续生存的权利或发展（在更大规模上生存）的条件。销售收入与利润的实现是以市场用户愿意接受和购买企业产品为前提的，而用户是否愿意接受和购买企业的产品，则取决于这些产品的消费和使用能否满足他们希望得到满足的需要。因此，为用户服务，满足用户的需要，实质是企业实现其社会存在的基本条件。

（1）企业要在这种思想的指导下，研究市场需求的特点及发展趋势，据此确定企业的经营和产品发展方向。由于人的社会发展通常需要借助物质产品的消费来实现，因此为广义的人的发展服务的企业经营及管理，不仅要研究作为社会成员的消费者已经表现出的需求的特点，更应重视那些尚未被消费者认识的新产品的开发，以帮助消费者挖掘他们的潜在需求。

（2）企业要从用户的角度出发，努力提高设备和材料的使用效率，加速资金周转，以减少资金占用和材料消耗，降低生产成本，从而降低产品的销售价格，以使消费者能够充分利用有限的货币购买力，获取更多的物质产品，满足更多的需要。

（3）企业还要在这种思想的指导下，研究消费者使用本企业产品要求得到的满足的实现条件。消费者购买某种产品不是为了这种产品的物质本身，而是为了获得这种产品所具有的使用价值。为了保证产品的使用价值能充分实现，消费者不仅要求企业提供符合需要的产品，而且要求企业提供与其使用有关的各种服务。

因此，为用户服务，还要求企业在提供的产品品种对路、功能完善、质量优异、价格合理的前提下，提供使用方法培训和指导、使用过程中的维护和修理等售后服务。

综上所述，尊重人、依靠人、发展人、为了人是人本原理的基本内容和特点。

四、责任原理

管理是追求效率和效益的过程。在这个过程中，要挖掘人的潜能，就必须在合理分工的基础上明确规定这些部门和个人必须完成的工作任务和必须承担的与此相应的责任。

（一）明确每个人的职责

挖掘人的潜能的最好办法是明确每个人的职责。

分工，是生产力发展的必然要求。在合理分工的基础上确定每个人的职位，明确规定各职位应担负的任务，这就是职责。所以，职责是整体赋予个体的任务，也是维护整体正常秩序的一种约束力，它是以行政性规定来体现的客观规律的要求，绝不是随心所欲的产物。

职责不是抽象的概念，而是在数量、质量、时间、效益等方面有严格规定的行为规范。表达职责的形式主要有各种规程、条例、范围、目标和计划等。

一般，分工明确，职责也会明确。但是实际上两者的对应关系并不这样简单。这是因为分工一般只是对工作范围做了形式上的划分，至于工作的数量、质量、完成时间和效益等要求，分工本身还不能完全体现出来。所以，必须在分工的基础上，通过适当方式对每个人的职责做出明确规定。

（1）职责界限要清楚。在实际工作中，工作职位离实体成果越近，职责越容易明确；工作职位离实体成果越远，职责越容易模糊。应按照与实体成果联系的密切程度，划分出直接责任与间接责任，实时责任和事后责任。例如，在生产第一线的，应负直接责任和实时责任；而在后勤部门和管理部门的，主要负间接责任和事后责任。其次，职责内容要具体，并要做出明文规定。只有这样，才便于执行与检查、考核。

（2）职责中要包括横向联系的内容。在规定某个岗位工作职责的同时，必须规定同其他单位、个人协同配合的要求，只有这样，才能提高组织整体的功效。

（3）职责一定要落实到每个人，只有这样，才能做到事事有人负责。没有分工的共同负责，实际上是职责不清、无人负责，其结果必然导致管理上的混乱和效率的低下。

（二）职位设计和权限委授要合理

列宁曾说："管理的基本原则是一定的人对所管的一定的工作完全负责。"问题是，怎样才能做到完全负责？一定的人对所管的一定的工作能否做到完全负责，基本上取决于三个因素。

1. 权限

明确了职责就要授予相应的权力。实行任何管理都要借助于一定的权力。管理总离不开人、财、物的使用。如果没有一定的人权、物权、财权，任何人都不可能对任何工作实行真正的管理。

职责和权限虽然很难从数量上划等号，但有责无权，责大权小，许多事情都得请示上级，由上级决策、上级批准，当上级过多地对下级分内的工作发指示、作批示的时候，实际上等于宣告此事下级不必完全负责。所以，明智的上级必须克制自己的权力欲，要把下级完成职责所必需的权限全部委授给下级，由他去独立决策，自己只在必要时给予适当的帮助和支持。

2. 利益

权限的合理委授，只是完全负责所需的必要条件之一，完全负责就意味着责任者要承担全部风险。而任何管理者在承担风险时，都自觉不自觉地要对风险与收益进行权衡，然后才决定是否值得去承担这种风险。为什么有时上级放权，下级反而不要？原因就是在于风险与收益不对称，没有足够的利益可图。当然，这种利益，不仅是物质利益，也包括精神上的满足感。

3. 能力

这是完全负责的关键因素。管理是一门科学，也是一门艺术。管理者既要有生产、技术、经济、社会、管理、心理等各方面的科学知识，又需要处理人际关系的组织才能，还要有一定的实践经验。科学知识、组织才能和实践经验这三者构成了管理能力。在一定时期，每个人的时间和精力有限，管理能力也是有限的，并且每个人的能力各不相同。因此，每个人所能承担的职责也是不一样的，有的人能挑 100 斤，有的人只能挑 50 斤。只能挑 50 斤的人硬要他挑 100 斤，其结果只能是：或者依靠上级，遇事多多请示，多多汇报；或者主要依赖助手，遇事就商量和研究；或者凑合应付，遇事下推下卸，让别人去干，这样也不可能做到完全负责。

职责和权限、利益、能力之间的关系遵守等边三角形定理。职责、权限、利益是三角形的三个边，它们是相等的，能力是等边三角形的高，根据具体情况，它可以略小于职责。这样，就使得工作富有挑战性，从而能促使管理者自觉地学习新知识，注意发挥智囊的作用，使用权限也会慎重些，获得利润时还会产生更大的动力，努力把自己的工作做得更好。但是，能力也不可过小，以免形成"挑不起"职责的后果。

（三）奖惩要分明、公正而及时

人无完人，但人总是向上的。对每个人的工作表现及绩效给予公正而及时的奖惩，有助于提高人的积极性，挖掘每个人的潜力，从而不断提高管理成效，及时引导每个人的行为朝向符合组织需要的方向变化。

对每个人进行公正的奖惩，要求以准确的考核为前提。若考核不细致或不准确，奖惩就难以做到恰如其分。因此，首先要明确工作绩效的考核标准。

有成绩有贡献的人员，要及时予以肯定和奖励，使他们的积极行为维持下去。奖励有物质奖励和精神奖励，两者都是必需的。如果长期埋没人们的工作成果，就会挫伤人们的积极性。过时的奖赏会失去其本身的作用和意义。

及时而公正的惩罚也是必不可缺的，惩罚是利用令人不喜欢的东西或取消某些为人所喜爱的东西，改变人们的工作行为。惩罚可能引致挫折感，从而可能在一定程度上影响人的工作热情，但惩罚的真正意义在于杀一儆百，利用人们害怕惩罚的心理，通过惩罚少数人来教育多数人，从而强化管理的权威。惩罚也可以及时制止这些人的不良行为，以免给企业造成更大损失。

为了做到严格奖惩，要建立健全组织的奖惩制度。使奖惩工作尽可能地规范化、制度化，是实现奖惩公正而及时的可靠保证。

五、效益原理

效益是管理的永恒主题。任何组织的管理都是为了获得某种效益。效益的高低直接影响着组织的生存和发展。

（一）效益的概念

效益是与效果和效率既相互联系、又相互区别的概念。

效果，是指由投入经过转换而产出的成果，其中有的是有效益的，有的是无效益的。例如，有的企业生产的产品虽然质量合格，但它不符合社会需要，在市场上卖不出去，积压在仓库里，最后甚至会变成废弃物资，这些产品是不具有效益的。所以，只有那些为社会所接受的效果，才是有效益的。

效率是指单位时间内所取得的效果的数量，反映了劳动时间的利用状况，与效益有一定的联系。但在实践中，效益与效率并不一定是一致的。例如，企业花费巨额投资增添技术设备来提高生产率，如果实际结果使单位产品生产的物化劳动消耗的增量超过了活劳动的减量，从而导致生产成本增加，就会出现效率提高而效益降低的现象。

效益是有效产出与投入之间的一种比例关系，可从社会和经济这两个不同角度去考察，即社会效益和经济效益。两者既有联系，又有区别。经济效益是追求社会效益的基础，而追求社会效益也是促进经济效益提高的重要条件。两者的区别主要表现在，经济效益较社会效益直接、明显；经济效益可以运用若干个经济指标来计算和考核，而社会效益则难以计量，必须借助于其他形式来间接考核。管理应把追求经济效益和社会效益有机结合起来。

（二）效益的评价

效益的评价，可由不同主体（如首长、群众、专家、市场等），从多个不同角度去进行，因此没有一个绝对的标准。不同的评价标准和方法，得出的结论也会不同，甚至相反。有效的管理首先要求对效益的评价尽可能公正和客观，因为评价的结果直接影响组织对效益的追求和获得，结果越是公正和客观，组织对效益追求的积极性就越高，动力也越大，客观上产生的效益也就越多。一般说来，首长评价有一定的权威性，全局性掌握得较好，其结果对组织的影响也较大，但可能不够细致和具体；群众评价，一般比较公正和客观，但可能要花费较多的时间和费用，才能获得最后的评价结果；专家评价，一般比较细致，技术性强，但可能只注重直接效益而忽视间接效益；市场评价，其结果与市场发育程度有很大的关系，越是成熟、规范的市场，其评价结果就越客观公正，越是发育不成熟或行为扭曲的市场，其评价结果就越不客观、不公正，甚至具有很强的欺骗性。市场评价体现主要是经济效益。显然，不同的评价都有它自身的长处和不足，应配合运用，以求获得客观公正的评价结果。

（三）效益的追求

效益是管理的根本目的。管理就是对效益的不断追求。这种追求是有规律可循的。

（1）在实际工作中，管理效益的直接形态是通过经济效益而得到表现的。这是因为由于管理系统是一个人造系统，它基本是通过管理主体的劳动所形成的按一定顺序排列的多方面、多层次的有机系统。尽管其中有纷繁复杂的因素相交织，但每一种因素均通过管理主体的劳动而活化，并对整个管理运动产生着影响。综合评价管理效益，当然必须首先从管理主体的劳动效益及所创造的价值来考虑。

（2）影响管理效益的因素很多，其中主体管理思想正确与否占有相当重要的地位。在现代化管理中，采用先进的科学方法和手段，建立合理的管理机构和规章制度无疑是必要的。但更重要的是一个管理系统高级主管所采取的战略。实际上，管理只解决如何“正确地做事”，战略才告诉我们怎样“做正确的事”。企业如果经营战略错了，局部的东西再好，但产品不适销对路，质量再好，价格再低，也毫无意义，实际上，管理效益总是与管理主体的战略联系在一起的。

（3）追求局部效益必须与追求全局效益协调一致。全局效益是一个比局部效益更为重要的问题。如果全局效益很差，局部效益提高就难以持久。当然，局部效益也是全局效益的基础，没有局部效益的提高，全局效益的提高也是难以实现的。局部效益与全局效益是统一的，有时又是矛盾的。因此，当局部效益与整体效益发生冲突时，管理必须把全局效益放在首位，做到局部服从整体。

（4）管理应追求长期稳定的高效益。企业每时每刻都处于激烈的竞争中。如果企业只满足于眼前的经济效益水平，而不以新品种、高质量、低成本迎接新的挑战，就会随时有落伍甚至被淘汰的危险。所以，企业经营者必须有远见卓识和创新精神，随时想着明天。不能只追求当前经济效益，不惜竭泽而渔，寅吃卯粮，不保持必要的储备，不及时地维护修理设备，不进行必要的技术改造，不爱护劳动力，这样的话，必然损害今后的经济效益。只有不断增强企业发展的后劲，积极进行企业的技术改造、技术开发、产品开发和人才开发，才能保证企业有长期稳定的较高经济效益。

（5）确立管理活动的效益观。管理活动要以提高效益为核心。追求效益的不断提高，应该成为管理活动的中心和一切管理工作的出发点。要克服传统体制下“以生产为中心”的管理思想。因为这种管理思想必然导致片面追求产值、盲目增加产量的倾向，从而能造成产品大量积压、效益普遍低下的状况。追求效益要学会自觉地运用客观规律。例如，必须学会运用价值规律，随时掌握市场情况，制定灵活的经营方针，灵敏地适应复杂多变的竞争环境，满足社会需求。

六、伦理原理

伦理是指人与人相处的各种道德准则。一个组织并不是孤立存在的，总是以这样那样的方式同组织内外的个人和其他组织发生联系，从而其行为不可避免的牵涉到伦理问题。在当今世界，一个组织要想维持足够长的生命力，不仅需要遵守法律，还需要遵守伦理规范或讲究伦理。这就要求管理者在管理活动中要正视由组织的行为所引起的伦理问题。

（一）伦理的重要性

对于慈善机构、教会、红十字会、绿色和平组织之类的非经济组织，人们一般不难理解伦理在其管理活动中的重要性，因为这类组织或多或少是以伦理为其存在依据的。但对于企业等经济组织，一些人由于受“无商不奸”这句古语的影响而可能对“把伦理融进管理中”这样的看法表示难以理解。其实，这也不能怪他们，因为企业的伦理经营（合乎伦理的经营活动）是逐渐受到重视的。

为了说明伦理对于企业的重要性，我们举两个形成生动对比的例子。

1. 强生公司（lohnson & Johnson）在 1982 年遇到了一次危机，有人对其生产的泰诺（退热净）做了手脚，致使芝加哥有 7 个人因服用了受污染的药而死亡。强生公司面对该突发事件，立即采取了一系列措施：

（1）把摆在全国各地货架上的 3100 万瓶该种药品收回；

（2）把胶囊受污染的事件告知 50 万名医生；

（3）危机第一周内就开通了顾客免费热线电话；

（4）顾客可以免费调换药效相同的片剂；

（5）与公众开诚布公，及时发布准确的信息；

（6）董事长出现在电台、电视台的节目中回答关于危机的提问，其他高级职员接受报纸杂志的采访。

强生公司的措施超越了政府和法律的要求，例如，政府只要求其收回芝加哥地区的泰诺胶囊，而公司却决定在全国范围内收回该药。对于伦理问题的重视虽然使强生公司损失不少（仅收回胶囊一项就使公司损失 5000 万美元），但公众通过这件事体会到了公司强烈的社会责任感，对公司越发信赖。这不，一年内泰诺胶囊的销量就回升了。

2. 1989 年 3 月 24 日，美国埃克森公司（Exxon Company）的一艘巨型油轮在阿拉斯加威廉太子港附近触礁，800 多万加仑①原油泄出，形成一条宽约 1 千米、长达 8 千米的漂油带。这里是美国和加拿大的交界处，以前很少有船只经过。海水湛蓝，海鸟在天上自由飞翔，鱼儿在水中畅游，成群的海豚、海豹在礁石上嬉戏，沿岸山青林密。事故发生后，大批鱼类死亡，岸边、礁石上沾满油污，生态环境遭到严重破坏。环保组织对这一突发事件深感痛心，加拿大和美国当地的政府官员敦促埃克森公司尽快采

① 1 加仑 = 3.785 升。

取措施解决这一问题。

然而，埃克森公司却无动于衷。它既不彻底调查事故的原因，也不采取及时有效的措施来清理泄漏的原油，更不向加拿大和美国当地政府道歉，致使事故进一步恶化，污染区域继续扩大。埃克森公司的态度激怒了美国和加拿大当地政府、环保组织以及新闻界。他们联合发起了一场“反埃克森运动”，指责埃克森公司太不负责任，企图蒙混过关。各国新闻媒体的群起而攻之和国际环境保护组织的尖锐批评，惊动了当时的美国总统布什。3 月 28 日，布什派遣运输部长、环境保护局局长和海岸警卫部队总指挥组成特别工作组，前往阿拉斯加调查。此时，埃克森公司油轮泄出的原油已达 1000 多万加仑，成为美国历史上最大的一起原油泄漏事故。

经过周密调查得知，这起恶性事故是因为船长饮酒过量，擅离职守，让缺乏经验的三副代为指挥而造成的。调查结果让埃克森公司极其被动。在社会各方面的谴责声中，埃克森公司被迫用重金请工人使用高压水龙、蒸汽冲洗海滩，甚至用双手刷洗巨大的岩石。事故发生在初春的 3 月，阿拉斯加寒气逼人，海滩的清理工作十分费力，进展缓慢。埃克森公司仅此一项就付出了几百万美元。加上其他的索赔、罚款，埃克森公司的损失高达几亿美元。更为严重的是，埃克森公司的石油大王形象受到严重破坏，西欧和美国的一些老客户纷纷抵制其产品，转而购买皇家壳牌的产品，这使埃克森公司十分狼狈。它在人们心目中一下子变成了破坏环境、傲慢无理的公司。

上述两个例子形象地告诉我们，重视伦理对于企业的长远发展至关重要。

（二）伦理的特性

为了把握一个讲究伦理的组织在行为上表现出来的特征，需要了解伦理具有哪些特性。而为了了解伦理的特性，需要对伦理与法律进行比较，也就是说，只有在这种比较中，我们才能发现伦理的特性。

1. 非强制性

伦理靠社会舆论、传统习惯和内心信念起作用，体现了自觉性和内在性。“社会舆论通过普遍存在于社会成员中的一种特殊心理机制——荣辱心，而对个人产生强大的约束力。荣辱心根源于人的社会性，……任何人都程度不等地受社会舆论的支配和制约。除了荣辱心之外，良心和义务也是使社会舆论起作用的个人自我控制的道德心理机制。”

伦理虽然没有法律那样的强制性，但其作用不可低估。常言道，“人言可畏”“众口铄金”“软刀子杀人”，舆论的威力可见一斑。在前面所举的原油泄漏事例中，舆论的力量迫使埃克森公司最终还是采取了行动，尽管行动较晚。

2. 非官方性

伦理是约定俗成的，不像法律那样需要通过行政命令或法定程序来制定或修改。个人的伦理评判也无须官方的批准。

3. 普适性

除了少数不具备行为意识的人（如精神病患者和婴幼儿），所有人都要受伦理的指导、调节和约束。虽然法律面前人人平等，但法律真正规范、约束的只是违法的那部分人。就是说，法律只对违法者起作用。伦理则对包括违法者（一般说来，违法者同时是严重违背伦理者，但也有例外，即违法是符合伦理的）在内的一切人起作用。

4. 扬善性

伦理既指出什么是恶的、不应该的，也指出什么是善的、应该的。它不仅对不符合伦理的行为予以批评、谴责，也对符合伦理的行为，尤其是高尚的行为，予以褒奖、鼓励。而法律一般只规定人们不应该如何行动，对不该却这样行动的人，予以惩罚。

（三）伦理与法律的关系

伦理与法律不仅有前述的区别，也有一定的联系。伦理与法律在内容上相互渗透。伦理是不成文的法律，法律是最低程度的伦理。伦理规范往往是法律制定、修改、废止的依据。许多法律起初只是伦理规范，后来随着问题严重性和公众呼声的提高，这些伦理规范升格为法律。

伦理与法律在作用上相互补充。伦理可以引导人们遵守法律，而法律可以作为维护伦理的威慑力量。伦理可以用来防范尚未发生的违法行为，而法律可以用来制止已经发生的违法行为。正是在这个意义上，我们才说，伦理、法律是调节和规范非经济组织的行为的两个必不可少的手段，伦理、法律和市场机制是调节和规范经济组织的行为的三个必不可少的手段。

（四）伦理与效益的关系

前面我们通过举例说明了伦理经营对于企业的重要性。现在通过分析企业的伦理经营与经济效益的关系来进一步说明。企业的伦理经营不仅使除所有者之外的利益相关者（如债权人、员工、顾客、供应者、竞争对手、社区和政府等）的利益得到不同程度的增进，而且使企业自身的效益得到提高。

（1）企业的伦理经营意味着企业注重维护利益相关者的利益，从而需要采取行动并付出一定的成本，正如前的例子中强生公司所做的那样。在大多数情况下，这些成本短期内确实得不到补偿，这使得企业牺牲了一部分短期利益，但换来的却是多得多的长远利益。采取伦理经营的企业通常设立了催人奋进的远大目标，把伦理分析融进决策中，能吸引并留住人才，信誉卓著从而赢得较多的顾客，在经营困难时能得到利益相关者的理解与支持等，这些都有助于企业获取较高的经济效益。

（2）伦理与效益的关系在某种程度上得到了实证研究的支持。尽管在伦理与效益的度量上存在一些困难，但大多数研究表明，在企业的伦理经营与长期效益之间有某种程度的正的相关关系。这至少说明，没有确凿的证据表明企业的伦理经营会显著损害其长期利益。

（3）周祖城对美国、日本、中国已被历史证明的、长期成功的优秀企业或企业家所做的个案研究表明，效益与伦理具有兼得的可能性。

（4）厉以宁对效率与道德的关系有如下的看法："效率实际上有两个基础，一个是物质技术基础，一个是道德基础。只具备效率的物质基础，只能产生常规效率。有了效率的道德基础，就能产生超常规的效率。"这说明，效率与道德可以而且应当结合在一起。

第三节　管理的基本方法

管理方法是在管理活动中为实现管理目标、保证管理活动顺利进行所采取的工作方式。

管理原理必须通过管理方法才能在管理实践中发挥作用。管理方法是管理理论、原理的自然延伸和具体化、实际化，是管理原理指导管理活动的必要中介和桥梁，是实现管理目标的途径和手段，它的作用是一切管理理论、原理本身所无法替代的。

管理实践的发展促进了管理学研究的深化。在吸收和运用多种学科知识的基础上，管理方法已逐渐形成一个相对独立、自成体系的研究领域。

一、管理的法律方法

（一）法律方法的内容与实质

法律，是由国家制定或认可的，体现统治阶级意志，以国家强制力保证实施的行为规则的总和。法律方法是指国家根据广大人民群众的根本利益，通过各种法律、法令、条例和司法、仲裁工作，调整社会经济的总体活动和各企业、单位在微观活动中所发生的各种关系，以保证和促进社会经济发展的管理方法。

由于社会关系的复杂性和多样性，法律规范的形式与内容也极为丰富，法学上根据法律所调整的社会关系的不同将其分为各个不同的法律，并形成相互联系相互协调的统一的法律体系。管理的法律方法中，既包括国家正式颁布的法，也包括各级政府机构和各个管理系统所制定的具有法律效力的各种社会规范。法律、法规一般是由一系列单项的法律、法规所组成的，如国民经济管理总体方面的，有计划法、工业法、农业法、商业法、基本建设法、财政法等；用于工业管理活动的，有公司法、工业企业法、交通运输法、海商法等；在流通领域的管理方面，有商标法、价格管理法、外汇管理法、证券交易法等；在调整各地区、各部门企业以及各单位之间的经济活动方面，有经济合同法；在资源和环境保护方面，有自然资源法、能源法、环境保护法等；在保护劳动者及其集体权益方面有劳动法、专利法、版权法、创造发明法等；随着改革开放的继续和深入，还有中外合资经营企业法、外资企业法、对外贸易法、涉外税法、涉外金融法、涉外经济合同法等。建立健全各种法律法规，最根本的一点是要遵循事物自身的客观规律。

法律方法的内容，不仅包括建立和健全各种法规，而且包括相应的司法工作和仲裁工作。这两个环节是相辅相成、缺一不可的。只有法规而缺乏司法和仲裁，就会使法规流于形式，无法发挥效力；法规不健全，司法和仲裁工作则无所依从，造成混乱。

司法工作是指国家的司法机关按照法律和法规解决各种纠纷和审理案件的执法活动。司法机构“以法律为准绳，以事实为依据”，通过司法制裁，强制执行法规，停止违法活动，恢复正常秩序，并给予当事人一定的惩罚，达到维护法律尊严、教育人民的目的。司法制裁分为经济制裁和刑事制裁两类。经济制裁包括强制执行付给违约金和罚款，停止和排除妨害，返还原物，赔偿损失等。刑事制裁是对直接责任人员因违反刑法、危害社会而采取的处罚，包括管制、拘役、有期徒刑、无期徒刑和死刑以及罚金、剥夺政治权利和没收财产等附加刑罚。

仲裁即公断。如果组织之间发生纠纷，经过协商仍不能达成协议，就可由仲裁人或仲裁机构居中做出判断和裁决。就仲裁的性质而言，它是一种行政性活动，不是司法活动。因此，裁决不被当事人执行时，仲裁机关不能强制执行，只能由人民法院强制执行。

经济仲裁分为经济合同仲裁和涉外仲裁两类。经济合同仲裁是指国家规定的仲裁机关对经济合同纠纷案件依法进行调解、做出裁决的活动。

涉外仲裁是指我国涉外仲裁机构根据当事人之间签订的仲裁协议，基于当事人的仲裁申请，按照有关仲裁法律和仲裁规则，对其经济争议进行审理并做出裁决，从而解决争议的一种制度。根据我国法律的规定，我国的涉外仲裁机构有对外经济贸易仲裁委员会和海事仲裁委员会。它们都是全国性的、常设的仲裁机构。涉外仲裁委员会的裁决是终局裁决，双方当事人都不可以向人民法院或其他机关提出变更的要求，当事人应当依照裁决所规定的期限自动执行。如果逾期不执行，一方当事人可向我国有管辖权的人民法院申请依法强制执行，即我国涉外仲裁机构所作的裁决对于当事人双方都有约束力，必须执行。

法律方法的实质是实现全体人民的意志，并维护他们的根本利益，代表他们对社会经济、政治、文化活动实行强制性的、统一的管理。法律方法既要反映广大人民的利益，又要反映事物的客观规律，调动各个企业、单位和群众的积极性、创造性。

（二）法律方法的特点与作用

法律方法主要有下列特点：

1. 严肃性

法律和法规的制定必须严格地按照法律规定的程序和规定进行。一旦制定和颁布出来后，就具有相对的稳定性。法律和法规不可因人而异，滥加修改，必须保持它的严肃性。司法工作更是严肃的行为，它必须通过严格的执法活动来维护法律的尊严。

2. 规范性

法律和法规是所有组织和个人行动的统一准则，对他们具有同等的约束力。法律和法规都是用极严格的语言，准确阐明一定的含义，并且只允许对它做出一种意义的解释。法律与法规之间不允许互相冲突，法规应服从法律，法律应服从宪法。

3. 强制性

法律、法规一经制定就要强制执行，各个企业、单位以至每个公民都必须毫无例外地遵守。否则，要受到国家强制力量的惩处。

法律方法的运用，对于建立和健全科学的管理制度和管理方法，有着十分重要的作用。

（1）保证必要的管理秩序。管理系统内外部存在着各种社会经济关系，只有通过法律方法才能公正、合理、有效地加以调整，及时排除各种不利因素的影响，保证社会经济秩序的正常运行，为管理活动提供良好的外部环境。

（2）调节管理因素之间的关系。根据对象的不同特点和所给任务的不同，规定不同管理因素在整个管理活动中各自应尽的义务和应起的作用。这是管理的法律方法所具有的一定的自动调节功能。

（3）使管理活动纳入规范化、制度化轨道。法律方法的运用，有助于使符合客观规律、行之有效的管理制度和管理方法用法律的形式规范化、条文化、固定化，使人们有章可循。严格执行这些制度和方法，管理系统便能自动有效运转。这样既可保证管理效率，又可节约管理者精力。

（三）法律方法的正确运用

法律方法从本质上讲是通过上层建筑的力量来影响和改变社会活动的方法。这里有双重作用问题，既可以起促进作用，也可以起阻碍作用。如果各项法律和法规的制定和颁布符合客观规律的要求，就会促进社会、经济的发展；反之，也可能成为社会、经济发展的严重阻碍。法律方法由于缺少灵活性和弹性，易使管理僵化，而且有时会不利于企业发挥其主动性和创造性。

在管理活动中，各种法规要综合运用、相互配合，因为任何组织的关系都是复杂的、多方面的，就企业管理而言，法律方法不仅要求企业掌握和运用“企业法”以及与企业生产经营活动直接相关的经济法律，而且也要掌握和运用民法赋予的权利和义务。企业成为法人，一方面其权利地位受到法律保护，可以自觉地去抵制和克服当前改革中出现的各种“乱摊派”“多方向企业伸手”等不正之风；另一方面企业的义务和责任也严格化了。企业的最高领导人是企业法人代表，企业的每个职工是享有公民权的自然人。有关法律对企业法人和公民的权利和义务都有明确规定，法律是企业管理的基础和前提。企业应根据国家、政府的有关法律、法规制定自己的管理规范，保证必要的管理秩序，有效地调节各种管理因素之间的关系，使宏观法规在本单位得以顺利地贯彻执行，避免与法律、法规有悖而造成不必要的损失。

当然，不能企望法律方法解决所有的问题，它只是在有限的范围之内发生作用。而在法律范围之外，还有各种大量的经济关系、社会关系需要用其他方法来管理和调整。所以，法律方法应该和管理的其他方法综合使用，才能达到最有效的管理目标。

二、管理的行政方法

（一）行政方法的内容与实质

行政方法是指依靠行政组织的权威，运用命令、规定、指示、条例等行政手段，按照行政系统和层次，以权威和服从为前提，直接指挥下属工作的管理方法。

行政方法的实质是通过行政组织中的职务和职位来进行管理。它特别强调职责、职权、职位，而并非个人的能力或特权。任何部门、单位总要建立起若干行政机构来进行管理。它们都有着严格的职责和权限范围。由于在任何行政管理系统中，各个层次所掌握的信息绝对是也应当是不对称的，所以，才有了行政的权威。上级指挥下级，完全是由于高一级的职位所决定的。下级服从上级是对上级所拥有的管理权限的服从。

（二）行政方法的特点与作用

行政方法实际上就是行使政治权威，它的主要特点如下：

1. 权威性

行政方法所依托的基础是管理机关和管理者的权威。管理者权威越高，他所发出的指令接受率就越高。提高各级领导的权威，是运用行政方法进行管理的前提，也是提高行政方法有效性的基础。管理者不能仅依靠职位带来的权力来强化权威，还需努力依靠自己优良的品质、卓越的才能。

2. 强制性

行政权力机构和管理者所发出的命令、指示、规定等，对管理对象具有程度不同的强制性。行政方法就是通过这种强制性来达到指挥与控制的目的。但是，行政强制与法律强制是有区别的：法律的强制性是通过国家机关和司法机构来执行的，准许人们做什么和不准许人们做什么；而行政的强制性是要求人们在行动的目标上服从统一的意志，它在行动的原则上高度统一，但允许人们在方法上灵活多样。行政的强制性是由一系列的行政措施（如表扬、奖励、晋升、任务分配、工作调动及批评、记过、降级、撤职等处分，直至开除等）作为保证来执行的。

3. 垂直性

行政方法是通过行政系统、行政层次来实施的。因此基本上属于“条条”的纵向垂直管理。行政指令一般都是自上而下，通过纵向直线下达的。下级组织和领导人只接受一个上级的领导和指挥，对横向传来的指令基本上是不理睬的。因此，行政方法的运用，必须坚持纵向的自上而下，切忌通过横向传达指令。

4. 具体性

相对于其他方法而言，行政方法比较具体。不仅行政指令的内容和对象是具体的，而且在实施过程中的具体方法上也因对象、目的和时间的变化而变化。所以，任何行政指令往往是在某一特定的时间内对某一特定对象起作用，具有明确的指向性和一定的时效性。

5. 无偿性

运用行政方法进行管理，上级组织对下级组织的人、财、物等的调动和使用不讲等价交换的原则。一切根据行政管理的需要，不考虑价值补偿问题。

由于行政方法具有以上特点，采用它就会产生一些独特的作用。

（1）行政方法的运用有利于组织内部统一目标、统一意志、统一行动，能够迅速有力地贯彻上级的方针和政策，对全局活动实行有效的控制。尤其是在需要高度集中和适当保密的领域，更具有独特的作用。

（2）行政方法是实施其他各种管理方法的必要手段。在管理活动中，经济方法、法律方法、教育方法和技术方法，必须经由行政系统的中介，才能具体地组织与贯彻实施。

（3）行政方法可以强化管理作用，便于发挥管理职能，使全局、各部门和各单位密切配合，前后衔接，并不断调整它们之间的进度和相互关系。

（4）行政方法便于处理特殊问题。行政方法时效性强，它能及时地针对具体问题发出命令和指示，可以快刀斩乱麻，较好地处理特殊问题和管理活动中出现的新情况。

（三）行政方法的正确运用

行政方法是实现管理功能的一个重要手段，但只有正确运用，不断克服其局限性，才能发挥它应有的作用。

（1）管理者必须充分认识行政方法的本质是服务。服务是行政的根本目的，这是由管理的实质、生产的社会化以及市场经济的基本特征决定的。行政不以服务为目的，必然导致官僚主义、以权谋私、玩忽职守等行为；而没有行政方法的管理，同样达不到服务的目的。服务，就企业管理的行政方法来说，是为基层、为生产和科研第一线、为全厂职工服务。

（2）行政方法的管理效果为领导者水平所制约。因为它更多的是人治，而不是法治。管理效果，基本上取决于领导者的指挥艺术和心理素质，取决于领导者和执行者的知识、能力。

（3）信息在运用行政方法过程中是至关重要的。首先，领导者驾驭全局、统一指挥，必须及时获取组织内外部有用的信息，才能做出正确决策，避免指挥失误。其次，上级要把行政命令、规定或指示迅速而准确地下达，还要把收集到的各种反馈信息和预测信息发送给下级领导层，供下级决策时使用。总之，行政方法要求有一个灵敏、有效的信息管理系统。

（4）行政方法的运用由于借助了职位的权力，因此，对行政下属来说有较强的约束力，较少遇到下属的抵制，这种特点可能使得上级在使用行政方法时忽视下属的正确意见和合理的要求，从而容易助长官僚主义作风，不利于充分调动各方面的积极性。所以不可单纯依靠行政方法，要在客观规律的基础上，把行政方法和管理的其他方法，特别是经济方法有机地结合起来。

三、管理的经济方法

（一）经济方法的内容与实质

经济方法是根据客观经济规律，运用各种经济手段，调节各种不同经济主体之间的关系，以获取较高的经济效益与社会效益的管理方法。这里所说的各种经济手段，主要包括价格、税收、信贷、工资、利润、奖金、罚款以及经济合同等。不同的经济手段在不同的的领域中，可发挥各自不同的作用。

1. 价格

在存在着商品货币关系的社会里，价格是计量和评价劳动的社会标准。价格的高、低、涨、落，会直接影响生产企业和消费者的经济利益，从而影响他们的生产和消费行为。价格体系合理，是社会经济活动能实现良性循环的一个十分重要的条件。国家运用价格这一杠杆来调节生产与供求，调整一部分国民收入的分配。就企业和外部的关系而言，企业要在价格政策规定的范围内，根据市场供需情况正确地制定本企业产品的价格，运用好浮动价格和季节差价、批零差价、地区差价、购销差价、质量差价等经济杠杆，增强企业竞争能力，改善企业经营地位，争取获得最大的经济效益。企业为了正确地核算各分厂、各车间、各班组的劳动消耗和劳动成果，正确处理企业内部各生产单位之间的经济关系，调节它们之间的经济利益，必须制定进行内部核算用的内部价格。内部价格直接关系到企业内部各个单位、各个职工的切身利益，所以，内部价格也是一种经济手段。制定内部价格应该正确反映劳动消耗和劳动成果，把企业的经济效益和职工的经济利益结合起来。

2. 税收

税收是国家取得经济收入的重要来源，也是国家管理社会生活的重要手段之一。国家根据宏观控制的需要，合理制定不同的税种和税率，来调节生产和流通，调节一部分企业的利润水平，控制消费的过快增长，使社会经济的内部结构、发展趋势、活动规模等趋于合理。

3. 信贷

信贷是银行存款、贷款等信用活动的总称。信贷是最为灵活、有效的经济杠杆。银行信用活动以吸收存款和储蓄形式，集中社会闲散资金；同时，按照社会经济发展的需要，以贷款形式发放给生产经营单位，满足其资金需要，达到管理协调社会经济活动的目的。其具体手段主要有：贷与不贷、多贷与少贷以及差别利率和贷款期限等。

4. 利润

在市场经济条件下，利润是反映经济组织经济效益的综合指标。总公司对分公司（利润中心）的管理，通常都是把一定的经济责任、经济权限、经济利益和利润指标紧密结合在一起的。分公司完成利润指标后，就可以得到更多的留利用于扩大生产和改善职工的生活福利。反之，如果完不成任务，则要相应地减少留利。不仅在实行事业部制的企业里，要给作为利润中心的各事业部下达利润计划，在不实行事业部制的企业里，为了加强对下属单位经济效益的控制，也有模拟事业部制的办法，给各生产单位下达利润指标的。在这两种情况下，都要根据利润指标的完成情况决定各个单位的奖金和生产发展基金总额。所以，利润把企业经济效益与职工的经济利益挂起钩来，促使企业劳动者从关心个人利益的角度更多地关心企业的经营及其成果。

5. 工资

工资是实行按劳分配原则的一种劳动报酬形式。这一经济手段直接涉及企业和劳动者个人的物质利益，正确使用它，对于调动企业的经营积极性和职工个人的劳动积极性，有着重要的作用。职工工资应该与企业经济效益挂钩，应该与职工个人贡献挂钩。

根据按劳分配原则，应当按照职工每个时期实际劳动的数量和质量，联系企业的经济效益来支付职工的工资。由于各个劳动者的劳动能力和劳动态度差别很大，而且同一个人在不同时期也会有很大的变化，因此，必须真正实行多劳多得的原则，拉开差距。由于不同企业的生产技术特点和劳动组织特点不同，反映职工劳动贡献的方法不同，所以各个企业应采用适合本企业特点和各类人员劳动特点的工资形式，如计时工资、计件工资、浮动工资、结构工资和年薪制等。现实中的许多弊病都是由报酬分配不合理造成的，所以管理工作中必须用好工资这个杠杆，充分调动人的积极性。

6. 奖金与罚款

（1）奖金是根据职工对企业所做额外贡献的大小，用货币形式付给职工的奖赏。奖金的名目和条件应能表达企业领导者对职工行为的期望，应能对职工的行动方向和努力目标具有引导作用。所以，奖金的名目不宜过多，以免分散目标；奖金的数额不宜过小，以提高奖励的效价；奖金取得的条件不宜过严或过宽，以保证必要的期望值；奖金发放还要密切联系企业或部门的经济效益，同样的超额劳动，在不同效益的企业里奖金数量可能不同。这样，奖金才能起到调动职工积极性的作用。

（2）罚款是对职工违反规章制度，给企业群体造成危害的行为进行的经济惩罚。它可以制约或收敛某些人的不轨行为，迫使人们努力完成劳动或工作定额。但是，罚款的名目和数额要适当，不能滥用。要防止用罚款代替管理工作、代替思想工作的倾向，以免招致职工的不满和反对。

奖励与惩罚最重要的是严明，该奖即奖，当罚则罚，激励正气，祛除邪气。只有这样才能使奖金与罚款真正成为有效的管理手段。

管理的经济方法的实质是围绕着物质利益，运用各种经济手段正确处理好国家、集体与劳动者个人三者之间的经济关系，最大限度地调动各方面的积极性、主动性、创造性和责任感。

（二）经济方法的特点

与其他方法相比较，经济方法具有下面一些特点：

1. 利益性

经济方法是通过利益机制引导被管理者去追求某种利益，间接影响被管理者行为的一种管理方法。

2. 关联性

经济方法的使用范围很广。不但各种经济手段之间的关系错综复杂，影响面宽，而且每一种经济手段的变化都会造成社会多方面经济关系的连锁反应。有时，它不仅会影响当前，而且会波及长远，产生一些难以预料的后果。

3. 灵活性

一方面，经济方法针对不同的管理对象，如企业、职工个人，可以采用不同的手段。另一方面，对于同一管理对象，在不同情况下，可以采用不同方式来进行管理，以适应形势的发展，例如，税收的增减可分别鼓励与限制某一产业的发展，增减的幅度越大，作用越明显。

4. 平等性

经济方法承认被管理的组织或个人在获取自己的经济利益上是平等的。社会按照统一的价值尺度来计算和分配经济成果；各种经济手段的运用对于相同情况的被管理者起同样的效力，不允许有特殊。

（三）经济方法的正确应用

经济方法与其他方法一样，必须正确运用才能充分发挥其价值。

1. 要注意将经济方法和教育等方法有机结合起来

人们除了物质需要以外，还有更多的精神和社会方面的需要。在现代生产力迅速发展的条件下，物质利益的刺激作用将逐步减弱，人们更需要接受教育，以提高知识水平和思想修养。再者，如果单纯运用经济方法，易导致讨价还价，“一切向钱看”的不良倾向，易助长本位主义、个人主义思想。所以，也必须结合教育方法，搞好精神文明建设。

2. 要注意经济方法的综合运用和不断完善

既要发挥各种经济杠杆各自的作用，更要重视整体上的协调配合。如果忽视综合运用，孤立地运用单一杠杆，往往不能取得预期的效果。例如，价格杠杆对生产和消费同时有方向相反的调节作用。提高价格可以促进生产，但却抑制消费。但在经济生活中有些产品具有特殊的性质。因而，仅凭单一的价格杠杆就难以奏效，必须综合运用一组杠杆。

四、管理的教育方法

（一）教育方法的实质和任务

教育是按照一定的目的、要求对受教育者从德、智、体诸方面施加影响的一种有计划的活动。

管理的人本原理认为，管理活动中人的因素第一，管理最重要的任务是提高人的素质，充分调动人的积极性、创造性。而人的素质是在社会实践和教育中逐步发展、成熟起来的。通过教育，不断提高人的政治思想素质、文化知识素质、专业水平素质，是管理工作的主要任务。现代社会科学技术的迅猛发展导致了人的知识更新速度的加快。因此全面提高人的素质，对组织成员不断进行培养教育，就必然成为管理者管理活动的一项重要内容。

（二）教育的主要内容

教育的目的是提高人的素质，教育的内容也就涉及与人的素质完善有关的各方面。

1. 人生观及道德教育

要教育树立为人类解放和社会进步奋斗献身的远大理想，大公无私、先人后己、全心全意为人民服务的精神，自觉抵制损公肥私、损人利己、金钱至上、以权谋私、欺诈勒索、贪图享乐等剥削阶级腐朽思想的侵蚀。要教育职工遵守社会公德及职业道德，钻研业务，忠于职守。这种教育单凭教条式的空洞说教，收效甚微。应当结合具体生动的实例、案例、典型，通过讨论的方式进行。

2. 爱国主义和集体主义教育

进行爱国主义教育，要引导人们正确认识我们国家的历史和现状，特别是近百年来中国人民为谋求民族解放而英勇斗争的历史，了解中华民族近百年来的苦难史和革命斗争史，从而更加热爱和珍惜社会主义的今天，更加发奋为祖国繁荣昌盛而献身。集体主义是共产主义道德的基本原则，它要求人们置集体利益于个人利益之上。进行集体主义教育，要着重引导干部群众正确处理国家、集体、个人之间的利益关系。在集体生活中发扬团结、友爱互助精神，热爱集体，关心集体。

3. 民主、法制、纪律教育

管理的人本原理告诉我们必须全心全意依靠企业广大职工办好企业，不仅企业领导层在进行企业管理决策时，要充分考虑到企业职工的利益，而且应当通过各种方式吸收职工参与企业管理。同时还要对职工进行正确行使民主权利的教育。民主体现在职工有权对企业的经营活动进行监督，有权维护自己的合法权益，有权对企业管理工作提出批评建议，也有权参与企业管理，但应当实事求是地承认，由于信息和能力的限制，参与的程度和方式是有限度和有条件的，切不可自以为是“主人”就存有不切实际的乌托邦式的空想。

企业在扩大民主的同时，还应大力加强社会主义法制，加强劳动纪律和工作纪律，规范和约束人们的行动，制裁和打击各种不法行为和违纪行为，并同种种压制和破坏民主的行为作斗争，才能保证企业经营活动的正常进行，才能使职工的根本利益得到保障。

4. 科学文化教育

科学技术是第一生产力，普及和提高科学文化知识是提高职工思想道德觉悟水平的重要条件，也是企业进行生产经营活动的重要条件，在当今的新技术革命浪潮中，科学技术越来越成为推动企业生产发展、提高企业竞争能力的重要力量。

当前我国企业职工的科学文化素质还不高，在掌握现代科学技术和现代化的生产设备方面还存在不少困难。这对企业的产品质量和劳动生产率不能不产生重大的影响。应当从战略的高度下大决心、花大力量进行智力投资，有计划有组织地开展科学文化教育，根据工作的需要，对各类人员逐步进行系统培训和职业训练，尽快提高职工队伍的业务素质。

5. 组织文化建设

组织文化是组织员工在较长时期的生产经营实践中逐步形成的共有价值观、信念、行为准则及具有相应特色的行为方式、物质表现的总称。它是组织员工内在的思想观念与外在的行为方式和物质表现的统一，要通过组织文化建设来创造促进职工素质不断完善的精神环境。

在组织文化建设的指导思想上，必须突出管理的人本原理，坚持“以人为本”的指导原则。组织文化的主体是组织员工，组织员工是物质财富和精神财富的创造者，坚持把人作为第一因素，把尊重人、关心人、理解人、培养人、合理使用人和全方位地提高组织员工的素质，作为组织文化建设的主要内容。采用教育、启发、诱导、吸引、熏陶和激励等多种方式来培养员工的命运共同感、工作责任感、事业开拓感和集体荣誉感，在员工中形成正确的价值观念、道德规范和行为准则，促使每个人都能把其内在潜力和创造力最大限度地发挥出来。一个具有独特而优秀组织文化的组织，必然充满生机和活力。

（三）教育的方式

我国企业在长期进行的思想政治工作中积累了丰富的经验，近年来行为科学在我国企业中的应用和发展，又给教育方法增添了新的经验。教育方式正在发生着深刻的变化。人们普遍认识到对于思想性质的问题，必须采取讨论的方法、说理的方法、批评和自我批评的方法进行疏导，而不应依靠粗暴的训斥、压制和简单的惩罚来解决问题。对于传授知识和技能方面的教育，也不宜全都采用以讲授为中心的教育方法。因为在讲授方式中，受教育者处于被动状态，接受知识的效率并不高，所以应当减少讲授方式，而较多地采用有目的、有指导的小组讨论、现场实习和体验学习等方法，让受教育者按他们自己创造的学习方法去学习。这样，会取得更好的效果。国内外许多企业在这种新的教育思想指导下创造了多种行之有效的教育方式，如案例分析法、业务演习法、事件过程分析法、角色扮演法和拓展训练法等，都有较好的效果，可供各企业选择采用。总之，教育的方式应灵活方便，讲求实效。

五、管理的技术方法

（一）技术方法的内容与实质

技术的进步直接导致了管理手段的现代化。对于当今社会的各种类型组织的管理者，要想在日益复杂和多变的环境中，对组织中包括人力资源在内的各种资源进行有效的协调，以维持、巩固和增强组织的活力，单凭传统管理手段是远远不够的。相反，环境的多变性和组织自身的复杂性决定了管理者必须善于运用业已发展起来的、并被管理实践证明为行之有效的各类技术，来提高管理的效率和效果。

实践已经并将继续证明，有效的管理离不开技术，尽管不同的管理者，尤其是组织中不同层次的管理者，对技术的依赖程度可能不一样。可以这样说，在当今社会，不使用技术，就谈不上真正的管理。

基于这样的认识，我们提出管理的技术方法，以突出技术在管理中的重要性或突出技术与管理的不可分性。技术方法是指组织中各个层次的管理者（包括高层管理者、中层管理者和基层管理者）根据管理活动的需要，自觉运用自己或他人所掌握的各类技术，以提高管理的效率和效果的管理方法。这里所说的各类技术，主要包括信息技术、决策技术、计划技术、组织技术和控制技术等。从这种划分中，我们可以看出，不同的技术在管理中的作用是不一样的，有的技术和管理的前提与本质有关，我们称之为信息技术和决策技术。另外一些技术与管理过程的每个阶段有关，根据阶段的不同，我们把这样的技术划分为计划技术、组织技术和控制技术。细心的读者也许会发现其中少了“领导技术”，这是因为，在我们看来，领导的对象是有感情的人，领导的有效性主要取决于领导者影响下属的能力或力量，而能力或力量主要来自职位与权力、人格魅力以及所掌握的技巧，与技术基本无关。最后，作为管理轴心的创新包括了技术创新，这要求管理者必须了解或掌握一些基本的技术，以便正确地指导组织中的技术创新，而且管理者所了解或掌握的技术也需要创新，应随着时代的进步、外部环境和内部条件的变化而不断更新。通过上面的分析，我们可以得出这样的结论：无论是管理的前提与本质，还是管理的各项职能（除了领导），都需要技术，技术在管理中的重要性由此可见一斑。

管理的技术方法的实质是把技术融进管理中，利用技术来辅助管理。善于使用技术方法的管理者通常能把技术与管理很好地结合起来。具体体现在两个方面：

（1）根据不同的管理问题，选用不同的技术；

（2）是在了解每种技术的适用范围的前提下，尽可能把所掌握的技术用到实处，发挥技术的积极作用。技术与管理的有机结合是技术渗透到社会生活各个领域的必然结果。可以这样说，不注重技术方法的管理者必定是落伍者，终将遭淘汰。

（二）技术方法的特点与作用

1. 特点

技术方法的实质就是用技术来进行管理，与其他管理方法相比，它有以下一些特点。

（1）客观性。技术方法的客观性体现在两个方面：

①技术是客观存在的，它不依赖人的意识并不以人的意识为转移；

②技术方法产生的结果是客观的。

（2）规律性。技术方法的规律性源自客观性。规律性也体现在两个方面：

①技术脱胎于现实世界中普遍存在的客观规律；

②技术方法是有规律的，每种方法都是有章可循的，而不是杂乱无章的，对于每种技术方法，其步骤都是特定的：无论是何种组织，也无论是面临什么样的环境，只要是采取同一技术方法，就必须遵循同样的步骤。

（3）精确性。技术方法的精确性是指只要基础数据是正确无误的，由技术方法产生的结果就是精确的。正是因为其精确性，技术方法才日益受到人们的青睐。

（4）动态性。管理者在管理过程中时时会遇到新情况、新问题。对于这些新情况、新问题，过去的技术方法可能失效或效果不好。这要求管理者必须紧密追踪技术的发展，不断更新自己掌握的技术武器，防止用过时、落后的技术方法来解决新问题。技术方法因而呈现出动态性的特征。

2. 作用

技术方法的运用，对于组织的有效运行有着十分重要的作用。

（1）信息技术的采用可以提高信息获取的速度与信息的质量。信息技术在各类组织中的广泛运用是信息时代的一个显著特征，也反映了信息，尤其是管理信息，在组织中的重要地位。

（2）决策技术的采用可以提高决策的速度与质量。由于决策是管理的本质工作，决策速度与质量的提高对组织的重要性不言而喻。

（3）计划、组织和控制技术的采用可以提高有关职能的执行效率，促进管理过程的良性循环。

（4）技术在组织中的运用和被重视为技术创新创造了良好的氛围和条件，而只有那些一直致力于技术创新的组织才有可能长盛不衰。

（三）技术方法的正确运用

管理者要想正确运用技术方法，必须注意以下几点：

（1）技术并不是万能的，并不能解决一切问题。在某些场合，技术可能很管用，但在其他场合，技术可能不管用。如对单只股票价格的预测，技术有时就没有经验判断和直觉来得准确。这就是说技术是有一定局限性的，或技术是有一定适用范围的。管理者既不能否定技术的重要性，也不能盲目迷信技术。

（2）既然技术不是万能的，管理者在解决管理问题时，就不能仅仅依靠技术方法。相反，应该把各种管理方法结合起来使用，“多管齐下”，争取收到较好的效果。

（3）管理者使用技术方法有一定的前提，即他本人必须或多或少掌握一些技术，知道技术的价值所在和局限所在，并在可能的情况下，让组织内外的技术专家参与进来，发挥他人的专长，来弥补自身某些方面的不足。

第四节 管理学简介

管理学作为一门学科与其他许多学科不同，如管理学是一门综合性学科，管理学既是科学又是艺术，管理学是一门不精确的学科。了解管理学的这些特性，将有助于加深理解本书的内容。

一、管理学的特性

（一）管理学是一门综合性的学科

管理学的主要目的是要指导管理实践活动。面对当代社会异常复杂的管理活动，仅掌握一方面的知识是远远不够的。只有具备广博的知识，才能对各种管理问题应付自如。管理活动的复杂性、多样性决定了管理学内容的综合性，既包括统计学、数学、政治学、经济学等内容，也包括心理学、人类学、社会学、生理学、伦理学等学科的相关知识和方法。管理学就是这样一门综合性学科，它不分门类，针对管理实践中所存在的各种活动，在人类已有的知识宝库中广泛收集对自己有用的东西并加以拓展，以便更好地指导人们的管理实践。

（二）管理学既是科学又是艺术

管理学是一门科学，这是因为它确实具有科学的特点。

客观性——管理学的研究对象是人类社会中各种组织的管理活动，它从客观实际出发，揭示管理活动的各种规律，这些规律是客观存在的，违反这些规律就必然遭到惩罚。

实践性——管理学是从实践中产生并发展起来的一门学科，它所包含的知识都是人们多年来实践经验的总结，它的直接目的就是有效地去指导实践。

理论系统性——现在的管理学已经形成一整套理论，这是通过对大量的实践经验进行概括和总结而完成的。管理学的各个章节所包括的内容相互间有紧密的联系，从而形成了一个合乎逻辑的系统。

发展性——管理学是处于不断发展完善的过程当中，因为受到各方面条件的限制，管理学不可能达到尽善尽美的程度，它要在发展中不断充实、完善，有些内容还要进行修正，使之能够更有效地去指导实践。

管理学同时也是一门艺术。

艺术的含义是指能够熟练地运用知识，并且通过巧妙的技能来达到某种效果，而有效的管理活动正需要如此。

管理活动充满了不确定性，真正掌握了管理学知识的人，还必须能够熟练灵活地把这些知识应用于实践，并能根据自己的体会不断创新，才能成为合格的管理者。在这一点上，管理学与其他学科有很大不同，学会了数学分析，就能求解微分方程；学会了制图的所有规则，就可以画出机器的图样。管理学则不然，即便是背会了所有的管理原则，也不一定能够有效地进行管理。这种灵活运用管理知识的技能在课堂上是很难培养的，需要通过大量的管理实践去掌握。

（三）管理学是一门不精确的学科

在给定条件下能够得到确定结果的学科被称之为精确的学科。数学就是一门精确的学科，只要给出足够的条件或函数关系，按一定的法则进行演算就能得到确定的结果。管理学则不同，在已知条件完全一致的情况下，有可能产生截然相反的结果。

用管理学术语来解释这种现象，就是在投入完全相同的情况下，其产出却有可能不同。如两家企业，已知其生产条件、人员素质和领导方式完全相同，但他们的经营效果却可能相差甚远。为什么会有这种现象出现呢？这是因为影响管理效果的因素太多，且许多因素是无法完全预知的，如国家的方针、政策和法令，自然环境的突然变化等。这种无法预知的因素被称为“本性状态”。正是由于“本性状态”的存在，才造成了管理结果的多样性。

实际上，所谓“投入完全相同”这句话本身就是不精确的，因为投入不可能完全相同，即使表面上在数量、质量、种类方面完全相同，人员的心理因素也不可能完全相同。管理主要是同人发生关系，对人进行管理，人的心理因素更是一种不可忽略的因素。人的心理因素是难以测量的，它是一种模糊量。诸如人的思想、感情、个性、作风、士气，以及人际关系、领导方式、组织文化等，都是管理学的研究对象，且均为模糊量。在这样复杂的条件下，我们还没有找到更有效的定量方法使管理本身精确化，而只能借助于定性的办法，或者利用统计学原理来研究管理。因此我们说，管理是一门不精确的学科。

二、管理学的研究对象

无论是在公司、工厂、商店、银行等企业单位，或者在学校、研究所、医院、报社、电视台等事业单位，还是在政府、军队、公安等国家机关，尽管各单位工作性质千差万别，尽管各人担任的职务迥然不同，但都有人担任管理工作。当然，一位省长所作的决策与一位大学校长所作的决策完全不同，一位公司经理所管辖的人员和资源比一位班组长所管辖的人员和资源不知要大多少倍。但透过这些差别，我们仍然可以看到他们所从事的管理工作的共同基础。他们都是为了实现本单位的既定目标，通过计划、组织、领导、控制、创新等职能进行着任务、资源、职责、权力和利益的分配，协调着人们之间的相互关系。这就是各行各业各种管理工作的共同之点。

管理工作的共性是建立在各种不同的管理工作的特殊性之上的。就管理的特殊性而言，工厂不同于商店，银行不同于学校，学校也不同于医院，政府不同于军队，军队更不同于学术团体……有多少种不同的社会组织就会有多少种特殊的问题，也就会有多少种解决这些特殊问题的管理原理和管理方法，由此也就形成各种不同门类的管理学。例如，企业管理学、行政管理学、学校管理学和军队管理学等等。这些专门管理学根据具体的研究对象还可进一步细分。例如，企业管理学进一步分为工业企业管理学、商业企业管理学、银行管理学和旅游饭店管理学等。但是，这些专门管理学中又都包含着共同的普遍的管理原理和管理方法。这就形成了本课程——管理学的研究对象。所以，管理学是以各种管理工作中普遍适用的原理和方法作为研究对象的。各种管理学的关系如图 1-2 所示。

三、管理学的研究方法

管理学和其他许多社会科学一样，其研究方法基本上有三种：第一种是归纳法；第二种是试验法；第三种是演绎法。

（一）归纳法

归纳法就是通过对客观存在的一系列典型事物（或经验）进行观察，从掌握典型

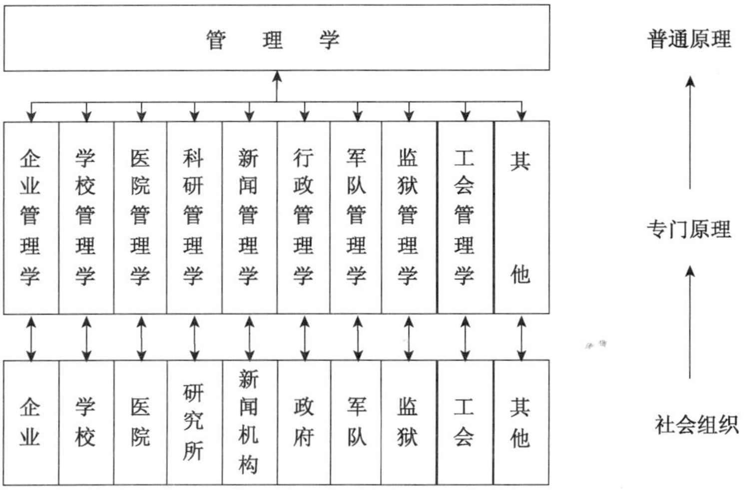

图 1-2　管理学关系图

事物的典型特点、典型关系和典型规律入手，进而分析研究事物之间的因果关系，从中找出事物变化发展的一般规律，这种从典型到一般的研究方法也称为实证研究。由于管理过程十分复杂，影响管理活动的相关因素极多，并且相互交叉，人们所能观察到的往往只是综合结果，很难把各个因素的影响程度分解出来，所以大量的管理问题都只能用归纳法进行实证研究。

1. 在管理学研究中，归纳法应用最广，但其局限性也十分明显。

（1）一次典型调查（或经验）只是近似于无穷大的总体中的一个样本，所以实证研究必须对足够多的对象进行研究才有价值。如果选择的研究对象没有代表性，归纳出的结论也就难以反映出事物的本质。

（2）研究事物的状态不能人为地重复，管理状态也不可能完全一样，所以研究得出的结论只是近似的。

（3）研究的结论不能通过实验加以证明，只能用过去发生的事实来证明，但将来未必就是过去的再现。

2. 在运用归纳法进行管理问题的实证研究时，应当注意以下几点。

（1）要弄清与研究事物相关的因素，包括各种外部环境和内部条件，以及系统的或偶然的干扰因素，并尽可能剔除各种不相关的因素。

（2）选择好典型，并分成若干类，分类标志应能反映事物的本质特征。

（3）调查对象应有足够数量，即按抽样调查原理，使样本容量能保证调查结果的必要精度。

（4）调查提纲或问卷的设计要力求包括较多的信息数量，并便于做出简单明确的答案。

（5）对调查资料的分析整理，应采取历史唯物主义和辩证唯物主义的方法，去寻找事物之间的因果关系，切忌采取先有观点再搜集材料加以论证的形而上学方法。

（二）试验法

管理中的许多问题，特别在微观组织内部，关于生产管理、设备布置、工作程序、操作方法、现场管理、质量管理、营销方法以及工资奖励制度、劳动组织、劳动心理、组织行为、商务谈判等许多问题都可以采用试验法进行研究。即人为地为试验创造一定条件，观察其实际试验结果，再与未给予这些条件的对比试验的实际结果进行比较分析，寻找外加条件与试验结果之间的因果关系。如果做过多次试验，而且总是得到相同结果，那就可以得出结论，这里存在某种普遍适用的规律性。著名的霍桑研究就是采用试验法研究管理中人际关系的成功例子。

试验法可以得到接近真理的结论。但是，管理中也有许多问题，特别是高层的、宏观的管理问题，由于问题的性质特别复杂，影响因素很多，不少因素又是协同作用的，所以很难逐个因素孤立地进行试验，并且此类管理问题的外部环境和内部条件特别复杂，要想进行人为的重复也是不可能的。例如，投资决策、生产计划、财务计划、人事管理和资源分配等许多问题几乎是不可能进行重复试验的。

（三）演绎法

对于复杂的管理问题，管理学家可以从某种概念出发，或从某种统计规律出发，也可以在实证研究的基础上，用归纳法找到一般的规律性，并加以简化，形成某种出发点，建立起能反映某种逻辑关系的经济模型（或模式），这种模型与被观察的事物并不完全一致，它所反映的是简化了的事实，它完全合乎逻辑的推理。它是从简化了的事实前提推广得来的，所以这种方法称为演绎法。从理论概念出发建立的模型称为解释性模型，例如，投入产出模型、企业系统动力学模型等，都是建立在一定理论概念基础之上的。从统计规律出发建立的模型称为经济计量模型，例如，柯普—道格拉斯生产函数模型，以及建立在回归分析和时间序列分析基础上的各种预测模型和决策模型。建立在经济归纳法基础上的模型称为描述性模型，例如现金流量模型、库存储蓄量模型和生产过程中在制品变动量模型等。

现代科学技术的发展迅速地推动着管理学研究方法的现代化。特别由于计算机技术的迅速发展，管理中的各种模型，甚至具有几百个变量的线性规划模型都可以在计算机上进行迅速的运算，或者进行动态模拟。计算机的应用将大大促进管理学向更加精密的方向发展。

复习思考题

1. 何谓管理？管理的基本特征是什么？
2. 管理活动具有哪些基本职能？它们之间的关系是什么？
3. 一个有效的管理者需要扮演那些角色？需要具备哪些技能？
4. 分析管理学的研究对象及其方法。

第二章　管理思想的诞生与发展

管理实践活动同人类的历史一样悠久。在漫长的管理实践活动中，人们积累了大量的管理经验，并逐步形成了管理思想。管理思想是客观存在着的管理实践活动在人们的意识中，经过思维活动而产生的观点、见解和论议，并以不同的方式同实践相联系。随着社会生产力的发展，人们把各种管理思想加以归纳、总结，形成了管理理论；人们又运用这些管理理论去指导管理实践，以期获得效果，并在管理实践中验证和完善这些管理理论。

任何科学的发展，都是在不断总结前人经验、思想的基础上进行的。在人类历史的长河中，蕴藏着宝贵的管理实践活动经验和精萃的管理思想，并且不断演进，形成现代的管理理论。我们在学习和研究现代管理科学时，应当关注以往管理的主要思想及其演变，以对现在所面临的管理问题有更透彻的认识和理解。

第一节　早期管理实践与管理思想

有管理实践活动就必然会产生管理理论。人类关于管理理论的思考究竟是什么时候开始的？对此很难做出准确的回答。但从世界几大文明古国已有的文字记载来看，人类很早就开始了对管理理论的思考，开始了对管理实践的总结和对管理原理与原则的探索。其中一些思想，今天仍然具有现实意义，闪烁着文明的光芒。

一、中国古代的管理思想

中国是一个历史悠久的文明古国，早在五千年前，中国已经有了人类社会最古老的组织——部落和王国，有了部落的领袖和帝王，因而也就有了管理。中国人民在长期的社会实践中形成的管理思想也是源远流长、丰富多彩的。纵观我国浩瀚的古代管理史，中国古代传统管理思想可分为两个方面：宏观管理的治国学和微观管理的治生学。治国学适应中央集权的封建国家的需要，包括财政赋税管理、人口田制管理、市场管理、货币管理、漕运驿递管理和国家行政管理等方面；治生学则是在生产发展和经济运行的基础上通过官、民的实践逐步积累起来，包括农副业、手工业、运输、建筑工程、市场经营等方面的学问。尽管我国古代的管理思想浩如烟海，但由于受生产力和科学技术发展的限制，这些管理思想还比较零星分散，不够系统。归纳起来，中国古代的管理思想大致有以下方面。

（一）组织方面的管理思想

周公（公元前12~公元前11世纪），姓姬名旦，他编的《周礼》一书，是为周朝制定的一套官僚组织和制度。该书将周代官员分为天、地、春、夏、秋、冬六官，以天官（又称冢宰）职位最高；六官分 360 职，各有职责和权力。自周朝以后，历代封建王朝为提高国家管理效率，都非常重视组织管理，封官定职，编制详细的官职表，层次分明，职责清楚，权责明确。

春秋时代孙武所著的《孙子兵法》，是世界上最古老的兵书。他在该书中曾提到军、旅、卒、伍的军队编制。军为 12500 人，旅为 500 人，卒为 100 人，伍为 5 人，层次关系明晰，编制比较完备。《孙子·势篇》中说："凡治众如治寡，分数是也；斗众如斗寡，形名是也。"意思是管理人数的多与少，道理都一样，只要抓住编制名额有异这个特点就行了。这种观点类似现代管理中所谈到的"要按一定的管理层次和幅度建立组织机构"的管理思想。

（二）经营方面的管理思想

中国古代有许多善于经营的工商名人，他们有着卓越的经营理财思想和一套颇有成效的经营管理艺术。西汉的司马迁在《史记·货殖列传》中记述了从先秦到汉初的一些经营家的经营之道，其中最著名的有范蠡的待乏原则、积著之理和白圭的乐观时变。

1. 范蠡

范蠡是春秋末期楚国宛人，辅助越王勾践灭吴后，弃官经商，成为中国历史上有名的大商人。他用计然之策，管理国家，使国富兵强；经营工商业，而为天下巨富。他有两条著名的经营之道：

一是待乏原则。所谓"水则资车、旱则资舟、夏则资裘、冬则资稀"，意思是指市场上的货物，要根据年度季度预测需求行情，预先收储以待时机，方有利可图。

二是积著之理。是指获取利润的方式。他认为："务完物，无息币。以物相贸易，腐败而食之货勿留，无敢居贵。论其有余不足，则知贵贱。贵上极则贱，贱下极则反贵。贵出如粪土，贱取如珠玉。财币欲其行如流水。"意思是说经营的物品，切勿长期存储贪图高价。要通过商品数量的多少，预测其价格的贵贱。某商品太贵必转而下跌，太贱则又回涨。要使货币像流水一样经常流动和运行，才能得到好的经济效益。

2. 白圭

白圭是战国时期周国人，他根据农业生产周期的说法进行经营，成为当时有名的富商。白圭的经营思想可概括为"乐观时变"四个字，具体地说就是：

（1）主张"乐观时变"，强调观察农业生产丰收对市场动向的影响，把商情预测作为经营决策的基础；

（2）采取"人弃我取，人取我与"的经营策略；

（3）减少耗费，降低经营成本；

（4）主张"欲长钱，取下谷"的经营之道，即薄利多销，数量上取胜；

（5）主张"薄饮食，忍嗜欲，节衣服，与用韦童仆同苦乐"，即与手下人同甘苦。

（三）以人为本的管理思想

老子在《道德经》讲过"城中有四大，而人居其一焉"。"四大"指道大、天大、地大、人大。可见老子十分重视人的因素。"重人"是中国传统管理的一大要素，要夺取天下，治好国家，办成大事，人是第一位的。我国历来都讲究重人之道。"重人"之道主要包括“得人”之道和“用人”之道两个方面。得民是治国之本，欲得民必先为民谋利。《管子》中就明确指出：“凡治国之道，必先富民。”孔子则主张“礼义治国”，希望推行以“礼”为核心的管理目标，以“义”为特征的管理方法。孟子则认为“以佚道使民，虽劳不怨；以生道杀民，虽死不怨杀者”。这些都体现了以人为本的管理思想。

在用人方面，中国素有“选贤任能”“任人唯贤”的主张，更有“求贤若渴”之说。能否得到贤能之才，关系到国家的兴衰和事业的成败。《吕氏春秋·求人》中指出：“得贤人，国无不安；……失贤人，国无不危。”诸葛亮在总结三国的历史经验时说：“亲贤臣，远小人，此先汉之所以兴隆也；亲小人，远贤臣，此后汉之所以倾颓也。”《晏子春秋》则把对人才“贤而不知”“知而不用”“用而不任”视为国家的“三不详”，其害无穷。

（1）识别人才。唐朝魏征提出了《六观法》：“贵则观其所举，富则观其所养，居则观其所好，习则观其所言，穷则观其所不受，贱则观其所不为。”乃是在人们地位、处境变化中，观察人的举止、言谈、兴趣、修养和追求，来识别人的本质。

（2）用人所长，避其所短。《管子·形势解》指出：“明主之官物也，任其所长，不任其所短。故事无不成，而功无不立。乱主不知物之各有所长所短也。而责必备。”另外，《晏子春秋·内篇问上》说：“任人之长，不强其短；任人之工，不强其拙。此任人之大略也。”

（3）用人不疑。宋代政治家欧阳修指出：“任人之道，要在不疑。宁可艰于择人，不可轻任而不信”。意为宁可择人时多费一些精力，看准了再用，但不可轻易任用却不信任，不敢放手让其施展才干。

（4）考核用人。《管子》中有一句名言：“成器不课不用，不试不藏。”即对于人才，不经过考核不加任用，不经过试用，不作为人才储备。考核的办法是“听其言而观其行”，“循名实而定是非，因参验而审言辞”。

（四）生产劳动管理思想

中国古代生产劳动管理方面的思想，突出地体现在农业生产、劳动分工及大规模工程建设的组织管理方面。

农业是古代的重要生产活动。民以“食为天”，国以“食为政”，农业生产关系国计民生的大事，中国历代王朝都非常重视农业生产管理。中国古代农业生产管理思想的主要内容有：

（1）注重农业生产结构管理，以粮为主，多业发展。《管子·八观》中提到：“务五谷，养桑麻，育五畜则民富。”

（2）根据气候和地理条件进行农业生产。《齐民要术》中讲道：“顺天时，量地利。”

（3）注重兴修水利。中国古代就非常重视水利对农业生产的作用，都江堰是中国历史上修过的最大水利工程。

（4）重视农业生产技术和耕作工具的作用。中国历来有利器的传统，孔子说：“工欲善其事，必先利其器。”在劳动管理方面，战国时期，墨翟提出了劳动分工的思想。

他说："譬如筑墙然，能实壤者实壤，能欣者欣，然后墙成。"荀子说："人力不若牛，走不若马，而牛马为用，何也？曰：人能群。"意指人们进行分工与协作，协作是一种新的力量。孟子说："劳心者治人，劳力者治于人，治于人者食人，治人者食于人。"提出了脑力劳动和体力劳动分工，管与干分开的思想。

中国古代建筑了许多世界历史上的伟大工程，如万里长城、都江堰、京杭大运河等。

万里长城是世界七大奇迹之一，这一巨型工程的修筑历时上千年，投入的劳动力达数百万人，动用的土石方若筑成一条一米高一米宽的墙可以绕地球13.5圈。蜿蜒于崇山峻岭之中，气势雄伟。这样浩大的工程是靠严密的组织和完善的管理才得以完成的。为了监督检查制砖的质量和责任，每块砖上都刻有制造州府县及制造者的名字。要完成如此浩大的工程，在科学技术不发达的当时，其计划、组织、领导、控制等管理活动的复杂程度是现代人难以想象的。据《春秋》记载，当时的计划十分周到细致，不仅计算了城墙的土石方量，连所需的人力、材料，以及从何处征集劳力，他们往返的路程、所需口粮，各地应担负的任务也都一一明确分配。在工程上，明代是由镇城、路城、卫城、关城、堡城、城墙、敌台、烟墩等不同等级、不同形式、不同用途的建筑，组合形成的一个完整的防御工程体系。在管理上，沿线设9个镇，每镇设总兵，上受兵部指挥，每镇之下又分别设"路""关"及城堡、墩台。这种"金字塔式"的管理系统，使命令可以自上而下的传达，又能使敌情信息可以自下而上的层层反馈。长城的整个建造、使用、管理构思充分体现了系统工程和系统管理的思想。

都江堰工程是系统工程的又一杰作。在工程修建之前，岷江洪水无法控制，人民深受其害。修建后，使成都平原"沃野千里，号为陆海"，灌溉面积历史上曾达300万亩。其工程分为三部分，每部分不仅各自独立完成承担的任务，而且总体上配合，形成一个有机整体。概括都江堰的指导思想是"乘势利导，因时制宜"。乘势利导，就是充分利用自然规律和地理环境，对洪水进行疏导，既起到排洪作用，又有利于灌溉，这是强调空间结构的协调。因时制宜，就是合理规定不同时间来截流或放水，并制定一系列的协调措施来管理都江堰，这是突出过程结构的协调。

总之，中国古代的管理思想是极为丰富的，是凝结了中国人民的管理经验和智慧的结晶，对于我们今天现代管理理论研究和管理实践仍具有重要的借鉴价值。

二、外国古代的管理思想

作为有文字记载的管理思想的著名例子，是希伯莱人领袖摩西的岳父杰斯罗对摩西处理政务事必躬亲这种做法的批评与建议。据《圣经》旧约全书的《出埃及记》记载，他建议摩西："一要制定法令，昭示民众；二要建立等级，委托管理；三要分级管理，管理者各司其职，自己只对最重要的政务亲自处理。""应当把有才能的人挑选出来，立他们做百姓的首领，让他们担任千夫长、百夫长、五十夫长和十夫长；他们随时审断百姓的案件，有难断的案件就呈现到你这里，各样小事由他们自己审断。"这体现了管理的分权原则、授权原则和例外管理等管理思想，至今仍然值得借鉴。

公元前2000年左右，古巴比伦国王颁布了《汉穆拉比（Hammurabi）法典》，法典本文共282条，内容涉及到财产。借贷、租赁、转让、抵押、遗产、奴隶等各个方面，对各种职业、各个阶层的人的责、权、利给予了明确的规定。其中有很多条款对人的行为和活动做了规定，以此来规范个人的行为和调节人与人之间的关系。法典给当时的商人、小贩的活动和手工业工人的报酬等也制定了准则。

考古证据表明，古埃及人是首先意识到“管理跨度”的实践者，后来的希伯莱人在《圣经》里提出的“以十为限”的管理思想即来源于此。古埃及纸莎草纸抄本表明，早在3000多年前古埃及的官僚国家就认识到了组织工作和行政管理的重要性。

古希腊的著名哲学家苏格拉底（Sokrates，公元前469—前399年）也早在2000多年前就认识到管理的普遍性，认为公共事务的管理技术和私人事务的管理技术是可以相互通用的；把管理解释为区别于技术知识和经验的一种技能，这与现代对职能的见解也很接近。随后不久（公元前370年左右），古希腊学者瑟诺芬（Xenophon，公元前430—前350年）以制鞋为例，论述了劳动分工的优越性，指出一个从事专业化工作的人一定能工作得最好的道理。这种思想和19世纪末20世纪初泰勒提出的专业化分工的管理思想也很一致。亚里士多德（Aristole，公元前384—前322年）在其《政治学》中提出了有关管理的许多见解，如劳动的专业化、部门分工、权利的集中与分散、协作、领导等问题。

公元284年，古罗马建立了层次分明的中央集权帝国，他们在权力等级、职能分工和严格的纪律等方面都表现出他们在管理上具有相当高的水平；实行了一种能把中央集权控制与地方分权管理很好地结合起来的连续授权制度。

罗马天主教会早在工业革命以前，就成功地解决了大规模活动的组织问题。它采取按地理区域划分基层组织，并在此基础上又采用高效率的职能分工。在各级组织中配备辅助人员，使专业人员和下级参与制定决策的过程，而又不破坏指挥的统一。罗马天主教会能够控制在全世界各地的几亿教徒的宗教生活，在很大程度上得益于这一组织形式。

作为承前启后的中世纪（从罗马帝国的衰亡到西方文艺复兴近千年的时间）的管理思想，既吸收了前人的智慧和成果，又有了自身的特色，有了较大的发展。虽然在中世纪初的封建黑暗时期，有关管理思想的著作较少，但从11世纪以前的有关著作，如哲学家阿尔法拉比和阿拉伯的哲学家格扎里的著作中可见，当时思想家们主要是论述领导者的品质和领导方式方面的管理思想，也颇有价值。之后的中期和后期管理思想的内容就丰富多了。著名的威尼斯商人和兵工厂关于计划、决策、企业组织与领导、会计、控制、生产管理、人事管理等方面的工商业管理经验，就比较全面地体现了当时的管理思想。

15世纪意大利杰出的政治思想家和历史学家尼可罗·马基雅维利（Niccolo Machiavelli，1469—1527）则阐述了很多管理思想，其中影响最大的是他在《君主论》和《谈话录》中所提出的四项管理原则：一是领导者必须要得到群众的拥护，包括两层涵义：群众要拥护他作为领导者，即领导者必须得到群众的认可；领导者做事要征得群众的同意，即领导者必须依靠群众。二是领导者必须维持组织内部的内聚力。三是领导者必须具备坚强的生存意志力。领导者要有坚忍不拔的精神，不软弱，不气馁，能为组织和自己的生存不断奋斗。四是领导者必须具有崇高的品德和非凡的能力，要讲究领导方法。他所提出的这些管理原则是对当时出色领导者活动的概括和总结，是为了使君主能成功地管理一个国家，但同样也适用于管理其他组织，对以后的管理思想发展有相当大的影响。

总的来讲，一直到18世纪，在人类漫长的历史时期，生产力增长十分缓慢，管理思想也无重大的质的变化。尽管在古代，中、外都有组织浩大工程的管理实践活动（如举世无双的我国古长城、古埃及的金字塔等）和丰富卓越的管理思想，但毕竟受当时的历史条件制约，无法形成系统的科学管理理论。西方系统的管理理论，是在资本主义经济发展到一定的阶段才产生的。

第二节　西方管理理论的产生

18世纪60年代开始于英国的资产阶级产业革命，不仅是生产技术上的革命，而且是社会生产关系的重大变革，也是管理思想和管理制度上的革命。产业革命使以机器为主的现代意义上的工厂成为现实；而工厂制度的建立与发展，促进了人们对管理的关注与发展。企业规模不断扩大，劳动产品的复杂程度与工作专业化程度日益提高，企业经理人员也逐渐摆脱其他工作，专门从事管理工作。从产业革命开始到19世纪末20世纪初，在这100多年里，管理思想有了重大的发展，为科学管理理论的诞生奠定了基础，但还未形成较系统的、科学的管理理论。这一时期可以看作是管理理论产生的萌芽阶段，涉及到管理方面的著作可分为两大类：一类偏重于管理职能和原则的理论性研究；另一类则偏重于管理技术和方法的研究。

英国资产阶级古典经济学家、哲学家亚当·斯密（Adam Smith，1723—1790）于1776年发表的《国民财富的性质和原因的研究》（简称《国富论》），系统地阐述了劳动价值论及劳动分工理论。其所提出的政治经济学原理，不仅对经济和政治理论的发展有着突出贡献，而且对以后的西方管理理论也有着十分重要的影响。斯密认为，劳动是国民财富的源泉，劳动生产力的改良和增进，是国民财富增长的基本原因。这一思想，已成为西方管理理论的一个重要论点。斯密特别强调了分工的作用，并分析了劳动分工的经济效益，提出了“生产合理化”的概念。他的这些观点为西方管理理论提出了一条极其重要的原理。同时，斯密提出了“经济人”的观点，认为经济现象是具有利己主义的人们的活动所产生的，即人们在经济活动中追求个人利益，社会上每个人的利益总是受到他人利益的制约，每个人都需要兼顾到他人的利益，由此而产生共同利益，进而形成总的社会利益。社会利益正是以个人利益为立脚点。这一观点反映了资本主义的生产关系，后来成了整个资本主义管理的理论基础，对西方管理的实践和理论都具有重要的影响。总之，斯密的管理思想对西方管理理论的产生做出了突出贡献。

英国的数学家、科学家、作家、剑桥大学教授查尔斯·巴贝奇（Charles Babbsge，1792—1871）对西方管理理论的产生也做出了重要贡献。他于1832年出版的《论机器和制造业的经济》一书，论述了专业分工、工作方法、机器与工具的使用和成本记录等，是管理学发展史上一本重要的文献。他通过时间研究和成本分析，进一步地分析了劳动分工使生产率提高的原因。他进一步发展了亚当·斯密关于劳动分工的利益的思想，指出脑力劳动同体力劳动一样也可以进行劳动分工的道理，提出了要提高效率必须细致研究工作方法和以专业技能作为工资和奖金基础的原理。他提出了一种固定工资加利润分享的报酬制度，以此来调动劳动者的积极性。他还重视人的作用，鼓励工人提建议，主张实行有益的建议制度；重视运用管理技术等。也就是说，早在泰勒发表《科学管理原理》之前80年，巴贝奇就将科学方法应用于管理，并加以理论化。

美国人亨利·瓦农·普尔（Henry Varnum Poor，1812—1905），长久地探求一种管理的科学原理，提出具有明确组织结构的管理制度和新型的领导方式。他针对美国当时最大的行业——铁路业，提出了一些管理的原则和方法，如合理分工、严格制度和及时调度等措施。他提出了职业经理阶层观念的雏形；追求系统化的管理，提出了建立健全的管理体系的三条基本原则：组织原则、沟通交往原则和信息原则；关注企业中人的因素，提出通过有效的领导来消除正式组织的刻板性。关于普尔对管理理论的贡献，丹尼尔·A. 雷恩（Daniel A. Wren）是这样评价的："在泰勒之前，他就提倡一种管理制度；远在梅奥之前，他就提倡重视人的因素；在克里斯·阿吉里斯很久以前，他就提倡消除正式组织的僵化的领导方式。"

此外，在西方管理理论的萌芽阶段，还有英国的小詹姆斯·瓦特（James Wat，Jr，1796—1848）和马修·鲁宾逊·博尔顿（Mathew Robinson Boulton，1770—1842）所提出的科学管理制度；罗伯特·欧文（Robert Owen，1771—1858）重视人的作用和地位，倡导"和谐一致"的人事管理制度；安德鲁·尤尔（Andrew Ure，1778—1857）主张建立工厂秩序和法典，第一个明确地提出在工厂里建立必要的规章制度等。这些都有许多闪光的管理思想，都对后来管理理论的产生有明显的影响。

总之，这一时期体现在生产管理、劳动管理、工资奖励、成本核算、人事管理、领导方式和组织结构等方面，尤其在人类观和劳动组织问题上的管理思想，为西方管理理论的建立和发展做了充分的准备，有着明显的影响。但还没有形成完整的、系统的管理理论，没能使传统管理摆脱小生产方式，管理仍然主要靠个人经验来进行。

第三节　古典管理思想

古典管理思想实际上是管理理论的萌芽，管理理论比较系统的建立是在19世纪末20世纪初。在这个阶段形成的理论称为古典管理理论，也称科学管理理论。

古典管理理论是随着资本主义从自由竞争向垄断阶段过渡逐步形成的。这个时期主要代表人物是：美国的泰勒、法国的法约尔和德国的韦伯等人。

一、泰勒的科学管理理论

（一）泰勒生平简介

弗雷德里克·温斯洛·泰勒（Frederick Winslow Taylor，1856—1915）是美国古典管理学家，科学管理的创始人，被管理界誉为"科学管理之父"。

弗雷德里克·温斯洛·泰勒1856年出生于美国费城一个富有的律师家庭，中学毕业后考上哈佛大学法律系，但不久因健康和眼疾而辍学，转而到费城恩特普里斯水压厂去当一名模型工和机工学徒。在4年的学徒期内，他了解了工人，既看到了工人们豪爽、坦荡的胸怀，又看到了因种种原因造成的消极怠工、劳资关系不融洽的现象。1878年，泰勒进了费城米德维尔钢铁厂，当了一名普通工人。他在该厂工作了12年，从一名普通工人一级一级地提升为总工程师。在这12年中，他开始探索企业管理的一些问题。1898年，他受雇于伯利恒钢铁公司，并继续他的关于企业管理问题的研究。

1901年，他从贝瑟利恩钢铁公司退休。以后，他无偿地从事于咨询和演讲等工作，为科学管理理论在美国和国外得到传播做出了贡献。他于1915年3月21日死于费拉德尔菲亚，终年59岁。

泰勒一生获得各种专利权约100种。他在管理方面的主要著作有《计件工资制》（1895）、《工场管理》（1903）、《科学管理的原理和方法》（1911）等。1912年他在美国国会众议院特别委员会对泰勒制和其他工场管理制的听证会上的证词也是研究科学管理的一篇重要文献。他被后人称为“科学管理之父”。这个称号被刻在他的墓碑上。

（二）科学管理理论的要点

1. 科学管理的中心问题是提高劳动生产率

泰勒在1912年出版的《科学管理》一书中曾强调指出了提高劳动生产率的重要性，认为当时工人提高劳动生产率的潜力是很大的。

泰勒认为要制定出有科学依据的“合理的日工作量”就必须进行实验和研究，即进行工时和动作研究。他选择合适而熟练的工人，把他们的每一项动作、每一道工序的时间记录下来，将这些时间加起来，再加上必要的休息时间和其他延误时间，就得出完成该项工作所需的总时间，据此得出一个工人的“合理日工作量”，即工作定额。

2. 为工作挑选“第一流的工人”

所谓“第一流的工人”，是指那些自己愿意努力干，工作对他又适合的工人。泰勒还认为培训工人成为“第一流的工人”是领导方面的责任。

3. 要使工人掌握标准化的操作方法，使用标准化的工具、机器和材料，并使作业环境标准化（即标准化原理）。

4. 实行刺激性的工资报酬制度

其方案包括三点：

（1）通过工时研究和分析，制定出一个定额或标准。这要由管理当局来做。

（2）采用一种“差别计件制”的刺激性付酬制度。如果工人达到或超过了定额，就按“高”工资率付酬，为正常工资率的125%。而且不仅是超过部分，全部工作量都按这个“高”工资率计算。如果工人的生产没有达到定额，就按低工资率付给，为正常工资率的80%。以此来鼓励和督促工人完成和超额完成定额。

（3）工资支付的对象是工人而不是职位，即根据工人的实际工作表现而不是根据工作类别来支付工资，以调动工人的积极性。

5. 为提高劳动生产率，工人和雇主双方都要来一次“精神革命”

雇主关心的是低成本，工人关心的是高工资，只要劳动生产率提高了，他们才可以都达到自己的目的。所以，双方必须变相互指责、怀疑、对抗为互相信任和合作。他们共同努力所创造的盈余足够给工人增加工资，并同样给制造业者增加利润。

工人应该做到五点：不再为生产中的盈余如何在工资和利润之间进行分配而烦恼和斗争；同意在提高生产的基础上，工资提高30%～100%，这个标准是通过试验而科学地确定的；放弃一切怠工的想法并帮助企业管理当局建立科学的生产方法；同意由企业管理当局科学地决定做什么，什么时候做，如何做，多长时间；要按企业管理当局规定的新方法来进行培训。

企业管理当局应该做到：为每种作业制定一种科学的方法，以代替主观和经验的方法；科学地精确地确定从事每项作业的正确时间和方法；选择并训练工人，使之担任最合适的工作；建立一个合适的组织，从工人那里接受除了工作的实际执行以外的全部责任；同意自己也接受每项作业的科学和事实的控制，从而放弃自己对工人的专断权力。

6. 把计划职能与执行职能分开

把计划职能和执行职能分开：计划职能归企业管理当局，并设立专门的计划部门来承担。计划部门从事全部的计划工作并对工人发出命令。现场的工人和工头则从事执行的职能，即按照计划部门制定的操作方法和指示，使用规定的标准化工具，从事实际的操作，不得自行改变。

7. 用标准化的方法代替经验工作法

经验工作法是每个工人用什么方法操作，使用什么工具等，都由他根据自己或师傅等人的经验来决定。所以，工效的高低，取决于他个人所采用的操作方法和工具是否合适，以及本人技术熟练和努力的程度。科学的工作方法是，在试验和研究的基础上制定标准的操作方法，采用标准化的工具和设备等。

8. 实行职能工长制

泰勒指出，在传统的组织机构中，一个工长为了圆满地履行他的职责，必须具备以下九种素质：智能；教养；专门的或技术性的知识，敏捷而又有力量；才能；精力；坚韧刚毅；正直；判断力或常识；健康。但是，一般人很难完全具备这些素质，而只能具备少数几种。这样，为了使工长能有效地履行他的职责，就必须把管理的工作进行细分，使所有的工长只承担一种管理职能。泰勒实际用了8个职能工长，代替原来的一个工长。

9. 实行例外管理

例外原则，就是企业的高级管理人员把一般的日常事务授权给下级管理人员去处理，而自己只保留对例外事项（即重要事项）的决策权和监督权，如有关企业重大政策的决定和重要人事的任免等。泰勒提出的这种以例外原则为依据的管理控制原则，后发展成为管理上的分权化原则和实行事业部制等管理体制。

（三）对泰勒科学管理理论的评价

泰勒从“车床前的工人”开始，重点研究企业内部具体工作的效率。在他的管理生涯中，他不断在工厂实地进行试验，系统地研究和分析工人的操作方法和动作所花费的时间，逐渐形成其管理体系——科学管理。泰勒在他的主要著作《科学管理原理》中阐述了科学管理理论，使人们认识到了管理是一门建立在明确的法规、条文和原则之上的科学。它适用于人类的各种活动，从最简单的个人行为到经过充分组织安排的大公司的业务活动。科学管理理论对管理学理论和管理实践的影响是深远的，直到今天，科学管理的许多思想和做法至今仍被许多国家参照采用。

泰勒的科学管理主要有两大贡献：一是管理要走向科学；二是劳资双方的精神革命。

泰勒认为科学管理的根本目的是谋求最高劳动生产率，最高的工作效率是雇主和雇员达到共同富裕的基础，要达到最高的工作效率的重要手段是用科学化的、标准化的管理方法代替经验管理。

科学管理不仅是将科学化、标准化引入管理，更重要的是提出了实施科学管理的核心问题——精神革命。精神革命基于科学管理，认为雇主和雇员双方的利益是一致的。因为对于雇主而言，追求的不仅是利润，更重要的是事业的发展。而事业的发展不仅会给雇员带来较丰厚的工资，而且更意味着充分发挥其个人潜质，满足自我实现的需要。正是这事业使雇主和雇员相联系在一起，当双方友好合作，互相帮助来代替对抗和斗争时，就能通过双方共同的努力提高工作效率，生产出比过去更大的利润来，从而使雇主的利润得到增加，企业规模得到扩大。相应地，也可使雇员工资提高，满意度增加。

由于泰勒反复强调效率问题是科学管理的中心问题，从而使不少人产生误解，认为科学管理只不过是动作、工时研究而已。为此，泰勒指出："科学管理不是一种有效率的方法，不是一种获得效率的方法，也不是一串或一批有效率的方法；科学管理不是一种计算成本的新制度。……科学管理实质上包含着要求在任何一个具体机构或行业中对工人进行一场全面的心理革命——要求他们在对待工作、同伴和雇主的义务上进行一种全面的心理革命。此外，科学管理也要求管理部门的人——工长、监工、企业所有人、董事会同样进行一场全面的心理革命，要求他们在对待管理部门的同事，对待他们的工人和所有日常问题的责任上进行一场全面的心理革命。没有双方的这种全面的心理革命，科学管理就不能存在。"

泰勒提出的科学管理的主张在管理学及管理实践中引起了一场革命。它强调用科学管理取代传统管理。泰勒亲身创立了一套科学管理方法，它主张管理与劳动分离，主张劳动标准化，高效率化。这一切都极大地推动了管理及生产力的发展。但是，泰勒的科学管理理论毕竟是当时历史条件下的产物，存在相当的局限性，除了由于阶级立场导致的基本观点上存在着错误之外，即使只从纯管理学的角度来看，在系统性与全面性上也显得不足。泰勒的科学管理的研究对象主要是企业。虽然其中阐述了一些可用于其他组织的管理原理，但不多。另外，泰勒科学管理的重心是放在解决具体的管理问题之上的。对较高层次的原理与规律研究不足。仅就所研究的企业管理来看，重心也是放在生产管理之上的。

二、法约尔的一般管理理论

（一）法约尔生平简介

亨利·法约尔（Henri Fayol，1841—1925），法国人，1916 年发表了他的管理学著作《工业管理与一般管理》一书。起初法约尔的理论并未为人们所认识。无论是美国还是欧洲，当时的管理思想都为泰勒的科学管理所统治了。随着时间的推移，人们才逐渐认识到法约尔管理思想的价值。管理史学家认为，法约尔是第一个概括和阐述一般管理理论的管理学家。可以说，只是法约尔的论著问世以后，管理科学才形成了自己的结构体系，才真正成为一门可与其他科学并立的科学。

与泰勒不同，法约尔没有当过工人。1860 年从圣艾蒂安国立矿业学院毕业后，进入一家采矿冶金公司成为一名采矿工程师，从此开始了他的管理生涯。1888 年，法约尔被任命为公司的总经理，一直到 77 岁才退休。由于法约尔一直居于企业的高层领导地位，他的管理经验使得他不可能像泰勒那样关注生产第一线的工时效率问题，思考较多的是一般管理的原理、原则、职能和方法等问题。

法约尔在管理方面的主要著作有《工业管理和一般管理》（1916）、《管理的一般原则》等。他的管理理论是以作为一个整体的大企业为研究对象的，而且他认为有关管理的理论和做法不仅适用于公私企业，也适用于军政机关和宗教组织等。特别是关于管理组织和管理过程的职能划分理论，对后来的管理理论研究具有深远的影响，后人称他为“管理过程理论之父”。

（二）一般管理理论的要点

1. 管理的原则

法约尔根据自己的经验提出了 14 条管理原则，同时提出这些原则并不是一成不变的。

劳动分工——法约尔认为劳动分工不只限于技术工作，而且也适用于管理工作，适用于职能的专业化和权限的划分。

权力与责任——法约尔将管理人员的权力分为正式权力和个人权力。正式权力是由于管理人员的职务或地位而产生的；个人权力则是因管理人员的智慧、经验、道德品质、劳动能力和以往的功绩等所构成的。

纪律——纪律是以企业同员工之间的协定为依据的服从、勤勉、积极、规矩和尊重的表示。没有纪律，任何企业都不能顺利发展。

统一指挥——法约尔认为，无论哪件工作，一个下属只能接受一个领导者的命令，这是一条普遍的、永久必要的原则。

统一领导——为了实现共同的目标，组织中只能有一个领导者和一项计划。统一领导取决于健全的组织。而统一指挥取决于人员如何发挥作用。

个别利益服从整体利益——个人或部门的利益不能置于企业利益之上，国家利益应高于一个公民或某些公民的利益。

人员报酬——人员报酬的方式可能对企业的发展产生重大影响，因此，应尽量使雇主和雇员双方都满意。法约尔是将职工看作“经济人”来阐述这一原则的。

集中——法约尔认为，集中就像劳动分工一样，是一种必然规律。集中的目的是尽可能地使用所有人员的才能。集中或分散的程度不是固定的，必须随情况的变化而改变。

等级系列——这是从企业的最高领导到最基层的上下级系列，它显示了权力执行的路线和信息传递的渠道，它保证了统一指挥，但往往不是信息传递最迅速的渠道。

秩序——秩序是指按照事物的内在联系事先很好地选择其恰当的位置。

公平——公平是由公道和善意产生的。企业领导应特别注意员工希望公道、平等的愿望，并发挥自己最大的能力，使公平感深入各级人员。

人员的稳定——这是指有秩序地安排并补充人力资源。人员不稳对企业的发展不利，但企业中人员的变动又是不可避免的，因此，稳定也是相对的。

首创精神——企业全体人员的首创精神对企业来讲是一股巨大的力量，应该尽可能地鼓励和发展这种力量，并且要有勇气激发和支持大家的首创精神。

集体精神——为了保证企业的健康发展，应该努力在企业内部建立和谐与团结的气氛。

法约尔提出的管理 14 条原则，被认为是管理思想发展上的里程碑。

2. 管理的要素

法约尔认为管理活动有五项要素，即计划、组织、指挥、协调和控制。

（1）计划。一项良好的计划应具备统一性、连续性、灵活性和精确性的特点。为制订出好的行动计划，领导者必须具备以下条件和才能：对人进行管理的艺术、经济性、勇气、领导人员的稳定、专业的能力、处理事务的一般知识。

（2）组织。组织包括组织结构、组织活动和相互关系的规章制度，以及职工的招募、评价和训练。组织管理当局的责任是，寻求组织目标与组织活动所需各种资源之间的统一。为保证组织目标的实现，组织结构必须贯彻统一指挥的原则。

（3）指挥。为了使组织更好地发挥作用就需要指挥。指挥的目的是根据企业的利益，使本单位中所有的职工能做出最大的贡献。为此，负责指挥的人员应该做到以下八点：深入了解职工、淘汰无工作能力的人、拟定并切实执行企业与职工之间的合同、树立榜样、定期检查、召集主要助手开会以统一精神、不要陷于琐事、使职工团结和有主动性。

（4）协调。为保证企业经营的顺利进行并取得成功，企业中的一切工作都应该和谐地配合，各职能要素也应协调地发挥作用。

（5）控制。控制就是检验每一件事情是否同所拟订的计划、发出的指示和确定的原则相符合，其目的是发现、改正和防止重犯错误。

（三）对法约尔一般管理理论的评价

泰勒的研究是从“车床前的工人”开始，重点内容是企业内部具体工作的效率。法约尔的研究则是从“办公桌前的总经理”出发的，以企业整体作为研究对象。他认为，管理理论是“指有关管理的、得到普遍承认的理论，是经过普遍经验检验并得到论证的一套有关原则、标准、方法、程序等内容的完整体系”；有关管理的理论和方法不仅适用于公私企业，也适用于军政机关和社会团体。这正是其一般管理理论的基石。

法约尔的一般管理理论是西方古典管理思想的重要代表，后来成为管理过程学派的理论基础（该学派将法约尔尊奉为开山祖师），也是以后各种管理理论和管理实践的重要依据，对管理理论的发展和企业管理的历程均有着深刻的影响。管理之所以能够走进大学讲堂，全赖于法约尔的卓越贡献。一般管理思想的系统性和理论性强，对管理五大职能的分析为管理科学提供了一套科学的理论构架，来源于长期实践经验的管理原则给实际管理人员巨大的帮助，其中某些原则甚至以“公理”的形式为人们接受和使用。因此，继泰勒的科学管理理论之后，一般管理也被誉为管理史上的第二座丰碑。

一般管理理论的思想精要有以下四个方面。一是区别经营和管理。二是倡导管理教育。三是定义管理的职能，法约尔指出：“管理，就是实行计划、组织、指挥、协调和控制；计划，就是探索未来、制订行动计划；组织，就是建立企业的物质和社会的双重结构；指挥，就是使其人员发挥作用；协调，就是连接、联合、调和所有的活动及力量；控制，就是注意是否一切都按已制定的规章和下达的命令进行。”四是为了使管理者能很好地履行各种管理职能，法约尔提出了管理的14项一般原则。

三、韦伯的组织理论

（一）韦伯生平简介

马克斯·韦伯（Max Weber，1864—1920），德国著名的社会学家，出生于德国爱尔福特的一个富裕家庭。1882年进入海德堡大学读法律，以后先后就读于柏林大学和哥丁根大学。1896年任海德堡大学经济学教授。1919年任慕尼黑大学社会学教授。韦伯的主要著作有《新教伦理与资本主义精神》《一般经济史》《社会和经济组织的理论》等，其中官僚组织模式（Bureaucratic Model）的理论（即行政组织理论），对后世产生了较为深远的影响。他对许多社会、经济、历史问题都提出了许多新的观点和独特的思想，他在管理思想上的最大贡献是提出了“理想的行政组织体系理论”，被尊称为“组织理论之父”，与泰勒、法约尔是西方古典管理理论的三位先驱。

（二）理想的行政组织体系理论

韦伯认为，等级、权威和行政制是一切社会组织的基础，对于权威，他认为有三种：个人崇拜式权威、传统式权威和法理式的权威。

对于传统权力，韦伯认为：人们对其服从是因为领袖人物占据着传统所支持的权力地位，同时，领袖人物也受着传统的制约。但是，人们对传统权力的服从并不是以与个人无关的秩序为依据，而是在习惯义务领域内的个人忠诚。

领导人的作用似乎只为了维护传统，因而效率较低，不宜作为行政组织体系的基础。而超凡权力的合法性，完全依靠对于领袖人物的信仰，他必须以不断的奇迹和英雄之举赢得追随者，超凡权力过于带有感情色彩并且是非理性的，不是依据规章制度，而是依据神秘的启示。所以，超凡的权力形式也不宜作为行政组织体系的基础。

韦伯勾画出理想的官僚组织模式（Bureaucratic Ideal Type），具有下列特征：

（1）组织中的人员应有固定和正式的职责并依法行使职权。组织是根据合法程序制定的，应有其明确目标，并靠着这一套完整的法规制度，组织与规范成员的行为，以期有效地追求与达到组织的目标。

（2）组织的结构是一层层控制的体系。在组织内，按照地位的高低规定成员之间命令与服从的关系。

（3）人与工作的关系。成员间的关系只有对事的关系而无对人的关系。

(4) 成员的选用与保障。每一职位根据其资格限制（资历或学历），按自由契约原则，经公开考试合格予以录用，务求人尽其才。

(5) 专业分工与技术训练。对成员进行合理分工并明确每人的工作范围及权责，然后通过技术培训来提高工作效率。

(6) 成员的工资及升迁。按职位支付薪金，并建立奖惩与升迁制度，使成员安心工作，培养其事业心。

(7) 组织成员之间的关系以理性准则为指导，不受个人感情的影响。

(8) 组织成员必须严格遵守组织中的规则、纪律和办事程序。

韦伯认为，凡具有上述几项特征的组织，可使组织表现出高度的理性化，其成员的工作行为也能达到预期的效果，组织目标也能顺利达成。韦伯对理想的官僚组织模式的描绘，为行政组织指明了一条制度化的组织准则，这是他在管理思想上的最大贡献。

第四节　霍桑试验和梅奥的人群关系理论

一、梅奥生平简介

梅奥（George Elton Myao，1880—1949），原籍澳大利亚的美国行为科学家，人际关系理论的创始人，美国艺术与科学院院士，获得过逻辑和哲学硕士学位，曾在苏格兰的爱丁堡学习医学，并进行过精神病理学的研究。在第一次世界大战期间，他利用业余时间用心理疗法给受战争创伤的士兵治病。1926 年任哈佛大学工商管理研究院工业研究室副教授，直到退休。他进行了著名的霍桑试验，主要代表著作有《组织中的人》和《管理和士气》。

二、人群关系学说产生的背景

古典管理理论的杰出代表泰勒、法约尔等人在不同的方面对管理思想和管理理论的发展做出了卓越的贡献，并对管理实践产生深刻影响，但是他们共同的特点是，着重强调管理的科学性、合理性、纪律性，而未给管理中人的因素和作用以足够重视。

他们的理论是基于这样一种假设，即社会是由一群无组织的个人所组成的；他们在思想上、行动上力争获得个人利益，追求最大限度的经济收入，即“经济人”；管理部门面对的仅仅是单一的职工个体或个体的简单总和。

基于这种认识，工人被安排去从事固定的、枯燥的和过分简单的工作，成了“活机器”。从 20 世纪 20 年代美国推行科学管理的实践来看，泰勒制在使生产率大幅度提高的同时，也使工人的劳动变得异常紧张、单调和劳累，因而引起了工人的强烈不满，并导致工人的怠工、罢工以及劳资关系日益紧张等事件的出现；另一方面，随着经济的发展和科学的进步，有着较高文化水平和技术水平的工人逐渐占据了主导地位，体力劳动也逐渐让位于脑力劳动，也使得西方的资产阶级感到单纯用古典管理理论和方法已不能有效控制工人以达到提高生产率和利润的目的。这使得对新的管理思想、管理理论和管理方法的寻求和探索成为必要。

与此同时，人的积极性对提高劳动生产率的影响和作用逐渐在生产实践中显示出来，并引起了许多企业管理学者和实业家的重视，但是对其进行专门的、系统的研究，进而形成一种较为完整的全新的管理理论则始于20世纪20年代美国哈佛大学心理学家梅奥等人所继续进行的著名的霍桑试验。

三、霍桑试验

1924—1932年，由美国国家研究委员会和西方电器公司共同主持了一项研究活动，由于研究是在西方电器公司的霍桑工厂进行的，因此被后人们称为霍桑试验。

霍桑工厂当时拥有25000名职工，并且以女工为主，主要生产电话机和电器设备。霍桑试验分为几个阶段，其中影响最大的是以下几次。

（一）照明与工人工作效率的关系试验

这是第一个阶段的试验，从25000名职工中找出12名女工，将她们6人一组分为两组，一组为“控制组”，其照明条件始终不变；另一组叫“试验组”，其照明等生产物质条件经常改变。试验结果出乎研究人员的意料之外，两组女工的产品产量都呈增长趋势。研究人员为此大惑不解，几乎要宣布试验失败，梅奥了解到这一情况后，对试验很感兴趣，在他领导下试验继续进行。梅奥曾受过心理学方面的训练，因此提出应该换一个角度来分析试验的结果，工人的劳动热情提高了，一定是受到了激励，既然工作环境和条件没有构成激励的主要原因是：巨大的动力来自参与者参加了试验活动的社会满足感。

在第一个阶段还做了继电器装配室的试验。找一组工人到继电器装配室干活，研究人员经常与工人交流，工人能自由发表意见，结果工人的劳动热情大大提高，缺勤率下降。梅奥等人因此认为，工作条件、休息时间以及工资报酬等方面的改变都不是影响劳动生产率的第一位因素，最重要的是企业管理当局与工人之间、以及工人相互之间的社会关系。

（二）访谈与普查试验

这是霍桑试验的第二阶段，对20000名左右的职工进行访问和交谈，了解他们对公司领导和各方面情况的意见和态度。访问开始采用的方式是调查人员提问，工人回答，但效果很差，一些人不敢说，另一些人对问题不感兴趣，不愿说，后来改为让工人主动，允许她们随便发表意见，调查人员只是倾听，这样谈话就踊跃了。工人将心中的不满发泄出来，感觉“条件”改善了。因此，梅奥认为应该对管理者进行训练，让他们能更好地倾听工人的意见，了解工人的情绪。

（三）电话线圈装配工试验

这次试验选了14名工人，其中9名绕线工，每3人一组分为3组，每组再配1名焊接工，然后有2人为检验工。试验开始后研究人员发现，各组的产量都达不到管理当局的要求，但差距也不是很大。分析其原因，主要是工人担心工资率下降，或定额上涨。

这个非正式的产量定额是靠小团体的压力维持的，工人们都不愿意被小团体所抛弃，因此都自觉维持着非正式的定额。

（四）试验结论

霍桑试验得出了三点结论：

（1）职工是“社会人”；

（2）企业正式组织中存在着“非正式组织”；

（3）新的企业领导能力在于通过提高职工的满足度来提高其士气。

这三点结论为以后行为科学的发展奠定了理论基础。

四、人群关系理论

（一）企业的职工是“社会人”

科学管理学派把人看作是仅为了追求经济利益而进行活动的“经济人”，或者是对于工作条件的变化能够做出直接反应的“机器的模型”。但是，霍桑试验表明，物质条件的改变，不是劳动生产率提高或降低的决定性原因，甚至计件制的刺激工资制对于产量的影响也不及生产集体所形成的一种自然力量大。因此，梅奥等人创立了“社会人”的假说，即认为人不是孤立存在的，而是属于某一工作集体并受这一集体影响的。他们不是单纯地追求金钱收入，还要追求人与人之间的友情、安全感、归属感等社会的和心理的欲望的满足，梅奥等人曾经用这样句话来描绘人：“人是独特的社会动物，只有把自己完全投入到集体之中才能实现彻底的自由。”

（二）满足工人的社会欲望，提高工人的士气是提高生产效率的关键

士气是工作积极性、主动性、协作精神等结合成一体的精神状态。科学管理理论认为，生产效率与作业方法、工作条件之间存在着单纯的因果关系，只要正确地确定工作内容，采取恰当的刺激制度，改善工作条件，就可以提高生产效率。可是，霍桑试验表明，这两者之间并没有必然的、直接的联系；生产效率的提高，关键在于工作态度的改变，即工作士气的提高。梅奥等人从人是“社会人”的观点出发，认为“士气”高低决定于安全感、归属感等社会、心理方面的欲望的满足程度。满足程度越高，“士气”就越高，生产效率也越高。“士气”又取决于家庭、社会生活的影响以及企业中人与人之间的关系。

（三）企业中实际存在着一种“非正式组织”

“人的组织”可分为“正式组织”和“非正式组织”两种。所谓“正式组织”，是指企业组织体系中的环节，是指为了实现企业总目标而担当着明确职能的机构。这种组织对于个人有强制性。这是古典组织论者所强调和研究的。人群关系论者认为：企业职工在共同工作、共同生产中，必然产生相互之间的人群关系，产生共同的感情，自然形成一种行为准则或惯例，要求个人服从，这就构成了“非正式组织”。这种非正式组织对于工人的行为影响很大，是影响生产效率的重要因素。

正式组织与非正式组织在本质上是不同的。正式组织以效率和成本为主要标准，要求企业成员为了提高效率，降低成本而确保形式上的协作。非正式组织则以感情为主要标准，要求其成员遵守人群关系中形成的非正式的不成文的行为准则。

人群关系论者认为：非正式组织不仅存在于工人之中，而且存在于管理人员、技

术人员之中，只不过效率与成本对于管理人员、技术人员比对于工人更为重要，而感情一般说来，在工人中比在管理人员、技术人员中占有更为重要的地位。如果管理人员、技术人员仅依据效率与成本的要求来进行管理，而忽略工人的感情，那么两者之间必将发生矛盾冲突，妨碍企业目标的实现。

（四）企业应采用新型的领导方法

新型的领导方法，主要是要组织好集体工作，采取措施提高士气，促进协作，使企业的每个成员能与领导真诚持久地合作。例如，建立邀请职工参加企业各种决策的制度，借以改善人与人的关系，提高职工士气；实行上下意见交流，上级交代任务必须详加说明，并允许下级向上级提意见，尊重下级的意见和建议；建立面谈制度，给职工以表达感情、不满和争论的机会，以消除不良的人与人的关系；美化工作环境，建设宿舍等福利设施，组织娱乐、体育活动等。

以上即以霍桑试验为基础所提出的人群关系理论。人群关系理论是“行为科学”管理学派的早期思想，它只强调要重视人的行为，而行为科学还要求进一步研究人的行为规律，找出产生不同行为的影响因素，探讨如何控制人的行为以达到预定目标。

第五节　巴纳德的组织理论

一、巴纳德生平简介

切斯特·巴纳德（1886—1961）是西方现代管理理论中社会系统学派的创始人。他早年就读于蒙特赫蒙学院，于1906—1909年在哈佛大学读完了全部经济学课程，因缺少实验学科学分而未获得学位，后来却由于他在研究企业组织的性质和理论方面做出了杰出的贡献，得到过7个荣誉博士学位。

二、巴纳德的组织理论

巴纳德认为，社会的各级组织包括军事的、宗教的、学术的和企业的等多种类型的组织都是一个协作的系统，这些协作组织是正式组织，都包含三个要素：协作的意愿、共同的目标和信息联系。所有的正式组织中都存在非正式组织，两者是协作中相互作用、相互依存的两个方面。一个协作系统是由相互协作的许多人组成的。对于个人目标和组织目标的不一致，巴纳德提出了“有效性”和“能率”两条原则。当一个组织系统协作得很成功，能够实现组织目标时，这个系统就是“有效性”的，它是系统存在的必要条件。系统的“能率”是指系统成员个人目标的满足程度，协作能率是个人能率综合作用的结果。这样就把正式组织的要求同个人的需要结合起来了，这在管理思想上是一个重大突破。该理论也被称作为“组织协作理论”。

（一）组织是一个合作系统

巴纳德认为“组织是2人或2人以上，用人类意识加以协调而成的活动或力量系统”，他所强调的是人的行为，是活动和相互作用的系统。他认为在组织内主管人是最为重要的因素，只有依靠主管人的协调，才能维持一个“努力合作”的系统。

他认为主管人有 3 个主要职能：

（1）制定并维持一套信息传递系统；

（2）促使组织中每个人都能做出重要的贡献；

（3）阐明并确定本组织的目标。

（二）组织存在要有 3 个基本条件

巴纳德认为，组织不论大小，其存在和发展都必须具备 3 个条件，即明确的目标、协作的意愿和良好的沟通。

1. 明确的目标

首先，一个组织必须有明确的目标，否则协作就无从发生。其次，组织不仅应当有目标，而且目标必须为组织的成员所理解和接受，倘若组织的目标不能为组织成员所理解和接受，也就无法统一行动和决策。目标的接受与协作意愿是相互依存的。再次，对于组织目标的理解可以分为协作性理解和个人性理解。协作性理解是指组织成员站在组织利益立场上客观地理解组织目标。个人性理解是指组织成员站在个人利益立场上主观地理解组织目标。主管人的重要职能就是向组织成员灌输组织目标和统一对组织目标的理解。最后，必须区分组织目标与组织成员的个人目标。如何协调组织目标与个人目标的差异是主管者另一重要的任务。此外，一个组织要存在和发展，必须适应环境的变化，组织目标也必须随环境做适当的变更。

2. 协作的意愿

协作意愿是指组织成员对组织目标做出贡献的意愿。一个人是否具有协作意愿依个人对贡献和诱因进行合理的比较而定。所谓贡献，是指个人对实现组织目标做出的有益的活动和牺牲。所谓诱因，是指为了满足个人的需要而由组织所提供的效应。只有当诱因大于贡献时，个人才会有协作意愿。然而，对贡献和诱因以及其净效果的度量都不是客观的，而是个人的主观判定，它随个人的价值观念不同而有很大变化。作为组织，要在条件许可的情况下，针对不同的人来增大诱因，给职工的需求以更大的满足，从而激发他们为组织做出贡献的意愿。

3. 良好的沟通

组织的共同目标和个人的协作意愿只有通过意见交流将两者联系和统一起来才具有意义和效果。

以上就是一个组织能够存在的必要条件，这里指的是正式组织。这 3 个条件中若有一条不满足，组织就要解体。

（三）组织效力与组织效率原则

要使组织存在和发展，不仅要包含 3 个基本要素，而且必须符合组织效力和组织效率这两个基本原则。

组织效力是指组织实现其目标的能力或实现其目标的程度。组织具有较高的效力是组织存在的必要前提。组织是否有效力是随组织环境以及其适应环境能力而定的。

组织效率是指组织在实现其目标的过程中满足其成员个人目标的能力和程度。组织效率就是组织的生存能力。

（四）权威接受论

巴纳德还认为，管理者的权威并不是来自上级的授予，而是来自由下而上的认可。管理者权威的大小和指挥权力的有无，取决于下级人员接受其命令的程度。他认为单凭职权发号施令是不足取的，更重要的是取得下级的同意、支持和合作。

巴纳德认为经理人员的作用就是在一个正式组织中充当系统运转的中心，并对组织成员的活动进行协调，指导组织的运转，实现组织的目标。经理人员的主要职能有三个方面：

（1）提供信息交流的体系；

（2）促成个人付出必要的努力；

（3）规定组织的目标。

一个组织的生存和发展有赖于组织内部平衡和外部适应。管理的艺术就是把内部平衡和外部适应综合起来。巴纳德用了“感觉”“判断”“感知”“协调”“平衡”“相称”等词语来表述管理过程。经理人员作为企业组织的领导核心，必须具有权威。权威是存在于正式组织内部的一种“秩序”，是个人服从于协作体系要求的愿望和能力。要建立和维护一种既能树立上级权威，又能争取广大“不关心区域”群众的客观权威，关键在于能否在组织内部建立起上情下达、下情上达的有效的信息交流沟通（对话）系统，这一系统既能保证上级及时掌握作为决策基础的准确信息，又能保证指令的顺利下达和执行。要维护这种权威，身处领导地位的人必须随时掌握准确的信息，做出正确的判断，同时还需要组织内部人员的合作态度。巴纳德对信息交流沟通（对话）系统的主要要素进行了探讨，他们对于大型组织（企业集团）建立权威至关重要。

巴纳德在《组织与管理》一书中再次突出强调了经理人员在企业组织与管理中的重要领导作用，从五个方面精辟地论述了“领导的性质”这一关系到企业生存和发展的根本性问题。

（1）构成领导行为的四要素：确定目标、运用手段、控制组织和进行协调。

（2）领导人的条件：平时要冷静、审慎、深思熟虑、瞻前顾后、讲究工作的方式方法；紧急关头则要当机立断，刚柔相济，富有独创精神。

（3）领导人的品质：活力和忍耐力、当机立断、循循善诱、责任心以及智力。

（4）领导人的培养和训练：通过培训增强领导人一般性和专业性的知识，在工作实践中锻炼平衡感和洞察力，积累经验。

（5）领导人的选拔：领导人的选择取决于两种授权机制——代表上级的官方授权（任命或免职），代表下级的非官方授权（接受或拒绝），后者即被领导者的拥护程度是领导人能否取得成功的关键。领导人选拔中最重要的条件是其过去的工作表现。

三、巴纳德组织理论的评价

巴纳德在组织管理理论方面的开创性研究，奠定了现代组织理论的基础，后来的许多学者，如德鲁克、孔茨、明茨伯格、西蒙、利克特等人，都极大地受益于巴纳德，并在不同方向上有所发展。对于经理人员，尤其是将一个传统的组织改造为现代组织的经理人员来说，巴纳德的价值尤其突出。因为传统的组织偏重于非正式组织和非结构化的决策与沟通机制，目标也是隐含的，要将其改造为现代组织，就必须明确组织的目标、权力结构和决策机制，明确组织的动力结构即激励机制，明确组织内部的信息沟通机制。这三个方面是现代组织的柱石，同时在转变的过程中，要充分考虑利用非正式组织的力量。

第六节　现代管理理论丛林

第二次世界大战以后，随着现代科学技术日新月异的发展，生产社会化程度的日益提高，引起了人们对管理理论的普遍重视，管理思想得到了丰富和发展，出现了许多新的管理理论和管理学说，并形成众多的学派。这些理论和学派，被称为“管理理论的丛林”。

一、管理过程学派

管理过程学派以亨利·法约尔、厄威克、古利克、孔茨、奥唐奈等为代表。该学派的主要特点是把管理学说与管理人员的职能联系起来。他们认为，无论是什么性质的组织，管理人员的职能是共同的。法约尔认为管理的职能有 5 种，即计划、组织、人员配备、指挥和控制。这 5 种职能就构成了一个完整的管理过程。管理职能具有普遍性，即各级管理人员都执行着管理职能，但侧重点不同。孔茨和奥唐奈在合著的《管理学》中认为，管理人员的职能有计划、组织、人事、指挥和控制 5 种，并按此来分析、研究阐明管理理论。

（一）管理过程学派的理论基础与体系

创立任何一种知识时都需要有一个对该知识进行分类的体系。虽然有各种“第一次知识分类法”可资利用，但利用管理者的各种职能作为管理学的知识体系，不仅对管理者是现实的，而且对那些懂得管理的人也是有益的。管理职能发挥其作用的先后顺序，形成了管理过程。以上表述是管理过程学派在众多的管理理论学派中能得以立足，并成为旗帜鲜明的一个学派的最基本理论基础。管理是运用管理职能的过程，所有管理过程学派的学者都坚持这个观点，但在管理过程应用哪些职能的认识上却不够一致。这种学派内部的认识分歧没有形成对学派最基本的理论基础的动摇，并无大碍，应是正常的。包括本书在内的当今大多数管理学教科书都采用过过程方法这一事实，证明了该学派理论基础的生命力所在。内部有所争议的学派，才是能够发展的学派。

该学派确定如下次级内容作为管理学理论体系的基本构成：

（1）管理职能的性质与目的；

（2）每项职能的结构特点；

（3）每项职能的运作；

（4）每项职能所运用的基本概念；

（5）各项职能所依据的原理与理论；

（6）每项职能最有用的方法；

（7）应用各项职能基本知识的困难；

（8）如何去创造一个发挥每项职能作用的环境。

（二）管理过程学派理论上的核心主张

（1）管理是一个过程，解剖它的最好方法首先是分析它的管理职能。

（2）根据各类组织的管理经验，可以总结出一些基本管理原理。它们对认识和改进管理工作能起到说明和启示的作用。

（3）对所确立的管理的基本原理进行研究，意在发挥其在实践中的作用与应用范围。

（4）管理方法也在管理的基本科学范畴之内，就管理者为其下属建构和维持工作环境而言，也很重要。

（5）某一管理原理只要没被推翻，只要没被证明为不正确或被修正，就可作为有用的管理理论的思想或知识来源。

（6）就像医学与工程学一样，管理是一种可以依靠原理的启发、方法的择用而加以更改的技能。

（7）有时在管理实践中，会因违背管理原理造成某些损失，或采用其他办法来弥补所造成的损失，但这不说明管理学的基本原理是不可靠的。

（8）管理科学既有核心知识，又有边界范围。

（三）管理过程学派的贡献

管理过程学派的历史悠久，影响力甚大。在其不断发展的过程中所提出的理论具较强的综合性，为管理理论的发展提供了一个更为宽广的框架。也有较强的实用性，它所提出的发挥各项职能的原理、方法，使管理者明确了在管理中应当做什么，怎么去做。适用性广，也是该学派的一个特色，它所重点强调的管理原理可被运用于任何组织及其活动。就此而言，其他学派难以与之媲美。一般来说，任何管理学派都要研究管理规律，但管理过程学派于管理规律性的研究上力度更大，意识更为强烈，表现更为突出。

二、经验学派

经验学派的代表人物是德鲁克和戴尔。该学派主张通过分析经验（即指案例）来研究管理学问题。通过分析、比较、研究各种各样成功和失败的管理经验，就可以抽象出某些一般性的管理结论或管理原理，以有助于从事实际工作的管理人员来学习和理解管理学理论，使他们更有效地从事管理工作。

（一）经验学派的主流思想

“归根到底，管理是一种实践，其本质不在于知，而在于行；其验证不在于逻辑，而在于成果；其唯一权威就是成就。”这句话，代表了经验学派自身对应从何种角度研究管理的主流见解。尽管该学派的人对具体问题看法不尽相同，但以企业管理经验为主要研究对象这一基本特点却是相同的。他们都认为，如果人们能对成功的管理经验或失败的教训进行研究，或者通过亲自参加管理实践，就会懂得并学会使用最有效的管理本领。他们还往往认为，通过分析管理案例和历史，就能总结出具有指导意义的、能对解决未来管理问题有助益的一般规律。

经验学派主张，研究他人成功的管理经验和失当的管理行为，管理者就能通过比较，加以借鉴、批判，取人之优，弃人之差，做成自己的管理之事。这个学派这样的主张就内在地决定了其要用比较的方法来研究管理。欧内斯特·戴尔认为，要掌握成功的企业、大企业的经验，就要用比较的方法来加以研究，发现并描述各种不同组织管理的“基本类似点”。把这些“基本类似点”收集起来并予以分析，就可以得出某些一般性结论，应用于其他类似的或有可比性的情况。通过比较得出一般性结论的方法可采用演绎法（从假设出发，到实践中去检验），也可使用归纳法（从具体情况的调查入手，得出一般结论），或是把这两种方法结合起来。当然，从实践中来，还得回到实践中去。用比较的方法所得出的一般性结论还要经过实践的检验。管理实践是检验管理理念、理论、思想、方法的标准。

（二）经验学派评价

对自己的、他人的经验进行研究或对“过去如何管理”进行分析，不管这样的努力是用于优化自己的管理，还是用于总结管理的道理、规律、方法，应该说，这种说法并不是新奇的，并非经验学派的独创，人类的这种方法论有史已久。泰勒、法约尔等人，都有过类似的作为。经验学派只不过做得更努力、更自觉、“更专职化”。从这个学派长期努力的实际结果看，他们从活生生的管理实践中提炼出许多发人深省的原理，推出许多变革性管理方法，开阔了管理者的视野，提升了他们的管理能力；同时，也丰富了管理的思想、理论。就凭这一点，就应对这个学派的以往努力大加肯定。近半个世纪以前哈罗德·孔茨就对这个学派这样评述道，“经验学派强调对经验的研究，由此产生的钻研和思考确实有助于管理原理的证实。与管理过程学派相比，这一学派的倡导者更有可能建立一个基本框架。经验学派的成员不会仅仅满足于交换毫无意义、不成系统的经验，所以从研究中总结出一般规律对他们来说很必要。在这方面，经验学派和管理过程是一样的。”有理由相信，在管理世界活动节奏越来越快的今天和将来，这个学派的工作舞台将会越来越大。

但是，未来肯定不同于过去，过去的具体经验未必能沿用于解决未来的问题。因此，对过去的经验的研究，如果不是从根本上搞清楚事物的起因，那就不可靠，甚至是危险的；只有以探求基本规律为目的去总结经验，才有助于某些管理原则或理论的提出或论证。这句话的后半句是对经验学派的工作建议，对于前半句话，不能做“此冠就得他戴”的理解，与其说是送给经验学派的，不如说是对那些运用该学派思想成果的管理者所奉上的忠告。

三、系统管理学派

系统管理学派产生于20世纪60年代初，该学派注重工业工程、人—机工程等方面的研究。它是在一般系统理论和控制论的基础上发展起来的，侧重于用系统的观念来考察组织结构和管理的基本职能。该学派的主要代表人物是卡斯特、罗森茨维克和约翰逊。

系统管理学派突破了以往各个学派仅从局部出发研究管理的局限性，从组织的整体出发阐明管理的本质，对管理学的发展做出了贡献。

（一）主要理论

系统管理学派的理论是建立在组织能被直观化为若干系统的概念上。该学派认为，一个组织，从运营过程的角度看，由输入、转换过程、产出和反馈这四大过程组成。

组织是一个开放的社会、技术系统，它由许多分系统组成，是围绕各种技术的人类活动的构成和综合。技术系统影响着对组织技术的种类、转换过程的性质和系统的产出，社会系统决定着对技术利用的有效性。当然，还可以从另外的角度对组织系统进行细化分类，诸如作业分系统、协调分系统和战略分系统。在每一分系统内部同样可对结构组成进行细化认识，找到或确立一些子系统。

系统管理学派认为，组织是由一个相互联系的若干要素组成、为环境所影响的并反过来影响环境的开放的社会技术系统。因此，必须以整个组织系统为研究管理的出发点，应该综合运用各个学派的知识，研究一切主要的分系统及其相互关系。

（二）系统管理学派评价

系统管理学派的理论在20世纪60年代最为流行，之后的进展较慢，不那么“红”了。70年代“系统热”温度仍居高不下，但热源中心多极化了。其他管理理论学派都不同程度地把一般系统论的原理和基本方法贯彻到自己的研究中，权变管理学派、社会技术系统学派、数量管理学派在这方面的应用研究力度较大，当然，这些学派某些方面的理论发展也得益于系统管理学派系统管理思想主张；其他“无派”管理学者也在自己的管理研究中明确地或自觉不自觉地体现出系统观念和方法来。1980年管理学家孔茨在评价系统管理学派时说过这样的话：老到的管理者和有实际经验的管理学者，都习惯于把他们的问题和业务看成是一个由相互关联的因素所构成的网络，这个网络与企业的内外环境每日每时地在相互作用。当他们把系统方法说成为一件新鲜事的时候，人们都感到惊讶。孔茨断定，人们运用系统管理学派的理论（虽然不总是用它专业话语）已经有不少年头了，它没有多少新东西，它不是一个独立的学派。孔茨也没有一笔抹杀系统管理学派的功用，他在他的《再论管理理论的丛林》一文里毕竟还是把它作为一个管理理论学派来看待，并指出该学派更加自觉地运用管理系统的概念与理论，对他们建立管理科学的努力是大有帮助的，对他们和其他一些管理学者而言，系统方法是形成、表述和理解管理思想的有效手段。

20世纪60年代得到长足发展的系统管理学派理论在70年代开始遇到了发展中的困难。系统的理念与方法不再是这一学派独家运用，自己的研究“地盘”有形或无形被人不断占用，这样的原因除外，究其理论本身的原因，是由于其不能满足各方面的期望，对那些希望获得具体行动指导的企业经理来说，它太抽象，不够成熟，难以付诸实施；对于那些希望从事分析和研究的学者来说，它又太复杂，可变因素太多，不便进行研究。这样的评价有一定的道理。

从历史的观点看，就像要肯定巴纳德首创的社会协作理论是最早用系统观点来研究管理问题一样，我们也须对系统管理学派对管理的“系统管理理论”的价值所在给予肯定。系统管理学派理论贡献主要体现在：

（1）告诉人们可从不同角度、不同层面对系统进行要素结构分析，提出了某些组织和管理模型；

（2）提出一个为达成共同目标的、组织的相互作用的若干子系统运作得如何的评估框架；

（3）强调了组织的某部分变革或变化可能影响到组织的其他部分；

（4）认为要考虑组织的外部环境因素会对组织的运营构成影响；

（5）改造了某些只见树木、不见森林的片面管理观，有助于统筹兼顾、综合优化管理意识的强化；

（6）提升了管理者分析、把握复杂问题的思想能力。

四、决策理论学派

决策理论学派的主要代表人物是曾获诺贝尔经济学奖的赫伯特·西蒙。决策理论学派认为，管理就是决策。管理活动全部过程都是决策的过程，管理是以决策为特征的；决策是管理人员的主要任务，管理人员应该集中研究决策问题。西蒙将决策分为程序性决策和非程序性决策，他的研究重点放在非程序性决策方面，提倡用电子计算机模拟人类思考和解决决策问题。

最早把决策这个概念引入管理理论的，是20世纪30年代，切斯特·埃尔文·巴纳德（Chester Irving Barmard）等人。巴纳德在对决策的制定及其中的困难的讨论中所陈述的一些思想，诸如对“增长”的决策的认识、“消极”决策和“非决策”的重要性。因信息有限管理者运用“机会主义”方法，对后来的管理学者们启迪很大。巴纳德关于决策过程中直觉作用和理性思考的认识，也受到人们的广泛赏识。决策概念在管理学界真正得以传播和管理决策理论较系统的思想创成则是在20世纪的60年代初，而这要归功于赫伯特·亚历山大·西蒙（Herbert Alexander Simon）、J. G. 马奇（J. G. March）等人的杰出工作。由于在决策理论的研究上做出杰出的贡献，西蒙于1978年度被授予诺贝尔经济学奖。《管理行为：管理组织的决策过程研究》（西蒙，1947年）、《组织理论》（西蒙、马奇合著，1958年）、《管理决策的新科学》（西蒙，1960年），是决策理论学派的几部代表作品。决策理论学派是从社会系统学派中分化出来的，对管理决策问题给予特别的关注并有独到的研究。

决策理论学派对管理科学的思想贡献主要体现在以下三个方面：

（一）突出决策在管理中的地位

组织活动的中心过程就是决策。制订计划的过程是决策；在两个以上的备选方案中选择一个，也是决策。组织的设计、部门化方案的比较、决策权限的分配等，是组织上的决策问题。实际成绩与计划目标的比较、控制手段的选择等，是控制上的决策问题。决策贯穿于管理的全过程。任何孤立的个人决策都不可能达到高度的合理性，所以，决策应成为组织中许多群体、个人参与的结果，成为一类集体的活动。而且，决策不仅只是组织中最高管理层的事，中层管理、基层作业中也都要有决策。经理的职责不仅包括本人制定决策，也包括负责使他所领导组织，或组织某个部门能有效地制定决策。所以，决策还贯穿于组织的各个层次和各个方面。决策在组织管理中功用是如此突出，因而，对西蒙来说，基本上所有的管理活动都算得上是决策活动。管理实际上就是决策。

（二）提出诸多决策原理或主张

（1）以理性为依据的决策过程。在西蒙看来，“管理”实际上就等于“决策”。所以，他十分关注决策过程的分析。他指出：决策制定包括四个主要阶段，即找出决策的理由、找到可能的行动方案、在诸行动方案中进行抉择、对已进行的抉择进行评价。在决策过程中，一般来说，“情报活动”先于“设计活动”，而“设计活动”又先于“抉择活动”，而且，制定决策过程的每个阶段，本身就是一个复杂的决策制定过程。决策过程中如何提高有效性，在这个问题上，西蒙着重从决策制定技能的开发，程序化决策和非程序化决策方法、技术运用这两个内容做了令人耳目一新的讨论。对程序化决策和非程序化决策可运用的技术及决策的思维过程的讨论，成为决策理论学派对管理理论建设的一个特有贡献。

（2）决策的满意原则。古典经济学的观点是，在经济活动中经营者遵循的原则是如何使收益最大，或如何使成本最低，也就是说要在所有可能的范围内进行最优的选择。马奇和西蒙把这种经营者试图寻求解决组织问题的唯一最佳方案的传统决策思路与方法描述成“最优化模型”。他们认为，把组织决策看作是一个寻求足以解决问题的方案而不是唯一最佳方案的“满意过程”，是更为现实的。关于这个观点，D. S. 皮尤（D. S. Puhg）等人在 1989 年是这样诠释的：“大部分决策不是要在干草堆中找到最锋利的针，而是要找到用于缝纫的足够锋利的针。”所以，管理者为了“满意”可以不去寻求所有可能的方案，凭相对简单的经验做出决策即可。用商业术语来说，他们并不追求“最大利润”和“最高价格”，而追求“适当的利润”和“合理的价格”。这样就使问题变得容易解决。

与决策的满意原则相呼应的是“决策人”模式。这种模式认为，组织成员都是为实现一定的目的，基于现实、合理地选择手段的管理者。“决策人”寻求满意而非最优，不考虑影响决策因素之间的所有联系，建构能够把握的、相对简单的一些变量以作为决策思考的对象构成。

（3）有限理性。西蒙和马奇之所以建议组织决策者采用满意的决策原则，是因为组织决策者具有有限理性的特征，不可能制订最佳方案。由于受到认知上的局限和组织生活中实际条件的限制，决策者难以在决策上做到最优化。西蒙和马奇建议决策仍需运用逻辑的概念，但在个人和组织的有关条件约束下进行。

（4）绝对理性决策的替代。显然，该学派的满意决策原则就是最优化准则的一个替代。20 世纪 80 年代马奇和西蒙借鉴巴纳德的早期研究成果，提出了比满意决策思想更加偏离最优化的决策思想——直觉过程。他们认为，大量的组织决策可以归为管理者的直觉过程。正如西蒙所言的，有经验的管理者……在头脑中有大量来自于培训和经验的知识，并且这些知识是通过分门别类和互相联系的方式组织起来的。西蒙指出，以直觉为基础的决策虽然不是“合乎逻辑的”，但也并非是“不合逻辑的”，是参照以往在类似情况下有效的经验所做的类推决策。于 1972 年提出的“垃圾桶”决策模型则进一步背离了决策的最优化原则。

（三）促进人们对决策上的“双因素”的综合重视

该学派既强调决策中采用定量方法、计算机辅助决策技术，又重视心理因素、人际关系等社会因素在决策中的作用，“硬”“软”两类因素并行不停地体现在自身的理论体系中。决策理论学派提出的“目标—手段”分析法、以人类思维过程为依据的决策方法，诸如“强”方法、“弱”方法、“撞试”法、“探索”法、“爬山”法、“垃圾桶”模型等，推动了管理科学向纵深发展。该学派主张，决策有两个前提：事实前提与价值前提。价值是指决策者的价值观、伦理道德等因素。决策是由“前提推出结论”的过程，在决策理论学派看来，“进行分析的基本单元是包括价值前提在内的一些前提，而不是完整的决策。”该学派还特别强调信息联系在决策过程中的作用，与巴纳德不同，他们更重视非正式渠道的信息联系，认为非正式渠道在信息联系中起主要作用。

由于决策是管理者的主要任务，因而应当研究决策问题，对于决策理论学派这一基本观点，哈罗德·孔茨认为有一定道理。孔茨的评价是不是过于苛刻，可暂且不论，确实应给予肯定的是，决策理论学派对管理科学发展和管理实践推动产生了深远的影响。强调决策在管理中的地位是对的，但不能认为管理中除了决策别无其他。管理的内容要比决策丰富得多，这是构成对该学派的一个批评意见。还应指出的是，管理的决策理论与决策理论学派的决策理论并非等同。决策理论学派为管理的决策理论做了开创性的研究，打下了扎实的基础，但管理的决策理论的发展则是许多管理理论学派、其他非学派系管理学者，也包括众多的管理者共同努力的结果。

五、管理科学学派

第二次世界大战期间，运筹学的方法在组织和管理大规模的军事活动，特别是军事后勤活动中取得了巨大的成功。运筹学家们认为，管理基本上是一种数学程序、概念、符号以及模型等的演算和推导，他们自称为“管理学家”。埃尔伍德·斯潘塞·伯法是西方管理科学学派的代表人物之一，其代表作是《现代生产管理》（1975 年）。管理科学学派是泰勒管理学派的继续和发展，管理科学学派主张运用数学符号和公式进行计划决策和解决管理中的问题，求出最佳方案，实现企业目标。

六、权变理论学派

权变理论学派是在经验主义学说的基础上进一步发展起来的，但不局限于研究个别案例，提出个别解决方法，而是试图提出适应特定情况的管理组织方案和管理系统方案。它的代表人物是英国的琼·伍德沃德等人。琼·伍德沃德代表作为《工业组织：理论与实践》。权变理论学派认为，由于组织内部各个部分之间的相互作用和外界环境的影响，组织的管理并没有绝对正确的方法，也不存在普遍适用的理论，任何理论和方法都不见得绝对的有效，也不见得绝对的无效，采用哪种理论和方法，要视组织的实际情况和所处的环境而定。

权变管理学派又叫情境管理学派，是 20 世纪 60 年代末 70 年代初形成的。运用权变思想研究管理问题的先驱者是英国人伯恩斯（Tom Burns）和司托克（Georgae Stalker）。他们在 1961 年面世的《创新管理》一书中按照所适应的具体环境对组织所作不同类型的清晰区分，使得该著作成为其后才被称为“权变方法”的一部重要早期作品。权变理论学派得以形成，与保罗·劳伦斯（Paul Roger. Lawrence）和杰伊·洛希（Jay William. Lorsch）、伍德沃德（Joan Woodward）、弗雷德·卢桑斯（Fred Luthans），还有阿斯顿集团（Aston GrouP）这些个人或组织的杰出工作是分不开的。劳伦斯和洛希可被认为是第一批在著作中使用“权变理论”术语的学者。当他们的《组织与环境》一书出版时，大西洋两岸的研究人员也沿着权变的思路做类似的研究，并开始集中讨论这一主张：不存在适合管理所有组织的最好方法，只有与特定的环境相适应的“最好”的管理方法。“权变”这一观点随之成为使内部组织、个人意向与外部环境相适应的代称。20世纪70年代，权变管理学派的理论在诸多西方管理理论中最为流行。

（一）权变管理学派的理论基础——“超Y理论”

权变管理学派以所谓的“超Y理论”为自己的理论基础。“超Y理论”是由洛希等人对1957年道格拉斯·麦格雷戈提出的“X理论—Y理论”在两家工厂和两个研究所进行实证研究而产生的。这一实证调查研究的结论是：管理的指导思想和管理方式要视工作性质、环境特点、成员素质等而定，不能一概而论，“X理论”并非一无是处，“Y理论”也不是到处适用。根据该调查所做的研究，洛希他们提出了“超Y理论”。其要点是：

（1）在组织工作的人们有着各种各样的愿望和需要。人们的愿望和需要可以分成不同的类型。有的人愿意在正规化的、有严格规章制度的组织环境中工作，但不愿参与决策和承担起管理他人的责任；有的人却愿意有更多的自治权和发挥个人创造性的机会。

（2）不同的人对管理方式的要求是不一样的。有的人比较欢迎以“X理论”为指导的管理方式，有的人则愿意接受以“Y理论”为指导的管理方式。

（3）组织的目标、工作的性质、职工的素质等对于组织结构和管理方式有着很大的影响。凡是组织结构和管理层次的划分、职工的培训和工作的分配、工资报酬和控制程度的确定等适合于工作性质和员工素质的组织，其效率就高；反之，其效率就低。

（4）当一个目标达成以后，可以激起员工的胜任感和满意感，使之为完成新的更高的目标而努力。

（二）权变管理学派的基本思想

（1）组织及其工作都是开放的，而不是封闭的系统。研究组织及其工作所处的内外环境因素，都要以系统的观点为依据。

（2）否认存在着普遍的适用于所有环境的管理理论与方法，这是权变管理学派最重要的思想。在进行组织及其活动的管理中不存在一定最好的办法。管理者所采用的方式方法要随着组织的内外环境而改变，环境与管理之间存在着一种函数关系。作为因变量的管理思想、管理方法、管理技术要随着作为环境的自变量的变化而变化。这种函数关系可解释为“如果——就要”的关系，即如果环境是A，那么X管理举措可能会取得好的效果，如果环境是B，那么，就应采取Y或别的管理办法。

（3）计划、组织、领导和控制诸职能的具体运用过程中也要持有权变的观点。

（三）权变管理学派的贡献

于20世纪60年代诞生的权变管理学派之所以能够在20世纪70年代声名鹊起，主要是由于它在一定程度上反映了世界上科学技术和经济形势迅速发展变动的时代背景。尽管人类权宜应变的思想非常丰富，但把其上升到理论认识的高度，并形成较系统的思想体系，却是权变管理学派多年努力的结果。权变管理学派在借助系统观点进行自身理论建设的同时，间接地推动了一般系统论的发展，也为系统管理理论的发展开辟了一条新的路径。权变管理学派对管理实践的作用可归纳为：有助于管理者开阔管理思维，多因素、多角度、多层次地对愈益复杂的组织工作加以认识；促使管理者努力提升自己的管理能力，改造传统的、经验的、狭窄的管理认知；减少组织从外部引进管理技术和方法的盲目性。进入21世纪，组织发展与变革的速度越来越快，研究与应用权变管理学派的思想与方法，显得越有必要。权变管理学派的生命力在新的世纪仍将是旺盛的。

七、行为科学学派

行为科学学派是在早期人际关系理论的基础上发展起来的。该学派的代表人物很多，像美国的马斯洛、赫兹伯格等。该学派认为管理中最重要的因素是对人的管理，因此要研究人、尊重人、关心人、满足人的需要以调动人的积极性，并创造一种能使组织成员充分发挥力量的工作环境。

复习思考题

1. 管理思想的发展可分为哪几个阶段？
2. 现代西方管理思想学派主要有哪些？它们的主要观点是什么？
3. 理解中国古代管理思想的主要内容，并思考对自身的启示是什么？

第三章　计　划

计划过程是决策的组织落实过程。决策是计划的前提，计划是决策的逻辑延续。计划通过将组织在一定时期内的活动任务分解给组织的每个部门、环节和个人，从而不仅为这些部门、环节和个人在该时期的工作提供了具体的依据，而且为决策目标的实现提供了保证。计划工作的核心就是从各个可供选择的方案中选取满意的方案，即决策。管理者为了实现组织的预期目标，就要根据计划进行组织、领导、控制和管理创新等工作，因此，计划是管理的首要职能。

第一节　计划的概念及其性质

一、计划的概念

在汉语中，“计划”的词性既可能是名词，也可能是动词。从名词意义上说，计划是指用文字和指标等形式所表述的，组织以及组织内不同部门和不同成员，在未来一定时期内关于行动方向、内容和方式安排的管理文件。计划既是决策所确定的组织在未来一定时期内的行动目标和方式在时间和空间的进一步展开，又是组织、领导、控制和创新等管理活动的基础。从动词意义上说，计划是指为了实现决策所确定的目标，预先进行的行动安排。这项行动安排工作包括：在时间和空间两个维度上进一步分解任务和目标，选择任务和目标实现方式、进度规定、行动结果的检查与控制等。我们有时用“计划工作”表示动词意义的计划内涵。

正如哈罗德·孔茨所言，“计划工作是座桥梁，它把我们所处的这岸和我们要去的对岸连接起来，以克服这一天堑。”计划工作给组织提供了通向未来目标的明确道路，给组织、领导和控制等一系列管理工作提供了基础，同时计划工作也要着重于管理创新。有了计划工作这座桥梁，本来不会发生的事，现在就可能发生了，模糊不清的未来变得清晰实在。虽然我们几乎不可能准确无误地预知未来，虽然那些不可控因素可能干扰最优计划的制订，并且我们几乎不可能制订最优计划，但是除非我们进行计划工作，否则我们就只能听任自然了。

无论在名词意义上，还是在动词意义上，计划内容都包括“5W1H”，计划必须清楚地确定和描述这些内容：

What——做什么？目标和内容。

Why——为什么做？原因。

Who——谁去做？人员。

Where——何地做？地点。

When——何时做？时间。

How——怎样做？方式、手段。

二、计划的性质

计划工作具有承上启下的作用，一方面，计划工作是决策的逻辑延续，为决策所选择的目标活动的实施提供了组织实施保证；另一方面，计划工作又是组织、领导、控制和创新等管理活动的基础，是组织内不同部门、不同成员行动的依据。

（一）计划工作是为实现组织目标服务

任何组织任何时候都必须具有生存的价值、存在的使命。决策活动为组织确立了存在的使命和目标并且进行了实现方式的选择。计划工作是对决策工作在时间和空间两个维度上进一步地展开和细化。在时间维度上进一步展开和细化，是指计划工作把决策所确立的组织目标及其行动方式分解为不同时间段（如长期、中期、短期等）的目标及其行动安排；在空间维度上进一步展开和细化，是指计划工作把决策所确立的组织目标及其行动方式分解为组织内不同层次（如高层、中层、基层等）、不同部门（如生产、人事、销售、财务等部门）、不同成员的目标及其行动安排。组织正是为了通过有意识的合作，来完成群体的目标而生存的。因此，组织的各种计划及其各项计划工作都必须有助于完成组织的目标。

（二）计划工作是管理活动的基础

如果说决策工作确立了组织生存的使命和目标，描绘了组织的未来，那么计划工作是座桥梁，它把我们所处的此岸和我们要去的彼岸连接起来，给组织提供了通向未来目标的明确道路，给组织、领导和控制等一系列管理工作提供了基础。

未来的不确定性和环境的变化使行动犹如大海航行，如果我们要时刻保持正确的航向，那么我们就必须明白自己所处的位置，明确自己行动的目标，这不仅要求组织的一般成员了解组织的目标和实现目标的行动安排，而且更要求组织的主要领导人员明确组织的目标和实现目标的行动路径（而不至于被日常琐事和一连串的转弯所迷失方向）。计划工作的目的就是使所有的行动保持同一方向，促使组织目标实现。

（三）计划工作具有普遍性和秩序性

所有管理人员，从最高管理人员到第一线的基层管理人员都要制订计划，做计划工作。虽然计划工作的特点和广度，由于管理人员所处的部门、层级的不同而有所不同，但是计划工作是全体管理人员的一项职能。当然，计划工作的普遍性中蕴含着一定的秩序。这种秩序随着不同组织的性质不同而有所不同。最主要的秩序表现为计划工作的纵向层次性和横向协作性。虽然所有管理人员都制订计划，做计划工作，但第一线的基层管理人员的工作计划，不同于高层管理人员制订的战略计划。在高层管理人员计划组织总方向时，各级管理人员必须随后据此拟订他们的计划，从而保证实现组织的总目标。另外，实现组织的总目标不可能仅通过某类型活动（如仅销售活动）就可以完成，而需要多种多样的活动相互协作和相互补充才可以完成。在高层管理计划组织总方向时，各层级的管理人员必须随后制订相互协作的计划。

（四）计划工作要追求效率

可以用计划对组织的目标的贡献来衡量一个计划的效率。贡献是指扣除在制订和实施这个计划时所需要的费用和其他因素后，能得到的剩余。在计划所要完成的目标确定情况下，同样可以用制订和实施计划的成本及其他连带成本（如计划实施带来的损失、计划执行的风险等）来衡量效率。如果计划能得到最大的剩余，或者如果计划按合理的代价实现目标，这样的计划是有效率的。需要特别注意的是，在衡量代价时，不仅要用时间、金钱或者生产等来衡量，而且还要用个人和集体的满意程度来衡量。

实现目标有许多途径，我们必须从中选择尽可能好的方法，以最低的费用取得预期的成果，保持较高的效率，避免不必要的损失。计划工作强调协调、强调节约，其重大安排都经过经济和技术的可行性分析，可以使付出的代价尽可能合算。

第二节　计划的类型

计划是将决策实施所需完成的活动任务进行时间和空间上的分解，以便将其具体地落实到组织中的不同部门和个人。因此，计划的分类可以依据时间和空间两个不同的标准。除了时间和空间两个标准外，我们还可以根据计划的明确性程度和计划的程序化程度对计划进行分类。把计划分类为战略性计划和战术性计划是管理活动中常见的。这一分类是根据综合性标准，综合了时间、空间两类标准，考察计划涉及的时间长短和涉及的职能范围的广狭程度。表 3-1 列出按不同方法分类的计划类型。

表 3-1　计划的类型

分类标准	类型
时间长短	长期计划、短期计划
职能空间	业务计划、财务计划、人事计划
综合性程度（涉及时间长短和涉及的范围广狭）	战略性计划、战术性计划
明确性	具体性计划、指导性计划
程序化程度	程序性计划、非程序性计划

一、长期计划和短期计划

财务分析人员习惯于将投资回收期分为长期、中期和短期。长期通常指 5 年以上，短期一般指一年以内的期间，中期则介于两者之间。管理人员也采用长期、中期和短期来描述计划。长期计划描述了组织在较长时期（通常为 5 年以上）的发展方向和方针，规定了组织的各个部门在较长时期内从事某种活动应达到的目标和要求，绘制了组织长期发展的蓝图。短期计划具体地规定了组织的各个部门在目前到未来的各个较短的时期阶段，特别是最近的时间段中，应该从事何种活动，从事该种活动应达到何种要求，因而为各组织成员在近期内的行动提供了依据。

二、业务计划、财务计划和人事计划

从职能空间分类，可以将计划分为业务计划、财务计划及人事计划，组织是通过从事一定业务活动立身于社会的，业务计划是组织的主要计划。我们通常用“人财物，供产销”六个字来描述一个企业所需的要素和企业的主要活动。业务计划的内容涉及“物、供、产、销”，财务计划的内容涉及“财”，人事计划的内容涉及“人”。

作为经济组织，企业业务计划包括产品开发、物资采购、仓储后勤、生产作业以及销售促进等内容。长期业务计划主要涉及业务方面的调整或业务规模的发展，短期业务计划则主要涉及业务活动的具体安排。例如，长期产品计划主要涉及产品新品种的开发，短期产品计划则主要与现有品种的结构改进、功能完善有关；长期生产计划安排了企业生产规模的扩张及实施步骤，短期生产计划则主要涉及不同车间、班组的季、月、旬乃至周的作业进度安排；长期营销计划关系到推销方式或销售渠道的选择与建立，而短期营销计划则为在现有营销手段和网络的充分利用。财务计划与人事计划是为业务计划服务的，也是围绕着业务计划而展开的。财务计划研究如何从资本的提供和利用上促进业务活动的有效进行，人事计划则分析如何为业务规模的维持或扩大提供人力资源的保证。例如，长期财务计划要决定，为了满足业务规模发展从而增大资本的需要，如何建立新的融资渠道或选择不同的融资方式，而短期财务计划则研究如何保证资本的供应或如何监督这些资本的利用效率；长期人事计划要研究如何保证组织的发展提高成员的素质，准备必要的干部力量，短期人事计划则要研究如何将具备不同素质特点的组织成员安排在不同的岗位上，使他们的能力和积极性得到充分的发挥。

三、战略性计划与战术性计划

根据涉及时间长短及其范围广狭的综合性程度标准，可以将计划分类为战略性计划与战术性计划。战略性计划是指应用于整体组织的，为组织未来较长时期（通常为5年以上）设立总目标和寻求组织在环境中的地位的计划。战术性计划是指规定总体目标如何实现细节的计划，其需要解决的是组织的具体部门或职能在未来各个较短时期内的行动方案。战略性计划显著的两个特点是：长期性与整体性。长期性是指战略性计划涉及未来较长时期，整体性是指战略性计划是基于组织整体而制订的，强调组织整体的协调。战略性计划是战术性计划的依据，战术性计划是在战略性计划指导下制订的，是战略性计划的落实。从作用和影响上看，战略性计划的实施是组织活动能力的形成与创造的过程，战术性计划的实施则是对已经形成的能力的应用。

四、具体性计划与指导性计划

根据计划内容的明确性标准，可以将计划分类为具体性计划和指导性计划。具体性计划具有明确规定的目标，不存在模棱两可。例如，企业销售部经理打算使企业销售额在未来6个月中增长15%，他也许制定明确的程序、预算方案以及日程进度表，这便是具体性计划。指导性计划只规定某些一般的方针和行动原则，给予行动者较大自由处置权，它指出重点但不把行动者限定在具体的目标上或特定的行动方案上。例如，一个增加销售额的具体计划可能规定未来6个月内销售额要增加15%，而指导性计划则可能只规定未来6个月内销售额要增加12%~16%。相对于指导性计划而言，具体性计划虽然更易于计划的执行、考核及其控制，但是它缺少灵活性，以及它要求的明确性和可预见性条件往往很难得到满足。

五、程序性计划与非程序性计划

西蒙把组织活动分为两类。

一类是例行活动，指一些重复出现的工作，如定货、材料的出入库等。有关这类活动的决策是经常反复的，而且具有一定的结构，因此可以建立一定的决策程序。每当出现这类工作或问题时，就利用既定的程序来解决，而不需要重新研究。这类决策叫程序化决策，与此对应的计划是程序性计划。

另一类是非例行活动，不重复出现，如新产品的开发、生产规模的扩大、品种结构的调整、工资制度的改变等。处理这类问题没有一成不变的方法和程序，因为这类问题在过去尚未发生过，或因为其确切的性质和结构捉摸不定或极为复杂，再或因为其十分重要而需用个别方法加以处理。解决这类问题的决策叫做非程序化决策，与此对应的计划是非程序性计划。

第三节　计划工作的步骤

一个完整的计划一般需要7个步骤才能完成，即选定目标、认清前提、发掘各种可行方案、对方案进行评估、确定方案、拟定政策以及拟定引申计划。这7个步骤并不一定全部经过，也不一定非按此顺序制订计划不可。在实际工作中，应根据具体情况确定哪些步骤需要，哪些步骤可以省略，哪些步骤可以平行进行。但是，考虑到一般性，我们仍逐一介绍每一步骤。

一、选定目标

计划的第一步就是为整个组织选定目标，然后再为组织各下属部门选定目标。目标是组织行动的出发点和归宿。组织的整体目标具有支配组织内所有计划的性质。选定目标阶段要注意解决3个问题。

（一）选择目标的内容和顺序

某一个组织在一定的时间内到底要取得哪些成果是首先需要确定的。此外，这些成果不可能是等量齐观的，在一定的时间和一定的条件之下，某一目标可能比其他目标更为重要。不同的目标内容和顺序将导致不同的政策和行动，也会有不同的资源分配顺序。

因此，大至一个国家，小至一个人，正确地选择目标内容和顺序都是至关重要的。选择什么样的目标内容和顺序是和社会制度、组织的性质、面临的主要问题以及管理者个人，特别是高层管理者的价值观念有关。我们强调正确处理国家、集体、个人三者的关系就是为了指导组织和个人正确地选择目标的内容和顺序。

（二）选择适当的目标时间

这是指要用多长时间来达到目标。一般来说，人们往往习惯于按日历的相等间隔确定计划时间，从而也就确定了目标时间，但这种做法有时与实际工作中所需时间不一致。最好的办法是按承诺原则确定目标时间。我们做了某项选择就是对未来将采取的某一串行动作了“承诺”，合理的目标时间应当与合理承诺所包括的时间相同。例如，目标时间应与采用某一方案所使用的投资能充分回收的时间相等。再例如一项新产品计划的时间范围不应只到做出该产品而应到销售能和支出相抵为止。

（三）目标要有明确的科学指标和价值

目标不能含糊其辞，应尽可能数量化，以便度量和控制。指标应反映出事物的本质并确切地反映目标。例如，过去以总产值作为衡量企业经营好坏的最重要指标，造成了严重后果，就是因为总产值不能反映本质的东西。现在以产值、产量、品种、质量、利润和合同执行情况作为衡量企业的指标是一大进步。不仅要有数量指标，而且要有质量指标；不仅要有绝对指标，而且要有相对指标。如利润与利润率、单位流动资金所创造利润、单位总投资所创造利润、企业评估的分数与名次等。

二、确定计划前提

计划的第二步是确定计划的前提，即计划是以什么环境为前提的，这个环境是指未来计划实施的环境，为此必须对环境做出正确的预测。但是环境是复杂的，影响因素很多，有完全可以控制的，如开发新产品新市场、资源分配等；有不能控制的，如税率、政治环境、物价水准、政府政策等；也有在相当范围内可以控制的，如企业内的价格政策、劳动生产率、市场占有率等。我们所说的预测环境、确定计划前提，并不是对将来环境的每一细节都给予预测，而仅是对计划有重大影响的主要项目做出预测。一般说来，制订企业的生产经营计划要进行下面几种预测。

（一）经济形势的预测

在通常的情况之下，每当经济形势发展较好时，企业的销售量就会增加，经济形势不佳时，销售量就停滞或下降。当然这是以企业总体而言的。落实到具体企业，不能一言以蔽之。在资本主义国家，判断经济状况有许多提前指标和滞后指标，在我们国家主要还是依靠经济公报、市场信息和自身的体验。

（二）政府政策的预测

政府的政策对企业的生产经营有直接的影响，如税收政策、价格政策、信贷政策、能源政策和技术政策等都与企业息息相关。这些政策都是政府根据全局利益决定的，企业无法变更并且必须执行或遵守。一个企业虽然不能更改政府的政策，但可以了解政策并预测政策的变更，在制定目标时考虑到政策可能发生变化，一旦政策下来，可以尽快地适应它，或利用政策所带来的机会谋求自身的发展。

（三）销售预测

销售预测对企业具有重大影响，因为对一个企业来说，产品销售量的多少，是企业其他活动的起点和终点。它决定企业对人力、设备和资金等各项资源的需要量，影响到产品的价格和新技术与新产品的投入。目前，对市场情况进行预测已经有了比较成熟的方法，最常用的方法有如下几种：

(1) 推测法。这是根据过去的销售情况记录，销售人员和顾客的意见等第一手资料形成的印象对未来事态做出估计。这种方法比较省力，但不等于凭主观臆测。在有稳定市场或市场变化可以预料的企业中，这种方法是有效的。

(2) 统计抽样法。此种方法是利用统计抽样的原理对市场调查来预测产品将来可能的销售数量。但是必须谨慎地对待调查资料，因为往往询问调查与真正购买之间有较大的差异。

(3) 时间序列分析法。这种方法就是分析销售与时间的关系，根据以往的资料描绘出销售额与时间的关系曲线，在此基础上估计未来的销售量。例如，如果此曲线趋向于直线的话，则

明年的销售额=今年的销售额×（今年的销售额/去年的销售额）

这一方法要求所用的时间不能太短，时间越长，越准确。但即使时间再长，仍然要清醒地看到此方法仅将时间作为影响销售量的唯一因素，这是很不全面的。

（四）资源的预测

销售预测反映了外界的客观需要，要满足这个需要，企业必须有一定的物质资源，如资金、原料和设备等；还要有一定的能力资源，如人员、技术、管理等。企业所定目标必须和自身的资源情况相适应，在预测资源时，既要分析自己的薄弱环节，更要分析自己人力技术上的特长，在竞争中保持自己的特色，取长补短或扬长避短，而不要弃长就短。

三、发掘可行方案

计划的第三步是发掘可行方案。

任何事物只有一种可行的方案是极少见的，完成某一项任务总是有许多方法，即每一项行动均有异途存在，这叫做异途原理。有些异途是潜藏着的，只有发掘了各种可行的方案才有可能从中抉择出最佳方案。如果只有一种方案，就无所谓抉择。管理界有个说法“若某一事物只有一个方法，则此方法大半会是错误的方法”。在管理的实践中，管理者发掘方案的才能与正确抉择的才能同样重要。然而要发掘多种可行方案，必须具有民主气氛。要群策群力，集思广益，又要思路开阔，大胆创新。

四、评估方案

当发掘出各种可行方案后，必须对每个方案的优缺点进行分析比较，比较时要考虑下面几点：

一是要特别注意发现每一个方案的制约因素或隐患。制约因素是指那些妨碍达成目标的因素。在评估各种可行方案时，对制约因素认识得越深刻，选择方案时的效率就越高。

二是在评估时，即将一个方案的预测结果和原有目标进行比较时，既要考虑到许多有形的可以用数量表示的因素，也要考虑到许多无形的不能用数量表示的因素，如

一个人或一个企业的声誉和人际关系等。

三是要用总体的效益观点来衡量方案。这是因为对某一部门有利，不一定对全局有利；对某项目标有利，不一定对总体目标有利。

五、选定方案

计划的第五步是从诸可行方案中选择一个或几个较优方案。选择通常是在经验、实验和研究分析的基础上进行的。

（1）经验。经验在抉择时起着重要的作用。人们通常都认为经验是最好的教师，“前事不忘，后事之师”就是这个意思。某一项已成功的计划，如果重要的因素没有变化，则没有理由相信同样的计划会失败。如能对以往犯过的错误的原因正确分析并吸取教训，则同一个人再犯同样错误的可能性一定较小。

然而只凭经验抉择常造成失误。这是因为真正能根据自己的经验客观地了解自己过去的失败与错误者并不多见，通常都过分夸大自己成功的经验。此外，客观的情况总在不断地变化。目标前提在改变，行动也要改变。好的抉择是为未来而做的，经验仅是历史的写照，所以不能留恋过去，更重要的是创造未来。

需要注意的是，作为抉择基础的经验，不仅是某一个管理者的个人经验，也包括众人的经验。不是事物表面的偶然联系，而是事物内在的本质联系。为了做好抉择，管理者要清醒地估计自己以往的经验，要学习别人的经验和科学知识，要分析客观情况的内在本质联系。

（2）试验和试点。对于一些依靠经验和直觉以及数学分析都不能做出正确决定的问题，通常是依靠试验和试点来解决。例如，一项新产品通常都要经过试制、试销并加以改进才敢大批生产。一项新的重大政策只有在局部进行试点后，才敢于做出抉择。此种方法虽好，但费钱、费时、费人，所以只有当其他方法都不宜采用时才采用本办法，并要尽量吸取以往的经验以减少试验量。另外，试验的条件要尽可能和未来的情况一致，要防止试验和试点是成功的，但据此做出抉择推广以后却是失败的现象。避免这种现象的关键在于正确分析试验的前提，即正确分析那些影响试验结果的主要因素，以及试验条件与推广条件之间的异同。

（3）借助于建立数学模型进行研究与分析。这种方法首先是将问题分解为各部分，找出影响目标达成的所有重要参数和限制因素；其次是分析并找出各参数和限制因素与目标之间的因果关系，建立数学模型；最后是将各可行方案的假设变量值代入模型，求出结果，并互相比较，确定较优方案。

任何模型的价值都取决于它是否能较好地代表所考虑的系统，能否真实地反映各变量之间的相互关系。一个准确的、高度简化的模型要比一个管理者靠智力建立起来的概念更为有用。下式是人的工作效率及影响因素的数学模型

$$E = A_1 + A_2 + A_3 + A_4 + A_5 + A_6 + A_7 + A_8$$

式中：E——工作效率；

A_1——干部权力；

A_2——干部威信；

A_3——管理水平；

A_4——工资水平；

A_5——奖金情况；

A_6——职工觉悟；

A_7——工作秩序；

A_8——物价。

这个简化了的模型清晰地告诉我们，工作效率不是单一因素作用的结果，而是众多因素作用的结果。为了达到同一个工作效率水平，一些因素作用大，另一些因素作用就可以小。利用这样的模型，管理人员就能系统地考虑影响问题的主要因素，而不至于过多地考虑次要因素。

当然，这种方法也有它的局限性：一是某些问题无法使之定量化；二是任何模型都不可能包括所有的变量；三是各变量之间的数学关系常常是近似的。因此模型的精确度总是相对的。

在实际工作中，人们往往综合运用以上3种方法来选择较优方案。

六、拟定政策

计划职能的第六步是拟定政策。政策是贯彻和达成目标的保证，政策为整个组织采取行动规定了指导方针，保证行动符合目标，并指导人们去实现目标。例如，我们确定了提高产品质量、打入国际市场的目标，也选择了优质优价、创名牌、承包奖励等一系列措施来为目标服务，然而要保证这些措施能够有效地贯彻，必须拟定政策。当然，一个企业所涉及的政策是很多的，如选择与开发产品的政策、投资政策、销售政策、人事和奖励政策等，但这些政策不是都由国家规定的，许多要由企业自己来定。即使一些全局性的政策也往往来自基层，来自实践。在拟定政策时要考虑有效的政策应具备的特点。

（1）稳定性和灵活性。没有稳定性就没有方向和秩序，朝令夕改会导致人们无所适从。但是情况又是在变化着的，要使政策能够很好地指导实践，它就必须随着条件的变化而变化。这就是稳定性和灵活性的辩证关系。

（2）全面性、协调性和一致性。政策的作用是保证实现计划目标，而计划目标往往是多方面的，因此政策也应包括多方面内容，以便应付各种可能出现的情况。不能只顾一点不顾其余，只顾当前不顾长远。政策必须能够协调下级的活动，否则，下级将会单纯地追求自己的目标而不顾及整体的目标。政策还应保证和其他政策的一致性，以便于贯彻和评价。

七、拟订引申计划

虽然抉择了方案，也拟定了政策，但计划仍不能说是完整的，还必须拟订引申计划，即各个业务部门和下属单位还要拟订细节计划或称之为付次计划，如生产计划、销售计划和财务计划等。在这一阶段中要考虑以下几个方面。

（1）务必使有关人员和部门了解企业总体计划的目标，计划前提，主要政策、抉择理由，掌握总体计划的指导思想和内容。

（2）协调并保证各付次计划方向一致以支持总计划，防止仅追求本单位目标而妨碍总体目标。

（3）协调各付次计划的工作时间顺序。例如，制造与采购、加工与装配的时间配合。

（4）组织每一个重要部门制定预算，协调资金的使用，保证经济目标的实现。

预算是数字化了的计划，是企业各种计划的综合反映，也是一个单位的经济目标。它既是评估计划的重要标准，也是协调下属部门活动的主要手段。它既是计划职能的一部分，也是控制职能的一部分。下属部门的每一活动无一不直接或间接地和预算相关联。

预算在管理中非常重要。我国人大每年都讨论财政的预决算。通过它可以反映和控制工业、农业、国防和文教等各项事业的发展。一个厂长对下属的各单项计划可能不看，但是企业的预算则非看不可。由于实际情况总是在变化，所以预算也应有所变化，以便能更好地指导实际工作。变动预算的方法有两种：一种是将预算和产量相联系，使预算随产量的变化而变动；一种是滚动预算，每隔一定的时间就定期地修正，使其符合新情况。例如，今年 12 月做明年 1～12 月预算，明年 1 月做明年 2 月至后年 1 月的预算。

第四节　目标管理

传统的管理理论主要是对执行人员的检查、监督与控制，而对管理者如何管理一直是困扰着人们的难题，因为管理者的工作不易定量化。20 世纪 50 年代美国出现了一种新的管理制度——目标管理（MBO），受到普遍欢迎，并得到广泛应用。目标管理是在泰勒的科学管理理论和行为科学理论的基础上发展起来的，目标管理是美国管理学家彼得・F. 德鲁克（Peter F. Drucker）1954 年提出的。我国企业于 20 世纪 80 年代初开始引进目标管理法，并取得较好的成效。

一、目标管理基本思想

（1）企业的任务必须转化为目标，企业管理人员必须通过这些目标对下级进行领导并以此来保证企业总目标的实现。凡是在工作成就和成果直接地、严重地影响企业的生存和繁荣的每个部门中，目标都是必需的，并且期望于经理取得的成就必须是从企业的目标中引申出来的，他的成果必须用他对企业的成就有多大的贡献来衡量。

（2）目标管理是一种程序，是一个组织中的上下各级管理人员会同起来制定共同的目标，确定彼此的成果责任，并以此项责任来作为指导业务和衡量各自的贡献的准则。一个管理人员的职务应该以达到公司目标所要完成的工作为依据；如果没有方向一致的分目标来指导每个人的工作，则企业的规模越大、人数越多时，发生冲突和浪费的可能性就越大。

（3）每个企业管理人员或工人的分目标就是企业总目标对他的要求，同时也是这个企业管理人员或工人对企业总目标的贡献。只有每个人的分目标都完成了，企业的总目标才有完成的希望。

（4）管理人员和工人是靠目标来管理，由所要达到的目标为依据，进行自我指挥、自我控制，而不是由他的上级来指挥和控制。

（5）企业管理人员对下级进行考核和奖惩也是依据这些分目标。

二、目标的性质

目标表示最后结果，而总目标需要由子目标来支持。这样组织及其各层次的目标就形成了一个目标网络。作为任务分配、自我管理、业绩考核和奖惩实施的目标具有如下特征。

（一）层次性

组织目标形成一个有层次的体系，范围从广泛的组织战略性目标到特定的个人目标。这个体系的顶层包含组织的远景和使命陈述。第二层次是组织的任务。在任何情况下，组织的使命和任务必须要转化为组织总目标和战略，总目标和战略更多地指向组织较远的未来，并且为组织的未来提供行动框架。这些行动框架必须要进一步地细化为更多的具体的行动目标和行动方案，这样，在目标体系的基层，有分公司的目标，部门和单位的目标、个人目标等。

在组织的层次体系中的不同层次的主管人员参与不同类型目标的建立。董事会和最高层主管人员主要参与确定企业的使命和任务目标，也参与在关键成果领域中更多的具体的总目标。中层主管人员（如副总经理、营销经理或生产经理）主要是建立关键成果领域的目标、分公司和部门的目标。基层主管人员主要关心的是部门和单位的目标以及他们的下级人员目标的制定。

（二）网络性

如果说目标体系是从整个组织的整体观来考察组织目标的话，那么，目标网络则是从某一具体目标的实施规划的整体协调方面来进行工作。目标与计划方案，通常均形成所希望的结果和结局的一种网络。如果各种目标不相互关联，不相互协调也互不支持，则组织成员往往出于自利而采取对本部门看来可能有利，而对整个公司却是不利的途径。目标网络的内涵表现为以下四点：

（1）目标和计划很少是线性的，即非一个目标实现后接着去实现另一个目标，如此等等。目标和规划形成一个互相联系着的网络。

（2）主管人员必须确保目标网络中的每个组成部分要相互协调，不仅执行各种规划要协调，而且完成这些规划在时间上也要协调。

（3）组织中的各个部门在制定自己部门的目标时，必须要与其他部门相协调。有人研究得出结论，一家公司的一个部门似乎很容易制定完全适合它的目标，但这个目标却在经营上与另一个部门的目标相矛盾。

（4）组织制定各种目标时，必须要与许多约束因素相协调。

（三）多样性

企业任务的主要目标，通常是多种多样的。同样，在目标层次体系中的每个层次的具体目标，也可能是多种多样的。有人认为，一位主管人员不可能有效地追求更多的目标，以2~5个为宜。其理由是，过多的目标会使主管人员应接不暇，从而顾此失彼，更可怕的是，可能会使主管人员过多注重小目标而有损主要目标的实现。也有人认为，即使排除了日常的事务性工作，似乎也没有目标的限定数目，主管人员可能同时追求多达10~15个重要目标。但这个结论是值得怀疑的，如果目标的数目过多，其中无论哪一个都没有受到足够的注意，则计划工作是无效的。因此，在考虑追求多个目标的同时，必须对各自目标的相对重要程度进行区分。

（四）可考核性

目标考核的途径是将目标量化。目标定量化往往会损失组织运行的一些效率，但是对组织活动的控制、成员的奖惩会带来很多方便。目标可考核表达的是这样一个意思：人们必须能够回答这样一个问题，“在期末，我如何知道目标已经完成了？”例如，获取合理利润的目标，最好可以指出公司是盈利还是亏损的，但它并不能说明应该取得多少利润。因为在不同人的思想里，“合理”的解释是不同的，对于下属人员是合理的东西，可能完全不被上级领导接受。如果意见不合，下属人员一般无法争辩。如果我们将此目标明确地定量为“在本会计年度终了实现投资收益率10%”，那么它对“多少”“什么”“何时”都做出了明确回答。

有时要用可考核的措辞来说明结果会有更多的困难，对高层管理人员以及政府部门尤其如此。但原则是：只要有可能，我们就规定明确的、可考核的目标。

（五）可接受性

根据美国管理心理学家维克多·弗鲁姆（Victor Vroom）的期望理论，人们在工作中的积极性或努力程度（激发力量）是效价和期望值的乘积，其中效价指一个人对某项工作及其结果（可实现目标）能够给自己带来满足程度的评价，即对工作目标有用性（价值）的评价；期望值指人们对自己能够顺利完成这项工作可能性的估计，即对工作目标能够实现概率的估计。因此，一个目标对其接受者如果要产生激发作用的话，这个目标必须是可接受的，可以完成的。对一个目标完成者来说，如果目标是超过其能力所及的范围，则该目标对其是没有激励作用的。

（六）挑战性

同样根据弗鲁姆的期望理论，如果一项工作完成所达的目的对接受者没有多大意义的话，接受者也是没有动力去完成该项工作的；如果一项工作很容易完成，对接受者来说，是件轻而易举的事件，那么接受者也没有动力去完成该项工作。所谓“跳一跳，摘桃子”，说的就是这个道理。

目标的可接受性和挑战性是对立统一的关系，但在实际工作中，我们必须把它们统一起来。

（七）伴随信息反馈性

信息反馈是把目标管理过程中，目标的设置、目标实施情况不断地反馈给目标设置和实施的参与者，让每个人时时知道组织对自己的要求，自己的贡献情况。如果建立了目标再加上反馈，就能更进一步加强员工的工作表现。

综上所述，设置目标，一般要求目标的数量不宜太大，包括工作的主要特征，并尽可能地说明必须完成什么和何时完成，如有可能，也应明示所期望的质量和为实现目标的计划成本。此外，目标能促进个人和职业上的成长和发展，对员工具有挑战性，并适时地向员工反馈目标完成情况。

三、目标管理的过程

孔茨认为，目标管理是一个全面的管理系统，它用系统的方法，使许多关键管理活动结合起来，并且有意识地瞄准有效地和高效地实现组织目标和个人目标。

在理想情况下，这个过程开始于组织的最高层，并且有总经理的积极支持，他给组织以指导。但是目标设置开始于最高层并不是实质性的。它可以从分公司一级开始，也可以在某职能部门这一级或甚至更底层开始。例如，某一公司的目标管理首先开始在一个分公司建立，随后逐级建立到管理的最低层而形成一个互相联系、互相支持的目标网络。在分公司经理的领导和指导下，无论在获利性、成本降低、改善经营等方面都取得了成功。不久，其他一些分公司经理和企业总经理也产生了兴趣并力图履行类似的目标管理计划。

（一）制定目标

包括确定组织的总体目标和各部门的分目标。总体目标是组织在未来从事活动要达到的状况和水平，其实现有赖于全体成员的共同努力。为了协调这些成员在不同时空的努力，各个部门的各个成员都要建立与组织目标相结合的分目标。这样就形成了一个以组织总体目标为中心的一贯到底的目标体系。在指定每个部门和每个成员的目标时，上级要向下级提出自己的方针和目标，下级要根据上级的方针和目标制订自己的目标方案，要在此基础上进行协商，最后由上级综合考虑后做出决定。

目标可以设置为任何期限，在大多数情况下，目标设置可与年度预算或主要项目的完成期限相一致。在制定目标时，主管人员也要建立衡量目标完成的标准，如果制定的是定量的、可考核的目标，无论是时间、成本、数量、质量等这些衡量标准，一般都要写到目标里去。在制定目标系列时，主管人员和下级应该一起行动，而不应该不适当地强制下级制定各种目标。

（二）明确组织的作用

理想情况是，每个目标和子目标都应有某一个人的明确责任。然而，几乎不可能去建立一个完美的组织结构以致每一特定的目标都成为某个个人的责任。例如，在制定一种新产品投入的目标中，研究、销售和生产等部门的主管人员必须仔细地协调他们的工作。组织常采用设立一名产品主管人员来统一协调各种职能。

（三）执行目标

组织中各层次、各部门的成员为达成分目标，必须从事一定的活动，活动中必须利用一定的资源。为了保证他们有条件组织目标活动的展开，必须授予相应的权力，使之有能力调动和利用必要的资源。有了目标，组织成员便会明确努力的方向；有了权力，他们便会产生强烈的与权力使用相应的责任心，从而能充分发挥他们的判断能力和创造能力，使目标执行活动有效地进行。

（四）成果评价

成果评价既是实行奖惩的依据，也是上下左右沟通的机会，同时还是自我控制和自我激励的手段。成果评价既包括上级对下级的评价，也包括下级对上级、同级关系部门相互之间以及各层次自我的评价。上下级之间的相互评价，有利于信息、意见的沟通，从而有利于组织活动的控制；横向的关系部门相互之间的评价，有利于保证不同环节的活动协调进行；而各层次组织成员的自我评价，则有利于促进他们的自我激励、自我控制以及自我完善。

（五）实行奖惩

组织对不同成员的奖惩，是以上述各种评价的综合结果为依据的。奖惩可以是物质的，也可以是精神的。公平合理的奖惩有利于维持和调动组织成员饱满的工作热情和积极性，奖惩有失公正，则会影响这些成员行为的改善。

（六）制定新目标并开始新的目标管理循环

成果评价与成员行为奖惩，既是对某一阶段组织活动效果以及组织成员贡献的总结，也为下一阶段的工作提供参考和借鉴。在此基础上，为组织成员及其各个层次、部门的活动制定新的目标并组织实施，便展开了目标管理的新一轮循环。

第五节　计划的方法

计划工作的效率高低和质量好坏在很大程度上取决于所采用的计划方法。现代计划方法为制订切实可行的计划提供了手段。在计划的质量方面，现代计划方法可以确定各种复杂的经济关系，提高综合平衡的准确性，能够在众多的方案中选择最优方案，还能够进行因果分析，科学地进行预测；在效率方面，由于采用了现代数学工具并以计算机技术作为基础，大大加快了计划工作的速度，这就使得管理者从繁杂的计划工作中解脱出来，能够集中精力考虑更重要的问题。总之，现代计划方法具有许多优点，已经逐渐为更多的计划工作所采用，下面介绍其中几种主要方法。

一、滚动计划法

滚动计划法是一种定期修订未来计划的方法。这种方法根据计划的执行情况和环境变化情况定期修订未来的计划，并逐期向前推移，使短期计划、中期计划有机地结合起来。由于在计划工作中很难准确地预测将来影响经济发展的各种变化因素，而且随着计划期的延长，这种不确定性就越来越大。所以，如果硬性地按几年以前的计划实施，可能导致巨大的错误和损失。滚动计划法可以避免这种不确定性可能带来的不良后果。具体做法是，用近细远粗的办法制订计划。如图 3-1 所示，这是 5 年的滚动计划方法。

由图 3-1 可以看出，在计划期的第一阶段结束时，要根据该阶段计划的实际执行情况和外部与内部有关因素的变化情况，对原计划进行修订，并根据同样的原则逐期滚动。每次修订都使整个计划向前滚动一个阶段。这就是所谓的滚动计划法。这种方法适用于任何类型的计划。

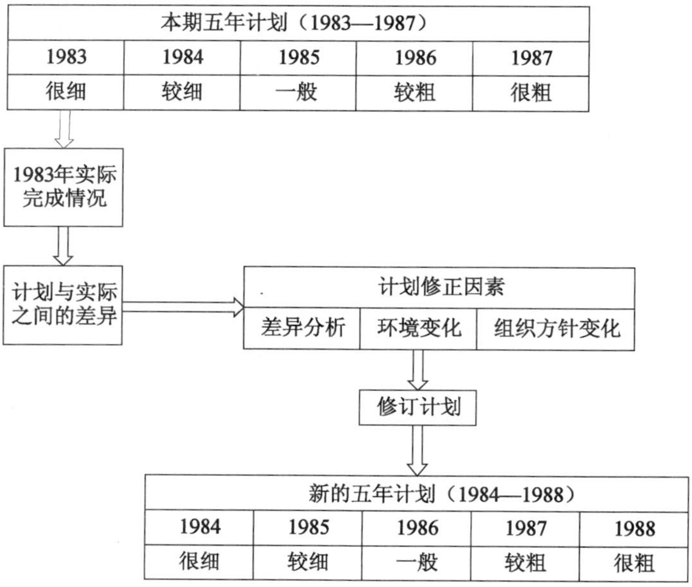

图 3-1　滚动计划法示意图

滚动计划法虽然使得计划编制工作的任务量加大，但在计算机已被广泛采用的今天，其优点十分明显。最突出的优点是计划更加切合实际。滚动计划相对来说缩短了计划时期，加大了准确性，能更好地保证计划的指导作用，提高计划的质量。第二个优点是滚动计划法使长期计划、中期计划与短期计划相互衔接，短期计划内部各阶段相互衔接。这就保证了即使由于环境变化出现某些不平衡时也能及时地进行调节，使各期计划基本保持一致。第三个优点是滚动计划大大增加了计划的弹性，这对环境剧烈变化的时代尤为重要。它可以提高组织的应变能力。

二、网络分析技术

网络分析技术是国外20世纪50年代出现的一种较新的计划方法。它包括各种以网络为基础制订计划的方法，如关键路线法（CPM）、计划评审技术（PERT）、组合网络法（CNT）等。1956年，美国的一些工程师和数学家组成了一个专门小组首先开始了这方面的研究。1958年，美国海军武器计划处采用了计划评审技术，使北极星导弹工程的工期由原计划的10年缩短为8年。1961年，美国国防部和国家航空太空总署规定，凡承制军用品必须用计划评审技术制订计划上报。从那时起，网络计划技术就开始被广泛应用。

网络计划技术的原理，是把一项工作或项目分成各种作业，然后根据作业顺序进行排列，通过网络的形成对整个工作或项目进行统筹规划和控制，以便用最少的人力、物力和财力资源，用最高的速度完成工作。例如，表3-2为某型飞机直接机务准备的活动分析表。表中紧前作业是指该项作业开始之前必须完成的相邻作业。完成作业需要时间可以采用一定的方法进行估算，估算时要同时考虑人力、设备等影响因素。有了表 3-2 中的数据后，就可以绘制网络图（见图 3-2）。

表 3-2 某型飞机直接机务准备活动分析表

作业代号	作业名称	紧前作业	完成作业时间
A	飞行前检查	—	30
B	挂副油箱	—	10
C	数据装订	—	5
D	充气	A	5
E	加油	B、C	20
F	充氧	D、E	5
G	装挂弹	F	40
H	惯导对准	G	15

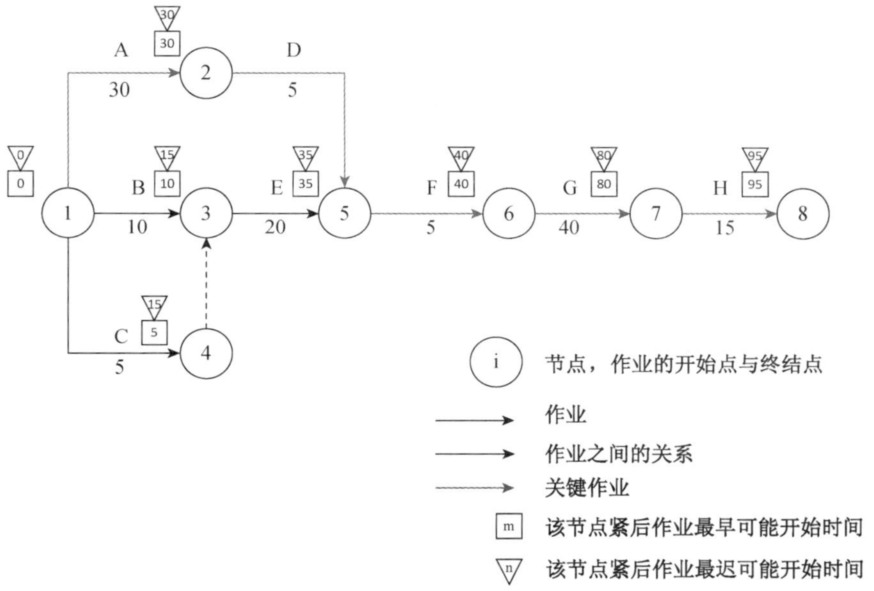

图 3-2 某型飞机直接机务准备网络图

根据这样一张网络图就可以确定关键作业，即必须按时开工和完工的作业，否则将影响整个工期。然后我们可以重新平衡人力、物力，重新确定作业所需时间，经过几次平衡，最后可以得到最优方案。整个平衡与作图步骤如图 3-3 所示。

这是一个简单的例子。一个大的工程项目可能含有几万项作业，需要几千家不同单位或部门协调配合。在这种情况下采用网络技术进行统筹规划将显出它的巨大优越性。网络技术特别适用于各种工程项目，无论是机床修理，还是发电站建设，甚至航天工程都可以通过网络分析技术来科学地计划，并能够收到良好的效果。

网络分析技术之所以被广泛采用是因为它有一系列的优点：

（1）能把整个工程的各个项目的时间顺序和相互关系清晰地表明，并指出了完成

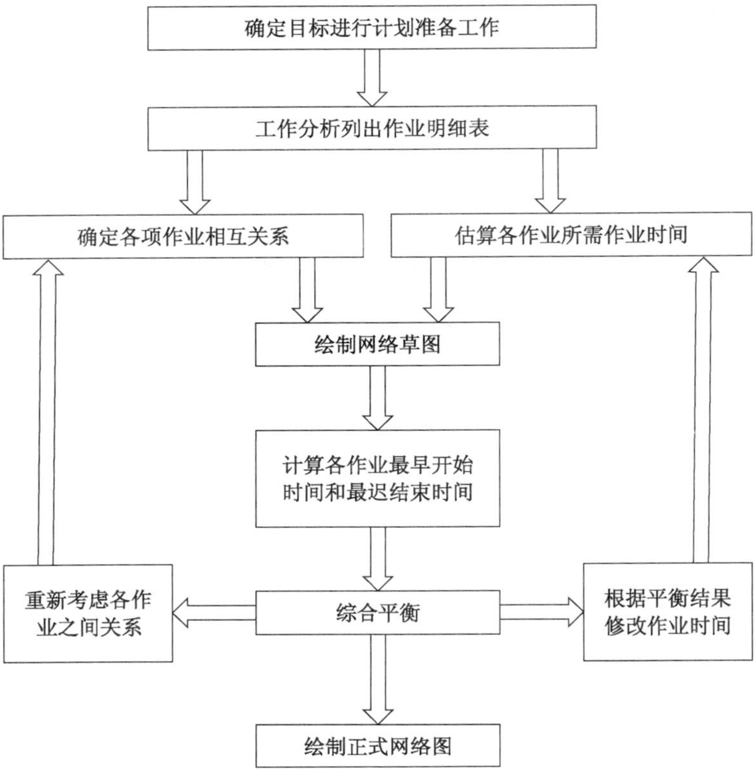

图 3-3　网络计划绘图与平衡步骤

任务的关键环节和路线。因此管理者在制订计划时可以统筹安排，全面考虑，又不失去重点。在实施过程中，管理者可以进行重点管理。

（2）可对工程的时间进度与资源利用实施优化。调动非关键路线上的人力、物力和财力从事关键作业，进行综合平衡，这样既可节省资源，又能加快工程进度。

（3）可事先评价达到目标的可能性。指出实施中可能发生的困难点，以及这些困难点对整个任务产生的影响，准备好应急措施，减少完不成任务的风险。

（4）便于组织与控制。特别是对于复杂的大项目，可以分成许多支系统来分别控制，在保证各局部最优的情况下，就能保证整个项目最优。

（5）简单易懂，具有中等文化程度的人就能够掌握，对复杂的，多节点的工作，可以利用已有的软件在计算机上优化。

（6）应用范围十分广泛，适用于各行各业。

三、线性规划方法

线性规划是另外一种较新的计划方法。1939 年，苏联经济数学家康拓诺维奇（Л. В. Конторович）首先提出用线性规划的方法进行经济计划工作，后来经许多科学家的继续研究，目前它已经成为一种相当成熟的计划方法。线性规划主要解决两类问题：一类是最大化问题，即在有限的资源条件下，如何使效果最好或完成的工作最多；

另一类是最小化问题，即在工作任务确定的情况下，怎样使各种消耗减至最小。简而言之，线性规划是解决某个问题的整体效益最优的问题。

例如，某部修理厂同时承担了飞机定检和排故两项修理任务。各专业组完成每架飞机定检和排故预计所需人数（或工时），以及近期该修理厂能够安排使用的人数（或工时）如表 3-3 所列。问：如何安排修理任务，才能使修理出厂的飞机架数最多？

表 3-3 各专业需求情况表

各专业组和辅助性工作	完成每架飞机修理任务所需人数（或工时）		能安排使用的人数（或工时）
	定检	修理	
机械	5	10	40
特设	4	6	36
无线电	2	5	20
军械	2	3	18
机加工	6	2	22
辅助性工作	21	7	84

对于这样的问题用线性规划方法进行计划效果甚佳。设定检飞机架数为 x_1，排故飞机架数为 x_2，则有已知条件可得下列约束条件

$$
\begin{aligned}
5x_1 + 10x_2 &\leqslant 40 \\
4x_1 + 6x_2 &\leqslant 36 \\
2x_1 + 5x_2 &\leqslant 20 \\
2x_1 + 3x_2 &\leqslant 18 \\
6x_1 + 2x_2 &\leqslant 22 \\
2x_1 + 7x_2 &\leqslant 40 \\
x_1,\ x_2 \geqslant 0&，\text{且为整数}
\end{aligned}
$$

在满足上列约束条件的情况下，我们希望修理出厂的飞机架数最多，即希望

$$\max f(x_1,\ x_2) = x_1 + x_2$$

上式称为目标函数，我们可以利用许多办法求解这个问题，最后得到安排定检飞机 2 架，修理飞机 3 架可获得最多修理出厂的飞机架数 5 架。

线性规划的一般形式为

$$
\text{约束条件：}\begin{cases}
a_{11}x_1 + a_{12}x_2 + \cdots + a_{1n}x_n \leqslant (=,\ \geqslant) b_1 \\
a_{21}x_1 + a_{22}x_2 + \cdots + a_{2n}x_n \leqslant (=,\ \geqslant) b_2 \\
\vdots \\
a_{m1}x_1 + a_{m2}x_2 + \cdots + a_{mn}x_n \leqslant (=,\ \geqslant) b_m \\
x_1,\ x_2,\ \cdots,\ x_n \geqslant 0
\end{cases}
$$

目标函数：max （或 min）$f = c_1x_1 + c_2x_2 + \cdots + c_nx_n$

利用线性规划的一般形式可以求解具有许多约束条件和未知变量的优化问题。但建立线性规划的数学模型必须具备几个基本条件：

（1）变量之间是线性关系；

（2）问题的目标可以用数字来表达；

（3）问题中应存在着能够达到目标的多种方案；

（4）达到目标是在一定约束条件下实现的，并且这些条件能用不等式加以描述。

具备上述条件的情况到处可见，从科学研究到工业、农业、商业、交通以及军事计划等方面，都有大量的问题可以利用线性规划方法使之最优化。

四、投入产出法

投入产出法是由美籍俄国经济学家沃西里·里昂惕夫（Wassily W. Leontief）在1936年首先提出来的，后来他又在这方面做了大量工作。由于他的突出贡献，1973年他荣获了诺贝尔经济学奖。目前已有一百多个国家采用投入产出法进行经济方面的研究。我们国家从1973年以后正式引用投入产出法编制各种计划。

投入产出法是利用高等数学的方法对物质生产部门之间或产品与产品之间的数量依存关系进行科学分析，并对再生产进行综合平衡的一种现代科学方法。它以最终产品为经济活动的目标，从整个经济系统出发确定达到平衡的条件。它的基本原理是，任何系统的经济活动都包括投入和产出两大部分，投入是指在生产活动中的消耗，产出是指生产活动的结果。在生产活动中投入和产出之间具有一定的数量关系，投入产出法就是利用这种数量关系建立投入产出表，根据投入产出表对投入与产出的关系进行科学分析，再利用分析的结果来编制计划并进行综合平衡。投入产出表的基本形态如表3-4。

表3-4　投入产出表基本形态

		中间产品					最终产品			总产品
		生产部门（j）					消费	累计	合计	
		1	2	…	n	合计				
生产部门（i）	1	x_{11}	x_{12}	…	x_{1n}	$\sum_{j=1}^{n} x_{1j}$			y_1	x_1
	2	x_{21}	x_{22}	x_{2n}	…	$\sum_{j=1}^{n} x_{2j}$			y_2	x_2
	⋮	⋮	⋮	⋮	⋮	⋮			⋮	⋮
	n	x_{n1}	x_{n2}	…	x_{nn}	$\sum_{j=1}^{n} x_{nj}$			y_n	x_n
	合计	$\sum_{i=1}^{n} x_{i1}$	$\sum_{i=1}^{n} x_{i2}$	…	$\sum_{i=1}^{n} x_{in}$	$\sum_{i,j=1}^{n} x_{ij}$			$\sum_{i=1}^{n} y_i$	$\sum_{i=1}^{n} x_i$
新创造价值	劳动报酬	v_1	v_2	…	v_n	$\sum_{j=1}^{n} v_j$				
	社会纯收入	m_1	m_2	…	m_n	$\sum_{j=1}^{n} m_j$				
	合计									
总产值		x_1	x_2	…	x_n	$\sum_{j=1}^{n} x_j$				

这张表共分 4 个象限，左上角为第一象限，横向表示产品的流向：

x_{ij}——第 i 个生产部门的产品作为第 j 个生产部门投入的数量；

$\sum_{j=1}^{n} x_{ij}$ ——第 i 个生产部门投入到所有生产部门产品的数量；

$\sum_{i=1}^{n} x_{ij}$ ——第 j 个生产部门生产所需要的所有资源的数量。

第二象限为右上角部分：

y_i——第 i 个生产部门产品中用于积累和消费的数量；

x_i——第 i 个生产部门在一定时期内生产的全部产品的数量。

第三象限为左下角部分：

v_j——第 j 个生产部门用于劳动报酬的数量；

m_j——第 j 个生产部门所创造的社会纯收入的数量；

第三象限表明了新创造价值的初次分配情况。

第四象限用来表示新创造价值的第二次分配。但由于这部分情况十分复杂，还有待于进一步研究，故一般的投入产出表都省略该部分。

这种投入产出表对于各种规模的经济部门都是适用的。对于这些部门的产品来说其流向都可以分为三部分：一是留作本部门使用，作为生产消耗部分；二是提供给其他部门作为生产消耗部分；三是直接满足社会最终需要部分，包括个人消费、社会消费、储备与出口。如表中横行第 2 个部门：

x_{22}——自己产品留做自己使用；

x_{21}，x_{23}，…，x_{2n}——提供给其他部门作为生产消耗部分；

y_2——第 2 个部门生产的直接满足社会最终需要部分。

所以第 2 个部门生产的全部产品（总产品）x_2 就是所有这三部分之和。

从纵的方向说，仍是以第 2 个部门为例：

x_{22}——本部门提供的产品投入；

x_{12}，x_{32}，…，x_{n2}——其他部门的产品作为本部门的投入。

这些投入是本部门生产必需的，也是物质方面的全部投入。

第三象限中 v_2 是给人的劳动报酬。

以上都可以视为成本。

m_2 就是剩下的社会纯收入部分。

把第 2 列全部加起来就构成第 2 个部门的总产值。总产品中的 x_2 和总产值中的 x_2 是相等的。因此，$\sum_{j=1}^{n} x_j = \sum_{i=1}^{n} x_i$，即社会总产值等于社会总产品。投入产出法就是利用这种投入与产出的关系进行计划。

对投入产出表进行分析，可以确定整个国民经济或部门、企业经济发展中的各种比例关系，并且能够制定合理的价格服务。此外，这种分析可以预测某项政策实施后所产生的效果；能够从整个系统的角度编制长期或中期计划，而且易于搞好综合平衡，还可以用此种办法计算出某个在建项目对整个系统的影响。总之，投入产出法是一种实用的科学计划方法。

五、计量经济学方法

计量经济学的奠基人是挪威经济学家弗瑞希·拉格纳（Frisch Ragnar），由于他在这方面做出的突出贡献，曾与他人一起获得了1930年的诺贝尔经济学奖。计量经济学是运用现代数学和统计的方法来描述和分析各种经济关系。这种方法对于管理者调节经济活动，加强市场预测，以及合理地安排生产计划，改善经营管理等都具有很大的实用价值。严格地说，计量经济学就是把经济学中关于各种经济关系的学说作为假设，运用数理统计的方法，根据实际统计资料，对经济关系进行计量，然后把计量的结果和实际情况进行对照。

用计量经济学方法解决实际问题的程序如下：

（1）因素分析。即按照问题的实际情况分析影响它的因素种类、因素之间的相互关系以及各因素对问题的影响程度。

（2）建立模型。根据分析的结果，把影响问题的主要因素列为自变量，所有次要因素都用一个随机误差项表示。而把问题本身作为因变量，然后建立起含有一些未知参数的数学模型。

（3）参数估计。由于模型有许多参数需要确定，这就要用计量经济学方法，利用统计资料加以确定。参数估算出来之后就要计算相关系数，以检查自变量对因变量的影响程度。此外，还要对参数进行理论检验和统计检验，如果这两项结果不好就要分析原因，修改模型，重新进行第三步骤，直到模型满意为止。

（4）实际应用。计量经济模型主要有三种用途：第一为经济预测，即预测因变量在将来的数值；第二为评价方案；即对计划工作或决策工作中的各种方案进行评价以选择出最优方案。第三为结构分析，即用模型对经济系统进行更深入的分析，深化认识。计量经济模型的这三种用途都可以应用于计划工作，它能够使计划更加完善、更加科学。

复习思考题

1. 何谓计划？计划通常分为哪些类型？
2. 计划有哪些常用方法？
3. 什么是目标管理？

第四章　组　织

组织是管理的另一项基本职能。在组织的计划目标制定后，管理者就要按照组织目标和计划所提出的要求，设计出合理的、高效的、能保证计划顺利实施的组织结构与体系，合理安排和调配各种资源，以保证计划和组织目标的顺利完成。管理者的主要任务之一就是要使组织不断发展、完善，使之更加富有成效。

第一节　组织的基本概念

（一）组织的含义

什么是组织？这个问题的答案似乎非常简单，“华东计算机开发公司”是个组织，国务院是个组织，大学也是个组织。这样的例子人人都能说出许多，但这并没有说明组织的确切含义。

组织的一个较为直观的含义如下：“组织是为了达到某些特定目标经由分工与合作及不同层次的权力和责任制度而构成的人的集合。”这个含义具有三层意思。

（1）组织必须具有目标，因为任何组织都是为目标而存在的，不论这种目标是明确的，还是隐含的，目标是组织存在的前提。“华东计算机开发公司”的目标可能是推广计算机应用计术，并获得盈利；大学的目标是为了培养高级科学与技术人才。

（2）没有分工与合作也不能称其为组织。分工与合作关系是由组织目标限定的。企业为了达到经营目标要有采购、生产、销售、财务和人事等许多部门。这是一种分工，每个部门都专门从事一种特定的工作，各个部门又要相互配合。只有把分工与合作结合起来才能产生较高的集团效率。

（3）组织要有不同层次的权力与责任制度。这是由于分工之后，就要赋予每个部门乃至每个人相应的权力和责任，以便于实现组织的目标。若想完成任何一种工作，都需要有完成该项工作所必需的权力，这是不言而喻的，同时又必须让其负有相应的责任。仅有权力而无责任，可能导致滥用权力，而不利于组织目标的实现。权力和责任是达成组织目标的必要保证。这是古典管理学派的定义，更适用于组织初创期，叫做“结构论”。

第二种定义叫做“行为论”，是社会系统学派的巴纳德提出的“组织是两人或两人以上有意识加以协调的活动或效力系统”。这里强调的是组织成员的协调和协作，更适用于组织的运行分析。

第三种定义叫做“系统论”，是由系统学派提出的：“组织是开放的社会系统，具有许多相互影响共同工作的子系统，当一个子系统发生变化时，必然影响其他子系统和整个系统的工作。”这种定义把组织内的部门和成员看成是有机联系、互相作用的子系统。从作用上分，可以包括传感子系统、信息子系统、决策子系统、加工子系统等；从组织上分，可以包括个人子系统、群体子系统、士气子系统、组织结构子系统、目标子系统、相互关系子系统、权威子系统，等等。“系统论”更适合于组织变革时使用。

（二）组织环境

任何组织都是在一定的环境下生存和发展的。环境给组织提供资源，吸收组织的产出，同时又给予组织许多约束。一个组织要保持持续的发展，它就必须适合其周围的环境。环境总是处于变化之中，有时变化剧烈有时变化缓慢。当环境变到足以阻碍组织的发展时，就必须对组织进行调整和改革以适应环境的变化，不适应环境是组织失败的主要原因之一。

组织与它的环境是相互作用的，组织依靠环境来获得资源以及某些必要的机会；环境给予组织活动某些限制，而且决定是否接受组织的产出。如果组织能够不断地提供环境所能接受的产品或服务，环境就会不断地给组织提供资源和机会。例如，一个企业如果能够不断地生产出顾客愿意接受的产品，顾客就会付出代价，这种代价将作为资源重新投入企业，使企业生产进行下去。环境和组织之间的作用如图 4-1 所示。

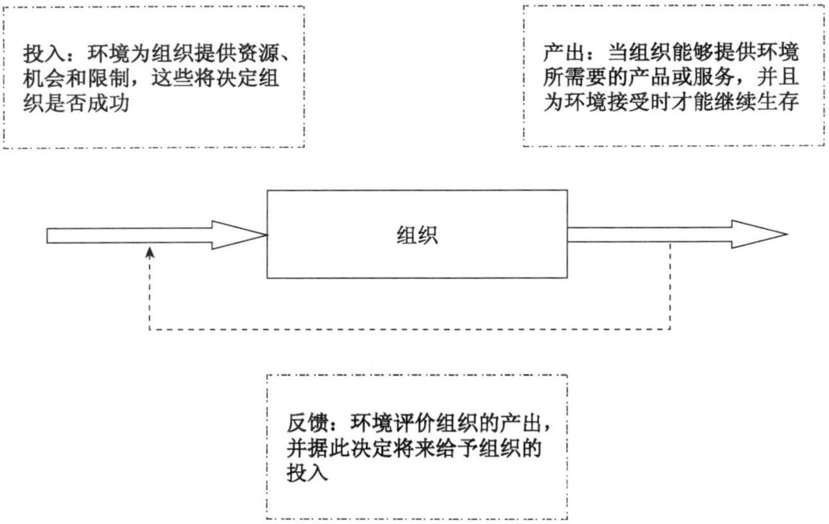

图 4-1　组织与环境的关系

组织环境包括许多要素，其中最主要的是人力、物质、资金、气候、市场、文化、政府政策和法律。这些要素几乎包罗了各种组织的环境要素，当然有些组织对其中几种要素依赖的程度大些，而对其他要素依赖的程度小些。例如，一所大学对气候的依赖程度不大，而一个农场成功与否在很大程度上取决于气候的好坏。这是因为各种组织对环境的要求不同。

组织环境中最主要的资源是人力资源。如果在一个组织中没有足够的、训练有素的人来为组织工作，组织就不能生存，一所大学必须能使教师愿意在那里工作，也必须能够吸引学生报考。一所工厂必须有一些具备一定技术水平的工人、一些优秀的工程师和优秀的市场营销人员为其服务。所以说，人力是组织的最基本的资源和环境条件。此外，人力情况还决定着组织其他资源的可利用性，也对环境的其他要素产生影响。

任何组织几乎都离不开资金这一资源。资金可以靠本组织的产品或服务来获取，也可以通过银行贷款、出售股票、发行债券等方法来取得。对于有些非营利性组织，如机关、学校等可以从政府的财政中取得。资金对于组织的生存与发展起着重要的作用，做任何事情几乎都离不开资金，而且组织环境中这要素可能对其他要素产生巨大的影响。

市场是否愿意为组织的产品和服务，付出一种满意的价格，这是营利性组织所关心的一个重要问题。如果市场愿意付出，组织就会繁荣；否则，组织就可能失败。顾客是市场上的最终评判者，顾客的偏好直接影响着产品或服务价格及其销路。如果顾客不接受组织所提供的产品和服务组织活动就将发生障碍。竞争者也对组织活动产生影响，其他厂家能够以更低的价格、更优的质量推出与本企业相同的产品或代用品，必然直接影响本企业产品的价格和销路。

文化传统、社会风俗和政治背景等方面的条件是组织环境的重要组成部分。炼钢厂不能污染空气，汽车制造厂的产品要减低噪声，社会主义制度要求经营者尊重职工在企业中的主人翁地位，在少数民族地区办厂还经常受到人们宗教习惯的制约。这些都是组织环境中文化因素在起作用的典型例子。

政府的政策与法律是组织环境的重要因素之一。它们对组织产生巨大影响。组织必须按照政府的政策和法律行事，同时也受到政策和法律的保护。例如，国家限制外国汽车进口会给本国汽车制造企业提供机会；产业政策的改变使一些组织获得好处，而使另一些组织处于困境；为加速发展某个地区的经济，政府可能会提供较多的投资，促使该地区的企业扩大再生产；消费资金的使用政策对组织成员的工作热情也将产生影响；合同法对违反合同的组织要给予一定的惩罚，而对于另一方则提供保护；有关人事的法令将影响组织聘用人员，等等。总之，政府政策与法律，是组织环境的重要因素之一，它对组织也能产生巨大的影响。

综上所述，组织环境对组织具有两个方面影响：一是提供资源和机会；二是给予限制。

因此，组织要适合于环境并利用环境提供的资源和机会以求生存和发展。组织要了解环境的各种要素，明确哪些要素对组织的成功与否起关键作用，它们是怎样影响组织活动的，是直接影响的，还是间接影响的，采用什么措施才能适应组织环境的变化，是改变环境还是变革组织。只有这样，才能立于不败之地。

第二节 组织设计的任务

组织设计是组织职能的重要内容。

一、组织设计所面对的基本矛盾

为什么非得设计出一套组织机构？为什么不能由一个首长来管好一个组织？人们

经常会提出这样的问题。实际上，在一个稍大一些的组织内，人们可以感受到一个共同的矛盾——管理对象的复杂性与个人能力的有限性，面对全球一体化的经济形势，面对变幻莫测的市场，面对日新月异的科学技术，面对需要层次各不相同的员工，面对日趋激烈的竞争，任何组织的领导者都会发现自己的知识面太窄，需要决策的事太多，时间不够用，能力不够大。在这种情况下，唯一的选择是由一群人来管理。这就存在一个权力和责任的划分问题、分工与协调问题，所以必须设计出相应的组织结构。组织设计的基本任务，就是如何发挥管理者群体的作用，有效地管理复杂多变的对象。

二、组织设计的目的

借用系统论的观点，组织设计的目的就是："发挥整体大于部分之和的优势，使有限的人力资源形成最佳的综合效果。"

系统功能大于部分功能之和，这是系统论揭露的普遍规律。同样一堆电子元件：电阻、电容、磁性天线、二极管、三极管、导线……用不同的规则连接起来，会成为性能差异甚大的不同的半导体收音机。线路图就是线路设计的成果，它用相同的元件组成了不同的系统，其系统功能也是很不相同的。

同样是2000名职工，采用不同的组织结构进行分工，会得出完全不同的组织效应。一个优秀的组织结构，能够做到机构精简、高效，职能分工合理而明确，既高效又统一，既发挥了个人积极性、创造性，又能保持高度的和谐统一，甚至可以发挥出"以一当十"的神奇作用。反之，一个不良的组织结构，会因为机构臃肿、人浮于事而效率低下，因为职能不清、职能重叠而扯皮不止。因为有权无责而滥用权力，因为有责无权而消极怠工……在一些成功的企业中，大都可以看到优秀的组织设计；相反，在一切失效的企业中，大都可以发现不良的组织设计。

三、组织设计的步骤

组织设计通常可分为以下几个步骤：

（一）工作划分

根据目标一致和效率优先的原则，把达成组织目标的总任务划分为一系列各不相同又互相联系的具体工作任务。

（二）建立部门

把相近的工作归为一类，在每一类工作之上建立相应部门。这样，在组织内根据工作分工建立了职能各异的组织部门。

（三）决定管理跨度

管理跨度，就是一个上级直接指挥的下级数目。应该根据人员素质、工作复杂程度、授权情况等合理地决定管理跨度，相应地也就决定了管理层次和职权、职责的范围。

（四）确定职权关系

授予各级管理者完成任务所必需的职务、责任和权力，从而确定组织成员间的职权关系：

（1）上下级间的职权关系——纵向职权关系：上下级间权力和责任的分配，关键在于授权程度。

（2）直线部门与职能部门之间的职权关系——横向职权关系：直线职权是一种等级式的职权，直线管理人员具有决策权与指挥权，可以向下级发布命令，下级必须执行。例如，企业总经理对分公司经理，学校校长对系主任。而参谋职权是一种顾问性质的职权，其作用主要是协助直线职权去完成组织目标。参谋人员一般具有专业知识，可以就自己职能范围内的事情向直线管理人员提出各种建议，但没有越过直线管理人员去命令下级的权力。

（五）通过组织运行不断修改和完善组织结构

组织设计不是一蹴而就的，是一个动态的不断修改和完善的过程。在组织运行中，必然会暴露许多矛盾和问题，也获得某些有益的经验，这一切都应作为反馈信息，促使领导者重新审视原有的组织设计，并进行相应的修改，使其日臻完善。

第三节 组织结构的类型

组织结构是随着社会的发展而发展的，目前常用的组织结构形式有 5 种：即直线职能结构、事业部结构、模拟分权结构、矩阵结构以及各种形式的委员会。这些结构还有些变化型式，我们在相应的类型中，一并加以讨论。

一、直线职能结构

这种结构是当前国内各类组织中最常采用的一种结构，无论是机关、学校、企业或医院，这种结构随处可见。以企业为例，其结构图如图 4-2 所示。

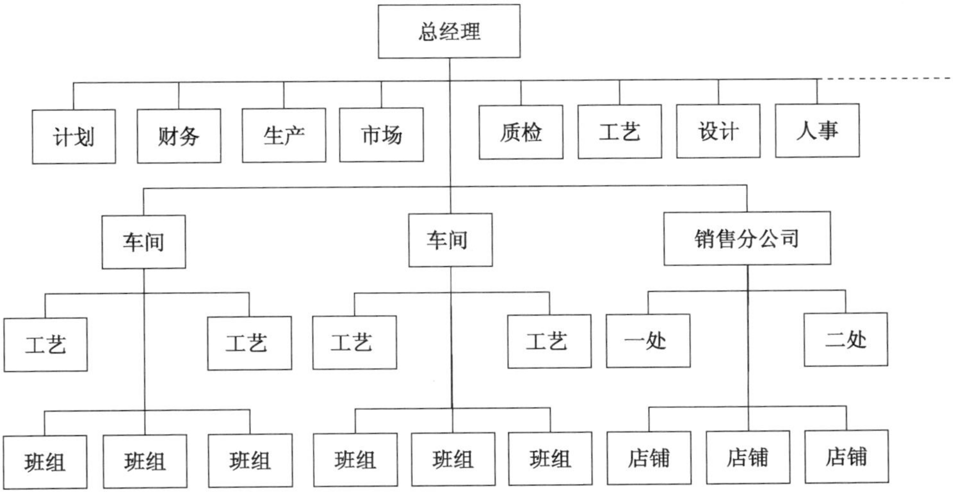

图 4-2 直线职能结构示意图

由图 4-2 可以看出，这种组织结构是按照一定的职能专业分工，各级都建立职能机构担负计划、生产、人事、市场、财务等方面的管理工作，各级领导都有相应的职能机构作为助手，从而发挥了职能机构的专业管理作用。整个系统中管理人员分为两类：一类是直线指挥人员，相当于指挥人员，相当于军队中的各级军官，他们可以对下级发号施令；另一类是职能人员，相当于军队中的参谋、后勤人员，他们只能对下级机构进行业务指导，而不能直接对下级发号施令，除非上级直线人员授予他们某种权力。这种划分保证了统一的生产指挥和管理。

另外，这种结构导致权力高度集中，凡不能在一个部门范围内做出决定的问题，最后必须由厂长做出。

直线职能结构之所以被广泛地采用是由于它具有许多优点。这种结构分工细密，任务明确且各个部门的职责具有明显的界限。各职能部门仅对自己应做的工作负有责任，可以专心从事这方面工作因此有较高的效率。这种结构的稳定性较高，在外部环境变化不大的情况下，易于发挥组织的集团效率。其不利方面是缺乏信息交流，各部门缺乏全局观点，不同的职能机构之间，职能人员与指挥人员之间目标不易统一，矛盾较多，最高领导者的协调工作量大。这种结构还不易于从企业内部培养熟悉全面情况的管理人才。此外，这种结构使整个组织系统刚性较大分工很细，手续繁杂，反应较慢不易迅速适应新的情况。

尽管直线职能结构有一些缺点，但同其他种类型的组织结构相比还是一种比较好的组织形式。目前中国大部分企业采用此类结构形式，但它不适宜多品种生产和规模很大的企业，也不适宜创新性的工作。

二、事业部结构

这是欧美、日本各大企业所采用的典型组织形态。事业部结构就是一个企业内对于具有独立的产品和市场、独立的责任和利益的部门实行分权管理的一种组织形态。这样的部门就是事业部门，它必须具备三个要素：第一，具有独立的产品和市场，是产品责任或市场责任单位；第二，具有独立的利益，实行独立核算，是一个利润中心；第三，是一个分权单位，具有足够的权力能自主经营。事业部的组织形态如图4-3所示。

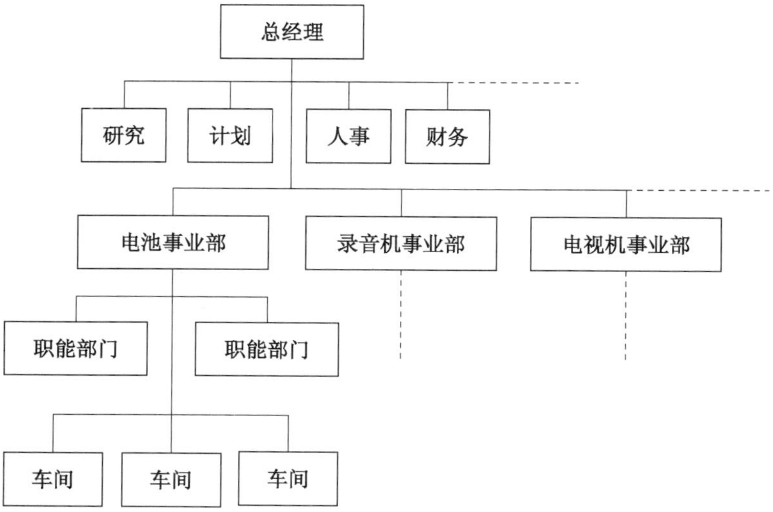

图 4-3　事业部结构示意图

采用事业部的组织是把政策制定与行政管理分开，政策管制集权化，业务营运分权化。企业的最高管理层是企业的最高决策管理机构，以实行长期计划为最大的任务，集中力量来研究和制定公司的总目标、总方针、总计划以及各项政策，事业部的经营活动只要在不违背总目标、总方针、总计划的前提下完全由事业部自行处理，因而事业部成为日常经营活动决策的中心，是完全自主的经营单位，可以充分发挥自己的主观能动性。为了使企业保持完整性，为了使高层领导不致“大权旁落”，保证事业部不至“各行其是”“群雄割据”，最高管理当局必须保持三方面的决策权。

（一）事业发展的决策权

整个企业采用什么技术、打入什么市场、搞什么产品、开辟什么新事业、放弃什么事业等经营方针以及价格政策、竞争策略等基本原则的决策权要留在总部。

（二）有关资金分配的决策权

资金的供应以及资金分配必须由企业高层管理控制，而不能交分权的事业部处理。

（三）人事安排权

事业部组织下的人，尤其是干部和专业人员都是整个公司的资源，公司的用人政策，各事业部重要的人事安排应由总部高层决策。为了发挥事业部结构的优点，应当避免由最高管理机关的成员兼任各部经理，因为这样做的结果既没有最高的决策又没有分散的经营。

采用事业部结构的组织，直线和职能的关系比较清楚。公司的职能部门的主要任务是对最高管理层和各事业部门做有效的建议、劝告与服务，它不是事业部那样的独立的利益责任单位，因此它只起参谋咨询作用。

事业部结构具有许多显著的优点。它能使最高管理部门摆脱日常行政事务，成为坚强有力的决策机构，并使各个事业部发挥经营管理的主动性。而高层领导不致忙于协调、监督等较低层的管理工作。这种结构既有较高的稳定性，又有较高的适应性。这种结构还是培养管理人才的最好组织形式之一。分权化的事业部经理与一家独立公司的高层所面对的问题几乎是一样的。他应考虑市场、人力、技术，考虑今天和明天。所不同的只是不必负责有关财务资源与供应。所以事业部旨在培养和考验明天的领导人才。此外，事业部结构扩大了有效控制的跨度，使上级领导直接控制下层单位的数目增加。

事业部结构也有其相对不足的地方。例如，对事业部一级的管理人员水平要求较高。每个事业部都相当于一个单独的企业，事业部经理要熟悉全面业务和管理知识才能胜任工作。另外，集权与分权关系比较敏感，一旦处理不当，可能削弱整个组织的协调一致。而且，各事业部皆有完备的职能部门，管理人员增多管理成本较高。

需要提及的是，当企业的规模比较小时，是无法采用此种组织形式的。仅当企业规模比较大时，而且其下层单位够得上成为“完整的企业机构”时才宜采用，即下层单位除了要有自己的设计制造外，还要有自己的市场、自己的销售，并能自己选择进货，这样才能组成事业部门。

三、模拟分权结构

介于直线职能结构和事业部结构之间的有一种模拟分权结构，这种结构如图 4-4 所示。

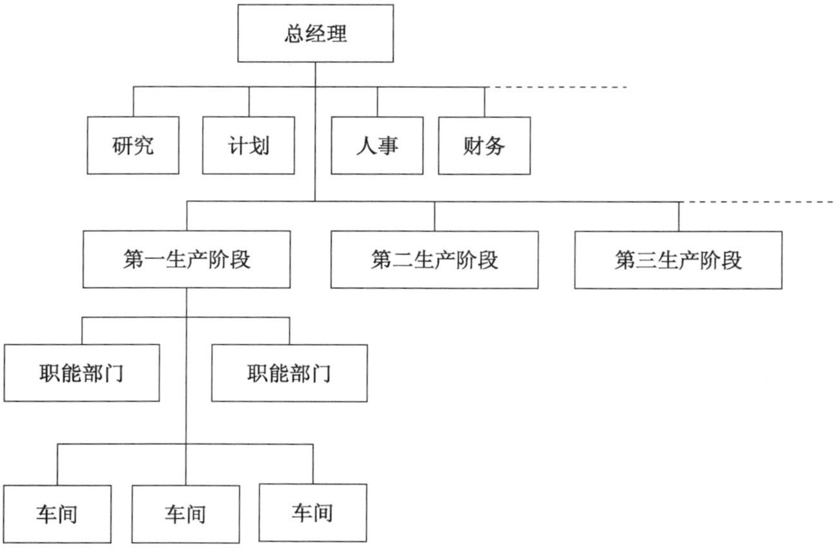

图 4-4　模拟分权结构示意图

事业部结构是由于企业规模不断扩大而发展起来的一种组织形态。但是，有许多大企业，例如，连续生产的化工企业由于产品品种或生产过程所限根本无法分解成几个独立的事业部门。然而企业的规模又是如此之大，以至于高层管理人员感到采用其他组织形态都无法管理，于是就出现了模拟分权结构的组织。

模拟分权结构是模仿事业部结构的形式进行分权，它与事业部结构的重要差别：

一是这种结构的组成单元并不是真正的事业部门，实际上是生产阶段；

二是这些生产阶段有自己的管理层、自己的利润指标，这种指标是按整个企业的内部价格确定的，而不是来源于市场；

三是这些生产阶段都没有自己独立的外部市场，并且生产阶段之间关系相当密切，一个生产阶段出现障碍，可能导致其他生产阶段也出现障碍。

模拟分权结构最大的优点在于它解决了企业规模过大、不易管理的问题。在这种结构下，高层管理人员可以在可能的范围内把权力分给生产阶段一级的管理人员，减少了自己的行政工作，从而能够把精力集中到战略性问题上来。这种结构的缺点是，无法使组织中每一个成员都能明确自身的任务，各个部门领导人也不易了解整个企业的全貌，在沟通效率和决策权力方面还存在着较大的缺陷。此外，这种结构要求各个生产阶段的负责人有较强的容忍力，将本单位和个人的利益交给上级处理。尽管模拟分权结构同事业部结构相比有些缺陷，但对于大型材料工业企业，如玻璃、造纸、钢铁、化工等企业解决组织结构问题是唯一可以采用的结构。

四、矩阵结构

矩阵结构是从专门从事某项工作的工作小组形式发展而来的一种组织结构。工作小组一般是由一群不同背景、不同技能、不同知识、分别选自不同部门的人员所组成的，通常人数不多。组成工作小组后，大家为某个特定的任务而共同工作。

工作小组的结构特点是根据任务的需求把各种人才集合起来，任务完成后小组就解散。在某一小组内，人员也不固定，需要谁，谁就来，任务完成后就可以离开，所以一个人可以同时参加几个工作小组。例如，一个演员可以同时参加几个摄制组。工作小组的优点是适应性强，机动灵活，容易接受新观念、新方法；各个成员像一个球队的运动员一样，都了解整个小组的任务和问题，责任感强。其缺点是缺乏稳定性，在规模上有很大的局限性。

工作小组适用于需要不同专长的人在一起才能完成的工作以及具有的许多事先不能确定的复杂因素的工作。如果一个企业中同时组织几个工作小组，而且这种工作小组的形式长期存在，结果就会出现一种新的组织结构——矩阵结构，又叫做规划—目标结构。

（一）二维矩阵结构

二维矩阵结构是第二次世界大战后在美国首先出现的，它是为了适应在一个组织内同时有几个项目需要完成，每个项目有需要具有不同专长的人在一起工作才能完成这一特殊的要求。以企业为例，其具体结构如图 4-5 所示。

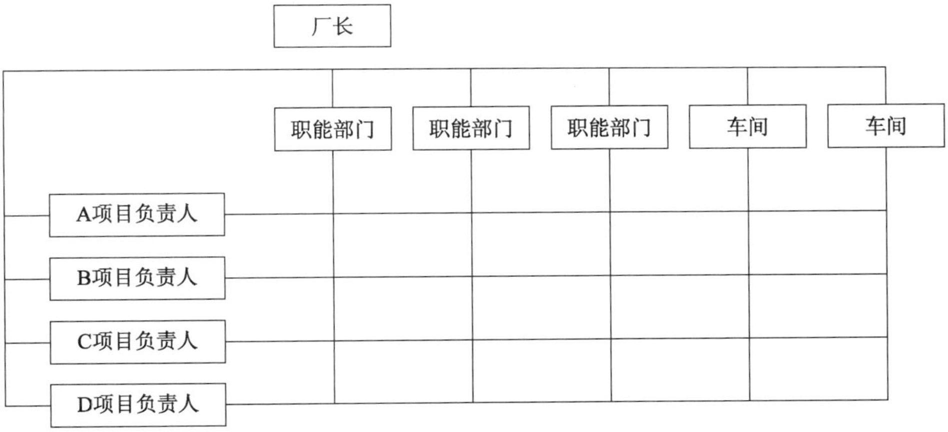

图 4-5　二维矩阵结构示意图

由图 4-5 中我们可以看出，一个企业可能有几个项目，每一个项目都有一个人在厂长的直接领导下专门负责。根据项目的特殊需要，从各个职能部门和车间抽调若干人组成各个小组。

由于矩阵结构是按项目进行组织的，所以它加强了不同部门之间的配合和信息交流，克服了直线职能结构中各部门互相脱节的现象。它同样具有工作小组那种机动灵活性，可随项目的开始与结束进行组织或给予解散。一个人还可以同时参加几个项目小组，这就大大提高了人员的利用率。此外，由于职能人员直接参与项目，而且在重要决策问题上有发言权，这使得他们增强了责任感，激发了工作热情。

矩阵结构最主要的缺点是项目负责人的责任大于权力。因为参加项目的每个人都来自不同的部门，一般隶属关系仍在原部门，而仅是临时参加该项目。所以项目负责人对他们工作的好坏，没有足够的激励手段与惩治手段，这些权力依然在原部门领导人手中。另外，矩阵结构造成双重指挥也是一大缺陷，项目负责人和原部门负责人都对参加该项目的人有指挥权。所以，项目负责人必须与各个部门负责人配合，才能顺利地进行工作。

矩阵结构适用于产品品种多且变化大的组织，特别适用于以开发与实验项目为主的单位，如应用研究单位等。

（二）三维矩阵结构

目前已经有人根据矩阵结构的特点，发展了一种三维矩阵组织结构。图 4-6 是三维矩阵组织结构示意图。由图 4-6 可以看出，这个组织机构由三方面构成，有专业职能部门，按产品划分的产品事业部门，以及按区域划分的各地区管理机构。这三方面结合在一起，共同研究某种产品的开发、生产和销售等重大问题，协调了各方面之间的矛盾，加强了信息沟通，对于大规模的企业较为适用。

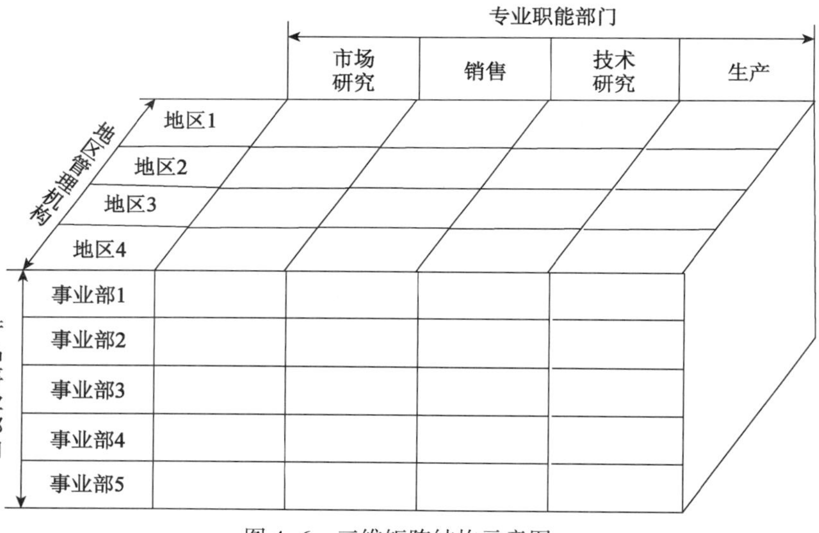

图 4-6　三维矩阵结构示意图

矩阵组织多应用于建筑公司、房地产公司、飞机制造公司等企业。特别适用于单件、小批量、高单价的制造业企业，以及以项目为单元的服务业和创新性较强的科研机构，一些大型活动（如奥运会），也益于采用矩阵结构。

五、委员会组织

委员会也是一种常见的组织形式，它是执行某方面管理职能并实行集体行动的一组人。

委员会按时间可分为两种类型：一种是临时委员会，它是为了某一特定目的而组成的委员会，完成特定的目的后即解散；另一种是常设委员会，它促进协调沟通与合作，行使制定和执行重大决策的职能。委员会按职权也可以分为两个类型：一种是直线式的，如董事会，它的决策要求下级必须执行；另一种是参谋式的，它为直线人员提供咨询建议和方案等。委员会还可分为正式和非正式的。凡是属于组织结构的一个组成部分，并授予特定的责任和职权的委员会为正式的；反之，为非正式的委员会。

委员会在实践中随处可见，几乎各级组织都存在着这样或那样的委员会，如董事会、管理委员会、监察委员会等，它之所以得到如此广泛的应用是因为具有如下优点：

（1）集思广益。整个委员会所具有的知识、经验、判断均较其中一人为高，相互一起讨论研究，可以避免个别领导人的判断错误。委员会对讨论的结果不是许多个别观点的简单综合，而是各种想法在一起重新创造的组合，因此能产生解决问题的更好方案。

（2）集体决策。通常，委员会除了行政负责人参加外，还由各方面专家、各部门各层次代表组成。委员会中委员的权力都是平等的，委员会最后是以少数服从多数的原则解决问题并采取集体行动的。如此可以避免权力过分集中于某一个人身上，既可以防止个人滥用权力，也可避免忽视某个层次、某方面人士的意见和利益。

（3）便于协调。委员会是很好地协调各部门活动的场所。讨论问题的过程也是沟通和协调的过程。当讨论和确定某项决策时，该项决策可能会使某一部门面临什么问题，为执行这项决策各部门应做哪些配合，均应得到反映，这有助于相互了解、协调和决策的实行。

（4）鼓励参与。委员会使下级干部和职工有可能参与决策的制定。人们都希望对影响个人和组织利益的事加以控制，对自己所参与和帮助制定的决策更乐意接受，并有更大的积极性。

由于委员会是由许多人共同决策，所以它也有一些缺点：

（1）委曲求全、折中调和。委员会通常都有委曲折中的危险，当意见发生不一致时，要么争执双方互不相让，旷日持久，议而不决；要么讨价还价，各做让步，采取折中的方法解决。结果谁也没有满足希望，谁也没有完全失望。但是结论却由于妥协而往往没有留下多少有实质性的内容。在妥协不可能时，可以采取少数服从多数的原则做出决议，但多数赞成的决议不一定是良好的决议。

（2）责任不清、缺乏个人行动。个人同意集体的决议并不意味着他的观点完全同决议一致，个人对集体作出的决议或建议，也不承担个人责任。因此有人认为委员会处理执法性问题如裁判、司法、审判性问题以及处理部门与部门之间的争论较为恰当。而对于行使决策、组织、执行、领导等问题，委员会不是有效的形式。通常以个人行动为好。美国管理协会曾就这个问题对 20 家公司作了调查，结果如表 4-1 所示。由表 4-1 可以说明委员会有许多方面不如个人管理得好。

表 4–1 个人管理和委员会管理的效果比较 %

管理职能	可以由委员会有效地执行	主要由委员会执行，但个人管理也可以	主要由个人执行，但由委员会辅助	由个人执行，而委员会执行无效
计划工作	20	20	25	35
控制	25	20	25	30
确定目标	35	35	10	20
组织	5	25	20	50
权限争议	90	10	0	0
领导	0	0	10	90
行政	20	25	25	30
执行	10	15	10	65
革新	30	20	20	30
信息沟通	20	15	35	30
咨询	15	25	35	25
决策	10	30	10	50

如何有效地发挥委员会的作用呢？为使委员会顺利、有效地发挥作用，应注意如下几点：

（1）必须明确委员会的目标、任务和职权范围。不要让委员会做应当由个人作决策的事，更不要让委员会议论小事，作无关紧要的决策。

（2）精心挑选委员会的组成人选。委员们既要有一定的代表性，又要有完成委员会任务所需要的专门才干、品德和权威的人，这样的委员会才能完成组织目标。

（3）委员会的规模不宜过大。能充分讨论问题，反映各方面意见便于做出正确决策即可。

（4）讨论有关议题的情报应事先通知，做好调查研究和数据准备，不要坐而论道。

（5）委员会主席不应当在委员中占有支配地位。要鼓励大家积极参与，要能吸取他人的智慧，能引导和协调集体朝向目标努力。

第四节 组织设计的原则

在进行组织设计或改革的时候，要对组织设计的原则加以认真的研究。这些原则是在大量实践的基础上总结抽象出来的，它们凝聚了前人在组织设计方面成功的经验与失败的教训，尽量遵循这些原则就会大大减少管理上发生的障碍。国外一些学者做过统计，所有组织在管理方面出现的问题绝大多数都是由组织结构的不合理造成的，这些问题轻则使组织效率降低，重则使组织解体。可以说，组织结构的好坏对于组织成功具有举足轻重的作用。因此，在组织设计或组织结构改革的过程中，应该经常对照组织设计原则进行检查，衡量利弊，排除隐患。

一、传统的组织设计原则

传统的组织设计原则主要包括：层级原则、管理跨度原则、统一指挥原则、责权一致原则、适当授权原则、分工与协作原则、执行监督与分离原则、精简与效率原则。这八条传统的组织设计原则对于那些从事重复的、稳定的、例行工作的组织尤为适用。

（一）层级原则

组织中的每一个人都必须明确：

(1) 自己的岗位、任务、职责和权限。

(2) 自己在组织体系中处的位置，上级是谁，下级是谁，对谁负责。

(3) 自己的工作程序和渠道，从何处取得情报和信息，从何处取得需要的决策和指示，从何处取得所需的合作。例如，在一个剧组里演员必须了解自己扮演什么角色、角色的性格和特征、在全剧中的作用、台词、什么时候出场，这些都应有明确的规定，只有这样才有可能把剧演好。

任何组织都必须遵守层级原则，这是组织能够运行的基础。

（二）管理跨度原则

管理跨度是指一个领导者直接指挥下级的数目。管理跨度原则要求一个领导人要有一个适当的管理跨度。管理跨度与管理层次成反比关系。管理层次是指组织中的职位等级数目。管理跨度大，管理层次就少；反之，管理跨度小，管理层次就大。此外，管理跨度的大小又间接影响到各级干部的多少。这并不是说管理跨度越大越好，因为当管理跨度增大时，上级主管需协调的关系数会增长的更快。每个人的知识、能力和精力都是有限的，这一点决定了管理跨度不能无限度地增加。究竟多大的管理跨度合适，国内外许多专家学者和实际管理工作者都在探讨，但至今没有一个公认的客观标准。这是由于影响管理跨度的因素很多，有些因素本身就很难用定量的标准来度量，如管理者的个人素质、下级素质与整体素质和所管活动的相似性等。

对该问题进行比较深入研究的有美国洛克希德导弹与航天公司，他们在 20 世纪 70 年代提出了自己的研究成果。他们认为，影响管理跨度的有六大因素（参见表 4-2）。每个因素有 5 个等级，每个等级给出一个权数。例如，职能相似性的等级是这样划分的：

第一级为很相似，权数为 1；

第二级为较相似，权数为 2；

第三级为中等，权数为 3；

第四级为较不相似，权数为 4；

第五级为很不相似，权数为 5。

其他 5 个因素也有类似的划分和相应的权数。在进行组织设计时，考虑某个职位的管理跨度是要根据这 6 个影响因素找出相对应的等级，然后把对应的权数求和，再查找表 4-3，根据总权数就可以查出建议采用的管理跨度。这种定量研究管理跨度的方法是一个方向。应该注意的是，各国有自己的情况，各个领导人的素质、能力等也不完全相同，当然还有其他因素，因此还不能说这种定量方法已经成熟到可以实际应用的程度。

表 4-2　影响管理跨度的主要因素及重要性

影响因素＼等级	一	二	三	四	五
职能相似性	很相似 1	较相似 2	一般 3	较不相似 4	很不相似 5
地区相似性	很近 1	较近 2	一般 3	较远 4	很远 5
职能复杂性	很简单 2	较简单 4	一般 6	较复杂 8	很复杂 10
指导和控制工作量	很小 3	较小 6	一般 9	较大 12	很大 15
计划工作量	很小 2	较小 4	一般 6	较大 8	很大 10
协调工作量	很小 2	较小 4	一般 6	较大 8	很大 10

表 4-3　推荐管理跨度

权数总和	建议标准管理跨度	权数总和	建议标准管理跨度
40~42	4~5	28~30	6~9
37~39	4~6	25~27	7~10
34~36	4~7	22~24	8~11
31~33	5~8	—	—

目前，人们仍然主要采用定性的办法确定管理跨度。一般除考虑上面 6 个因素外还应考虑：

（1）主管人员的能力。能力强，精力充沛，经验丰富，管理跨度可以大些；反之，应小一些。

（2）下级人员能力。下级能力强且训练有素，管理跨度可以大些；反之，应小一些。

（3）沟通程度。有关命令、政策、方针和指示容易传达，管理跨度可以大些；反之，应该小一些。

（4）层次高低。管理者位于组织中的层次高，用来制订计划处理例外活动就多，管理跨度应该小一些；反之，应该大一些。

由上所述，在确定管理跨度时，应具体问题具体分析，不能绝对地说管理跨度是大好，还是小好。管理跨度的大小是有条件的，条件不同，适当的管理跨度可能相同，也可能不同。粗略地讲，上层管理跨度 4~8 人为宜，下层管理跨度 8~15 人为宜。

（三）统一指挥原则

该原则最早是由法约尔提出来的。他认为无论什么工作，一个下级只能接受一个上级的指挥。如果两个或两个以上领导人同时对一个下级或一件工作行使权力，就会出现混乱的局面。在法约尔之后，人们又把该原则发展为一个人只能接受同一领导人的命令。如果需要两个或两个以上领导人同时指挥的话，那么必须在下达命令前，领导人互相沟通，达成一致意见后再行下达。这样下级才不会无所适从。在一个领导人下达命令时，可能由于情况紧急，来不及同其他领导人沟通，但事后必须及时把情况向其他领导人讲清楚，形成统一意见，避免出现多头指挥的现象。统一指挥原则十分重要，现代组织中出现的许多问题都是由于领导人违反这一原则引起的。

根据心理学上的研究，许多领导人忽视这一原则是由于习惯于下命令而不习惯于磋商，习惯于直接指挥而不习惯于间接指挥。他们往往不信任或完全不信任自己的下级，事必躬亲，造成不同层次的领导人同时指挥的现象。另外，由于派性和权力之争所引起的多头指挥也仍然可见。

（四）责权一致原则

在委以责任的同时，必须委以自主完成任务所必需的权力。权力是完成任务的必要工具。有权无权是不一样的。权力不可太大也不可太小，必须与职责相适应。有责无权不仅束缚管理人员的积极性和主动性，而且使责任制度形同虚设，最后无法完成任务；有权无责必然助长瞎指挥、滥用权力和官僚主义。

（五）适当的授权原则

组织日益庞大，业务活动日益复杂和专业化后，往往使原来的组织分工职责权力不能适应需要。必须实行授权，授权是领导将部分事情的决定权由高阶层移至低阶层。授权可将某些职能转交给下级，也可以针对某事把某项特殊任务的处理权交给下级，完成后收回权力。

领导者可以把职权授予下级，但责任不可下授，工作可以让下级干，但出了问题领导者还要对自己的上级负责。当然，得到权力的下级要对授予自己权力的领导者负责。

（六）分工与协作原则

分工就是按照提高管理的专业化程度和工作效率的要求，把组织的任务、目标分成各个层次，各个部门以及个人的任务和目标，明确各个层次，各个部门乃至个人应该做的工作以及完成工作的手段、方式和方法。

分工是提高工作效率的有效手段，通过分工，人们可以专心从事某一方面的工作，对工作会更加熟练，更能提高效率。

一般而言，有6种常见的分工方法：

（1）操作专业化——按操作技术进行分工，如钳工班、车工班、铣工班和刨工班等。

（2）职能专业化——按管理职能进行分工，如销售处、生产处、供应处、设备处、人事处和行政处等。

（3）过程专业化——按生产过程进行分工，如铸造车间、锻压车间、机加工车间、装配车间和调试车间等。

（4）产品专业化——按不同的产品进行分工，如球面轴承分厂、精密轴承分厂、特大型轴承分厂和军用轴承分厂等。

（5）地区专业化——按不同地区进行分工，如北京分公司、东北分公司、西南分公司、西北分公司和江苏分公司等。

（6）顾客专业化——按不同的顾客群进行分工，如妇女商店、儿童用品商店、华侨商店、机关服务部和中老年服装商店等。

实事求是、讲求实效，是合理分工的要点。

协作是与分工相联系的一个概念，它是指明确部门与部门之间以及部门内部的协调关系与配合方法。组织作为一个系统，各个部门都是其子系统，各部门不可能脱离其他部门而单独运行，必须经常与其他部门相互协调，实现本部门目标，同时保证整个组织目标的实现。

只有分工没有协作，分工就失去意义，而没有分工就谈不上协作，它们之间是相辅相成的。因此，在进行组织设计时，要同时考虑这两方面问题。

（七）执行与监督分离原则

在组织设计时，应将外部监督人员与执行人员在组织上分开，避免二者组织上一体化。否则，由于监督者与被监督者利益上趋于一体化，而使监督职能名存实亡。例如，车间的专职质量检查员不应归车间编制，不应由车间考核和奖罚，而应归属总厂质检处编制，由质检处对其工作进行考核和奖罚，这样才能确保其严格履行质量检查的职责。

（八）精简与效率原则

精简、统一、效率是组织设计的最重要原则。机构精简、人员精干，才能实现高效率。

机构精简了，协调工作量减少了，推诿扯皮也少了，沟通容易了；人员素质提高了，2 个人干出 5 个人的活，效率大大提高，管理成本自然会降低。

西方发达国家流行一种“百人律”，即指任何一个组织的总部，管理人员总数不得多于一百人，否则就是低效率的组织。

20 世纪 50 年代中期，美国企业界掀起了“减肥热”，大量砍掉了公司的中层职能机构。仅在 1983—1987 年间，美国就有 60 万～120 万年薪超过 4 万美元的中层管理人员失去工作，这是美国公司提高企业效率和效益的有效手段。

二、动态的组织设计原则

在一个比较稳定的环境中只用传统的组织设计原则就足够了，但是由于当今技术发展迅速，市场变化莫测，企业竞争剧烈，传统的组织设计原则已不能完全适应组织发展的需要了。为此有人提出了此动态组织的设计原则。这些原则的指导思想是让组织结构具有弹性，能比较快地适应环境的变化，并迅速地做出决策。让知识和职权更密切地配合，使得决策由那些拥有知识的个人和团体来制定，从而保证决策的正确性以达到组织目标。动态的组织设计原则具体内容如下所述。

（一）职权和知识相结合的原则

职权和知识相结合的原则要求职能人员和专家拥有一些必要的职权，以便能使他们更有效地发挥作用，为组织服务。

企业管理人员可以分为两类：一类是直线指挥人员，他们直接负责完成企业的组织目标，拥有对下级实行指挥和命令的权力，并对所管辖的工作负全部责任；另一类是职能管理人员，他们是直线指挥人员的参谋，只是协助直线指挥人员。他们只能对下级机构进行业务指导，提出建议、忠告，而无决策之权，更不能对下级机构直接进行指挥和命令。这样的好处是保证指挥命令一致，缺点是妨碍专家和职能人员专业技能的发挥。直线人员对职能人员提出的建议可接受也可不接受，忠告可听可不听。这就不能保证组织及时地采纳正确的意见。为此，可将职能部门的功能加以扩大，扩大的方法有 3 种。

1. 强制性磋商

为了使下一级的直线指挥人员在些特殊问题上能和职能部门加以磋商，上级直线指挥人员可授权某一职能部门，即让下级直线人员在采取某项行动之前，必须事先和该部门商量，否则不予商谈和批准，以加强职能人员的发言权和影响力。例如，引进某项新技术或新产品，必须征求下级技术部门的意见，但这种强制性的磋商，并不限制上级总管对事情作最后的判断和决定。

2. 赞同性职权

如果上级直接指挥人员希望职能人员和专家能有更多的影响力，他可以要求下级主管在采取行动之前，不仅必须征求职能部门的意见，而且必须获得职能部门的同意，职能部门或专家具有否决权，例如，职工晋级、提升要得到企业的人事和劳动部门的同意。这种赞同性职权的出现，能使有关的专家有机会纠正直线人员的一些错误，避免灾祸和损失。我们某些领域内赞同性职能应用较少，应避免的灾祸并未避免，某些领域内却被滥用，使获得否决权的人太多，致使创新办事步履艰难。

3. 功能性的职权

所谓功能性的职权是指上级直线指挥人员将某方面的权力完全下授给某一职能部门，该部门可直接行使直线指挥人员的权力、向下级直线人员下达命令，其效力和上级主管相同。例如，安全人员可在影响安全的情况下，让工人停产，并强制车间采取安全措施。

功能性的职权，理论上是希望专家们在他们的领域内握有实权，而打破一般组织中直线指挥人员和职能人员的界限。但是，过多的功能性职权将破坏命令统一的原则。到底如何处理直线指挥人员和职能人员的矛盾首先要看矛盾的起因是什么，是因为人还是因为工作；是不尊重知识，还是不尊重权力；是只顾当前，还是兼顾长远；是从专业局部出发还是从企业全局出发。对直线指挥人员应强调尊重专业知识，尊重科学，考虑长远。对职能人员应强调尊重权力，重视管理，讲究经济效益。双方都应当认识相互争权必然会损害组织利益，只有知识和权力结合，直线人员和职能人员结合才有利于组织目标的实现。

（二）集权与分权相平衡原则

集权与分权相平衡原则要求根据组织的实际需要来决定集权和分权的程度。集权组织就是一个组织的决定权大部分集中在上层；分权组织是将组织的决定权根据职务上的需要分至各阶层。集权和分权是相对的，没有绝对的集权，也没有绝对的分权，只有程度的不同。同一个组织在不同的时期权力的集散程度也是变化着的。影响集权或分权的因素有以下七点。

1. 工作的重要性

凡涉及到庞大费用支出或影响组织成员士气的问题都属于重要事项，有关的决定权应集中在上层，不便分权；反之，则可实行分权。

2. 方针的统一性

组织的方针政策有必要统一时，应实行集权。凡是组织的方针政策不需要统一时，可实行分权。是统一好还是不统一好，不能一概而论，要具体情况具体分析。

3. 组织的规模

组织规模越大，管理越复杂，困难越多，越应将单位化小，实行分权管理。一个组织的大小有的人认为100~250人最合适，也有人认为1000人更合适。但无论如何，被划分的单位应在经济上和管理上都能独立自主。

4. 组织的工作性质

凡属于流动性大、变化性大的组织，宜采用分权；变化较小，较有规则性时，宜采用集权。

5. 组织的历史

若现有组织是由原来若干个独立小单位合并而成的，则宜实行分权，反之，则宜采用集权。

6. 管理者的数量和质量

当管理者足够时，可实行分权管理；如管理人员不足时，则实行集权管理。管理者组织管理水平高、控制能力强时，可实行集权管理；反之，则实行分权管理。

7. 组织外部的环境

外界环境变化大时，宜采用分权；外界环境变化小时，宜采用集权。

总之，组织的权力结构受国家政策和社会的影响很大。权力的集散程度需视组织的特性、所处的环境及管理人员的数量和水平而定。但是，不管是权力相对集中也好，相对分散也罢，其考虑的出发点都是如何保证决策的迅速性、正确性，以及如何有利于决策的实施。如果一个组织很容易获得信息，迅速正确地做出决策，并能很快地传送到各个部门，则可采用较为集权的形式；反之，则采用分权的形式。

（三）弹性结构原则

传统的组织理论强调组织结构明确、稳定和角色的可替换性。而近代的组织理论则强调为了适应环境的变化，提高竞争能力和提高效率，一个组织应具有弹性。具有弹性是指一个组织的组织结构、人员的职责和职位都是可以变动的，以便保证知识和权力的结合、集权和分权的均衡。弹性组织结构原则包括以下两点。

1. 使组织结构具有弹性

在现实生活中，我们常可以发现组织结构缺乏弹性的事例，如许多部门已经存在了很久，但它们对完成整个组织目标并没有什么贡献。它们之所以存在，只是因为别的单位有，所以我们也应当有；或因为过去有，所以现在也应当有。更有甚者是因人设事，有菩萨才盖庙。这些事例从反面说明了使组织结构具有弹性的必要性。怎样使组织结构具有弹性，重要的措施之一就是根据任务和完成组织目标的需要，定期审查组织内任何一个部门存在的必要性，如果已不必要，就应该改组。

另外，根据环境和任务的要求，成立若干个工作小组，也是增强组织结构弹性的良好方法。一个问题产生之后，将解决此问题的有关人员，从各单位抽出，临时组成一个工作小组专门解决问题，问题解决后小组解散。

2. 使职位具有弹性

使职位具有弹性可以采用下面一些方法：

第一，按任务和目标需要设立岗位，不按人设岗。一个人的职位职责不是一成不变的，应根据不同时期的组织目标和分配给他的任务而改变职责。

第二，干部的定期更换。即要求干部都有一定的任期，不能无限制地担任下去。目的是增加弹性，也给更多的人机会。

第三，实施一专多能、一人多岗，使岗位人员有弹性。例如，机场的安全检查，繁忙时开 12 个窗口，会计人员也可以在此上岗，而清闲时只开 4 个窗口，会计人员再回到会计岗位上。

第四，实行多种用工制度，使组织内人员富有弹性。例如，一个大型商场，正常时有 300 名售货员，但每天 18—21 时顾客较多，可以雇用 200 名售货员每天 18—21 时上班。周末两天顾客盈门，还可以雇用 300 名售货员每周周末两天上班。这种多种用工方式确保了售货员人数随顾客多少而增减，使组织弹性大大增加，从而确保组织的效益。

第五节　西方组织理论简介

一、韦伯的组织理论

马克斯・韦伯（1864—1920），德国人，著名的社会学家。最先开始对官僚制度的研究，并由此提出了著名的官僚组织理论。由于官僚主义在我国多作贬义词使用，所以韦伯的官僚组织理论又被译作“行政组织理论”。其主要观点如下所述。

（一）理性——法律的权力是行政组织的基础

韦伯认为任何组织都必须以权力作为基础，没有权力，也就没有组织的秩序，也不可实现组织的目标。韦伯指出，社会中的合法权力有三种。一是理性——法律的权力。对这种权力的服从是因为依法建立了一套等级制度。这是对法律确认的依法任命的职务、职位权力的服从。二是传统的权力。它是以古老传统及其权力的正统性为依据的。三是神授权力，它是以对个别人神圣的崇拜为依据的。在这三种权力中，只有理性——法律的权力才可作为行政组体系的基础。因为理性——法律的权力提供了管理连续性的基础，管理职位上的成员是按能力，不是按世袭地位选任的，上下级之间的联系不是靠感情，而是靠理性维持的。

（二）必须建立完善的组织体系，包括：

（1）组织的成员要进行分工，确定职位和权责，每个职位的工作由拥有必要职权的专家来担任。

（2）建立指挥系统和等级组织，下级接受上级的指挥与监督，上级既对自己的行动负责，又对自己下级的行动负责。

（3）实行委任制，按照职务的要求，通过考试选择、委任各种职务人员，使其称职。管理人不是组织的所有者，是职业管理人员。

韦伯的行政组织理论，反映了本世纪初从家传产业管理方式转为职业性管理的要求，强调了通过增强组织体系的精确性、纪律性、稳定性和可靠性来提高管理的效率的可能性和途径。

二、泰勒的组织理论

在泰勒的科学管理理论中，组织理论也是一个重要的组成部分。其主要内容有如下两个方面：

（一）管理职能分解，建立专门的职能部门

泰勒认为，各种管理职能都应专业化、标准化，一个管理者只负责某一方面的管理工作。下级不仅要接受直线领导人的领导，还要接受上一级管理层中职能管理部门的领导。在实践中，他建立了独立的计划部门，主要负责从事时间研究、标准作业研究、定额制订下达计划和作业命令等项工作。他也设计了 8 个职能工长，分别是：工作命令、工时成本、工作程序、纪律监督、工作分派、速度、修理和检验等工长。

泰勒认为，管理职能专业化，有助于培养管理人员，明确管理人员的职责，能够提高效率。

（二）提出了组织的例外原则

泰勒认为，高层主管应向下属授权，并使权力与责任标准化，让各个管理层按照既定的原则和制度，自行处理日常管理业务，上级不予干预。上级着重负责超出原则和制度惯例以外的“例外”事情的处理。这就是例外原则，是泰勒在组织理论上的一个重大贡献。

泰勒的组织理论带有他所处的机器大工业所要求实行科学管理的时代烙印，其贡献是不言而喻的，如管理职能专业化、例外管理，今天仍是正确的。但泰勒组织理论也存在明显的缺陷，如多头领导主张，因为实践证明，多头领导是不合理的。

三、法约尔的组织理论

亨利·法约尔的简历及在管理学上的贡献本书第二章已有介绍，此处不再赘述。这里只是着重介绍他在组织理论方面的主要观点以及意义。

（一）管理要分层次，随着组织规模的扩大，管理者人数会增加。

法约尔认为，组织规模达到一定的水平，就要增设新管理层次，基层管理人员的管理幅度要大一些，他举例说工长可达 15 人，股长以上的管理幅度为 4 人。

（二）强调参谋机构的重要性

法约尔认为，参谋机构是现代管理中不可缺少的。参谋机构指的是“由具有领导人所欠缺的知识、能力和时间的人们所组成的集团，它是经营人员在素质上的补充和加强”。法约尔的参谋机构还包括某一管理层次的职能管理机构。它们协助领导人决策、管理，对下一层次有指导的义务，但没有下达命令的权力。这是对泰勒多头领导的改进。将法约尔的分层管理和设置参谋机构的思想加以发展，就是前面所说的直线职能式组织结构，直到今天，这一组织结构仍有极强的生命力，由此可见法约尔在组织理论领域所作的巨大贡献。

（三）主张横向沟通

法约尔发现，在大规模组织中，直线指挥链会很长，如果教条地按直线指挥链来沟通和传递信息，那么，两个相关直线指挥链有信息要沟通，按照一层层反映上去，再一层层下达，费时太长，往往会贻误战机。法约尔主张，两个平行的指挥链的同级机构之间，在一定范围内可以进行信息沟通，就像搭一座桥一样，使二者直接沟通，提高解决问题的速度，从而可大大提高管理效率。后人称这种做法为“法约尔桥”。

四、巴纳德的组织理论

切斯特·巴纳德的简历以及在管理学上的贡献本书第二章也有述及，此处不再赘述，这里也仅就他的关于组织结构方面的理论略加介绍。巴纳德的组织理论的主要论点有：

（一）提出了组织是一个人与人的协作系统的观点

巴纳德对组织的定义是：有意识地加以协调的两个或两个以上的人的活动或力量的系统。他认为组织产生最深刻的根源是人们的协作要求。并且，组织是一个系统，是一个整体，人是这个系统中的核心。

（二）提出了组织的三个基本构成要素

巴纳德认为，作为一个协作系统的组织，都必须具备这种三个要素：

(1) 协作的意愿，即组织中的个人拥有参加协作系统的意愿。巴纳德认为，每个人参加协作的意愿不同，有些人总有一些消极的倾向。组织规模越大，这种消极倾向就越严重。为了减少这种消极意愿，组织必须给做出了贡献的人予报酬，以强化协作的意愿。协作的意愿就成为贡献与诱因比较的净结果。组织应使这种净结果为正。

(2) 共同的目标，这是协作的前提，巴纳德认为，组织的目标与个人的目标并不一定会完全一致，但只要实现组织目标会成为实现个人目标的前提，二者就会统一起来，管理也就要把这二者统一起来。

(3) 信息沟通，这是连接目标与协作意愿的桥梁。共同的目标即使存在，如果不进行沟通，使组织的成员充分了解，也不会产生协作的意愿。组织必须保证信息沟通灵敏，快捷，有权威性。

（三）提出了组织权力接受论的观点

以往的组织理论都认为权力是组织的基石，某一管理者的权力来源于组织的确认和上级授予。巴纳德则认为，权力不是来自上司的行政授予，而是来自下级的接受。

只有当下级理解行政命令，并且相信它符合组织目标和个人利益时才会接受，此时权力才能说成立和发挥作用，权力也才有意义。因而一个组织不能单纯依赖上级授权和权力命令，而必须取得组织的全体人员的支持与合作。巴纳德对权力的独到见解，对以后的职工参与管理发生了重大影响。

西方的组织理论很丰富，直到今天仍在蓬勃发展。上面所介绍的几种组织理论，只是其中最常见和影响较大的，即使是这几种组织理论，也只简单地介绍了其基本观点，更多的东西有待读者自己去深入研究。

第六节　非正式组织

一、非正式组织的概念

非正式组织理论是巴纳德最先创立的，但他对非正式组织的定义却过于宽泛，理论缺乏实际应用价值。他认为一切可产生共同结果，但缺乏自觉的共同目标的群体活动都是非正式组织。前面指出，另一位管理学家梅奥在实验基础上提出了一个较具实用价值的非正式组织概念，即非正式组织是指存在于正式组织之中，是人们在共同工作中所形成的靠感情和非正式规则联结的群体。非正式组织与正式组织相互依存，前者对后者的效率有很大的影响。

后来的一些管理学家对非正式组织进行了更广泛的研究。形成了较完整的非正式组织理论，其中认为非正式组织主要基于以下几点原因而形成。

（一）共同的利益指向

在一个正式组织中，虽然存在一个共同的正式目标，但在这个目标之下，各个成员又都有自己的利益，如果一部分成员的共同利益比较接近或相同，就容易对一些问题做出同样的反应，久而久之，就会自然而然地形成一种非正式组织。

（二）共同的价值观和兴趣爱好

在一个正式组织中，如果一部分成员在性格、爱好、情感、志向等方面存在着一致性，就自然而然地会经常接触、形成伙伴关系。这种伙伴关系会对正式组织的工作产生有利或不利的影响，从而发展为非正式组织。

（三）具有类似的经历或背景

在一个正式组织中，同乡、同事、同学、师徒等具有类似的经历或背景的人都会加强之间的接触和往来，并在工作中互相作用，进而形成非正式组织。

非正式组织是相对于正式组织而言的，由于它是无形的。因而，要认识非正式组织，就只能从其行为特征上来把握。非正式组织一般来说具有如下几方面的特征：

（1）非正式组织的联系纽带主要是个人之间的感情。即非正式组织的成员是以感情为基础进行合作和认同的。正式组织则是以效率逻辑为联系纽带的。譬如说，如果正式组织为提高效率，可以将两个互有敌意的人同时安排在一个组织中，在非正式组织中这种现象是根本不可能出现的。由于感情缺乏外在的固定模式，所以协作正式组织的进入和退出不需要履行正式组织那样的手续。也由于以感情为联系纽带，使得非正式组织往往比正式组织具有更强的凝聚力。

（2）非正式组织的行为规范是非制度化的。制度化是正式组织的基本特征。在正式组织中，一切都制度化了。例如，每一个正式组织都有明文规定的纪律、守则以作为成员行为必须遵守的规范。在非正式组织中，也存在着种种行为规范，非正式组织的每一个成员都必须自觉地遵守这些行为规范。但非正式组织中，这些行为规范不可能采取制度化的形式。所以，非正式组织的行为规范缺乏强制约束力，要靠其成员自觉遵守，互相默认。此外，在正式组织中，违反了纪律等行为规范时，组织将会采取强制性的惩罚措施，但非正式组织中的行为规范被违背时，所采取的也只有孤立、疏远等拉开感情距离的措施。

二、非正式组织类型及其作用

（一）非正式组织的类型

（1）情感型，即以深厚感情和友谊为基础而形成的非正式组织。

（2）爱好型，即出于共同的兴趣和爱好而形成的非正式组织。

（3）利益型，即以成员的共同利益为基础而形成的非正式组织。

（4）亲缘型，即以亲戚、血统等为基础形成的非正式组织。

（二）非正式组织的作用

非正式组织的作用可以分为两个方面，即积极的作用和消极作用。一个非正式组织是发挥积极作用还是产生消极作用，取决于非正式组织的内部结构和形成的基础。当非正式组织的结构与正式组织一致时，就会发挥积极作用。而当两者相背，尤其当正式组织的领导在非正式组织成员中失去威信时，就会产生消积作用，具体地讲，有：

（1）非正式组织的存在会增强组织内职工间的凝聚力。这种凝聚力既有利于完成组织的任务，也可能成为阻碍完成任务的因素。以感情纽带连结起来的非正式组织会给员工以感情满足。因此，会增强员工之间的团结，同时也就会增加正式组织的凝聚力，这种凝聚力如果运用得当，会为完成组织的任务做出积极的贡献。这时，非正式组织的目标与正式组织的目标是一致的。

另一方面，这种凝聚力也可能成为提高组织效率的障碍。西方管理学家在试验中屡屡发现，企业中的非正式组织的存在总会阻碍员工超额完成任务，使工作效率保持在一个平均水准上，以防企业管理者提高定额，加大工作负担。实证研究证明，很高的凝聚力可能导致很高的生产率，也可能导致很低的生产率。

（2）非正式组织的存在会增加信息沟通，使人们更快地取得一致性。成员通过这种交往得到更多的快乐，但同时也可能因为这种非正式组织的信息沟通，使一些不正确的信息到处传播，“小道消息”四起，影响员工之间的团结，进而直接影响员工之间的协作。非正式组织的沟通多半是通过“小道消息”这种非正式沟通渠道完成的。这种沟通是正式沟通不可缺少的补充，并且，感情之间的沟通更是正式组织的沟通渠道所不能完成的，非正式组织可以弥补这一不足。通过非正式组织的沟通，还可以使员工获得地位感。但非正式组织中“小道消息”的传播往往容易使传播的消息遭到人为的扭曲，特别是在不同的非正式组织之间存在着矛盾时，这种“小道消息”的传播往往会加剧矛盾。

（3）非正式组织的存在可能会增加激励，也可能会减少激励。非正式组织的存在可以使人们感到鼓励。非正式组织的赞扬，承认会提高员工的成就感，同时也使激励作用加强。但若非正式组织不鼓励成员努力工作时，正式组织的激励制度的作用则会大大减弱。

三、对待非正式组织的态度

非正式组织的存在是客观的，不以人的意志为转移。其作用也是客观存在的，不以你是否承认它为转移。并且，非正式组织与正式组织之间存在着十分密切的关系。所以，对待非正式组织，必须采取正确的态度，以发挥非正式组织的积极作用，抑制乃至消除其消极作用。

（一）对非正式组织应有清楚的认识和正确的态度

在我国，由于长期以来组织理论不发达，对非正式组织缺乏深入的分析和研究。因此，在认识上有许多偏差。这会影响非正式组织积极性的发挥，这些认识概括起来主要有以下几种：

（1）不承认社会主义企业及其他组织中存在非正式组织，不能实事求是地对待非正式组织。

（2）把非正式组织与正式组织对立起来，只看到它的消极作用，而看不到它的积极作用。

（3）认为非正式组织无足轻重，采取放任自流的态度，不闻不问。

这些认识显然应加以更正。对非正式组织应采取一分为二的态度，既要看到它具有消极作用的一面，更要看到只要对其加以引导，它就具有的积极作用的一面。这样，才可能采取正确的措施。

（二）采取合理措施，使非正式组织为实现组织目标服务

（1）利用非正式组织成员之间情感密切的特点，引导他们互相取长补短，互帮互学，提高职工的生产技术水平，提高劳动生产率。

（2）利用非正式组织成员之间互相信任、说话投机、有共同语言的特点，引导他们开展批评与自我批评，克服缺点，发扬优点，不断提高思想政治水平和工作能力。

（3）利用非正式组织信息沟通迅速的特点，可及时收集职工对组织工作的意见和要求，使领导做到心中有数，知彼知己。

（4）利用非正式组织的凝聚力强，能较好地满足成员的社交等心理需求的特点，可以有意识地把有些组织无力顾及的群众工作交给他们去做，这对于解决群众的特殊疑难问题，促进组织内部安定团结，具有重要作用。

（5）利用非正式组织内群体压力大，成员的从众心理强、标准化倾向强的特点，在制定定额，确定任务、目标，分配任务时，只要有可能的话，标准就可适当提高，难度也可以适当加大，以提高工作效率，克服工作难关。

（6）利用非正式组织中自然形成的领袖人物具有说话灵、威信高、能力较强、影响力较大的特点，在情况允许的条件下，对其领袖人物可以适当信任、依靠，并授予

他相应的权力，从而把整个非正式组织纳入企业正式组织目标的轨道。

（三）强化正式组织的凝聚力，减少成员组成非正式组织的要求，削弱非正式组织的凝聚力

在大多数情况下，正式组织与非正式组织的凝聚力是此消彼长的。如果一个职工在正式组织中感到非常温暖，在感情方面有一种归宿感，那么他参加、组成非正式组织的倾向就会大大削弱。为此，管理人员在正式组织中，应努力地、最大限度地满足人们的合理需求，从而使每个人在正式群体中达到“心理平衡”状态，对组织的气氛、环境以及人际关系感到满足，这样就可以削弱非正式组织的影响力。

此外，还应针对不同的非正式组织的不同性质，分别采取不同的对策，对症下药。概括地说来就是：对有积极作用的非正式组织应予以支持、帮助，如群众自发组织的革新小组、学习小组等；对于有消极影响的非正式组织，则应给予积极引导，并加改造，削弱其作用，促进其向有利的方面转变。

第七节　组织变革与发展

组织变革是指对组织结构、组织关系、职权层次、指挥和信息系统所进行的调整和改变。组织建立起来，是为实现管理目标服务的，当管理目标发生变化时，组织也需要通过变革自身来适应这种新的变化要求。即使管理目标没有发生变化，但影响组织的外部环境和内部环境如果发生了变化，那么组织也必须对自身进行变革，才能保证管理目标的实现。

一般说来，组织模式应力求相对稳定，频繁而不必要的变动对于实现管理目标是不利的。但任何组织都处于动态的社会变动中，由于环境的变化，影响管理目标实现的各种因素的变化，组织也会通过变革而发生某些变化。一成不变的组织是不存在的。所以，组织的变革是绝对的，而组织的稳定是相对的。

一、组织变革的先兆

（一）频繁的决策失误

表面看来，决策失误是由各种原因造成的，而实际上决策失误的根源是组织问题。例如，可能会发生由于信息不灵而造成决策失误，信息不灵可能是由于组织自身的原因，也可能是环境的原因。但是，既然某一信息对管理决策有着重大意义，那么环境的障碍能够成为托辞吗？所以，归根到底还是组织自身的问题。再如，决策失误可能是由于主管人员的主观原因造成的，但组织为什么没有在结构上、体制上给予决策以客观保证呢？在这种意义上，一切决策失误都是由于组织的原因，组织结构的不合理、职权委任不合适、职责含糊、命令链混乱等，都会造成频繁的决策失误。

首先应当在变革的成本、组织目前的效率和决策失误的后果之间做出权衡，然后才能做出是否进行组织变革的决定。

（二）组织成员间沟通不灵

组织成员间的沟通是取决于组织的状况的。例如，命令链或信息链混乱，或者所

采用的传递信息手段不合适，就会造成沟通不灵；管理宽度过大，主管人员与下属之间就不可能存在有效的沟通；管理层次过多，就增加了命令和信息失真的可能性。这样一来，就不能形成成员间主动的协调和配合，反而会产生一些不必要的冲突、磨擦和误会。

（三）组织业绩长期不理想

结构合理、职责分明、行动有序、信息通畅的组织，必然意味着较好的管理效益，如果一个管理系统中长期存在着士气不高、经营不善、业绩不理想，以致于管理目标总不能得到实现，那么就必须考虑对组织进行变革。组织业绩不理想的问题，在企业管理中是最容易发现的。例如，一个企业的生产部门的进度太慢、成本过高、质量不符合要求，销售部门的顾客减少或销售增长未能如期实现，财务部门的资金周转不灵，人事部门因为在职责、职权或报酬、待遇的安排上不当引起纠纷，等等。这些问题只要有一个存在，而且比较严重，就有理由对组织进行变革前的全面审查。

（四）缺乏创新

即使一个管理系统处在正常的运营状况下，如果长期没有创新，也需要进行变革。例如，一个企业虽然尚未遇到严重的困难，但在产品的品种、质量和数量方面，却长期保持在一个水平上，那就表明这个企业很快就会面临困境。因为任何一个管理系统都不是孤立的，都是处在与环境的互动关系中的，环境是一个不断变化着的因素，如果在变动的环境面前保持不动，很快就会僵化、萎缩和丧失生命力。一个组织只有不断地拥有突破性的战略预见、超前性的行动措施和创造性的新成果，才能有旺盛的生命力，否则，就会滞后于环境，因而不得不进行变革。

组织变革，从动因上看，有主动性变革和被动性变革；从内容上看，有结构变革、技术变革和人员变革；从变革的进程上看，有渐进性变革和根本性变革。

二、组织变革的阶段

不管组织的变革采取什么形式，都需要经历三个阶段：第一阶段是打破平衡，改变组织的常规模式；第二阶段是进行变革；第三阶段是消除组织中抵制变革的因素。变革取得成功，则推动组织的发展。

组织发展是组织变革的继续，因为组织变革不是偶然的，一次性完成的，而是长期的和不断地进行着的，所以变革本身就是发展，变革和发展是对同一事件的两种称谓。当然，人们一般是把发展看作一个过程，而把变革看作发展中的一个环节，每一次变革都是发展中的一个关节点，每一次变革都推动了组织的发展，从而促使组织结构和组织关系的改进，促使组织中个人的发展和管理水平的提高。

在某种意义上，组织的发展意味着能够取得积极成果的组织变革。也就是说，组织的发展是在组织变革中实现的。因此，为了推动组织的发展，组织变革应当力求做到以下两点：一是实事求是，从实际出发进行变革和寻求变革的途径，因为任何脱离现实的变革，其结果都会适得其反；二是变革要有计划、有步骤，要把变革的愿望和理想与现实结合起来，使变革的代价较少而收获较大。

第八节　组织文化

组织具有自己的各种构成要素，把这些要素有机地整合起来除了要有一定的正式组织和非正式组织以及规章制度之外，还要有一种协调力和凝合剂，它以无形的“软约束”力量构成组织有效运行的内在驱动力。这种力量被称为组织文化。

一、文化管理

（一）文化管理的出现

1. 从有形资源管理为主到无形资源管理为主

全球经济已经由一个几乎完全以制造业为主的经济体系转型为一个以智能、技术和服务为主的经济体系。

管理有形资源主要是使用定量化的科学方法，但无形资源的管理主要取决于人的因素，并且很多无形资源（如知识、战略、公共关系）就是以人为载体的，人力资源在现代组织竞争中，成为决定组织成败的关键因素。以人为本进行管理，才能在未来知识经济竞争中立于不败之地。

2. 管理由集权到分权与组织精神的凝聚作用

传统科学管理是依靠金字塔形的等级森严的组织和行政命令的方式，实施集中统一指挥和控制的，权力和责任大多集中在组织上层。现在，权力下放，直接监督就更不可能。

网络技术的发展和知识经济的兴起，使“虚拟组织”和在家里上班成为可能。对于没有办公楼，不上班共同工作，而且各自在家里电脑前自主安排工作的职员，管理人员怎样对他们实施激励、领导和控制？怎样使他们自觉地积极工作？组织文化的神奇力量成为全体成员自觉工作、自我约束的精神动力，也成为凝聚组织成员的思想纽带。

（二）跨文化管理

跨文化管理主要研究在跨文化条件下如何克服异质文化的冲突，进行卓有成效的管理。目的是如何在不同形态的文化氛围中，设计出切实可行的组织结构和管理机制，最合理地配置资源，特别是最大限度地挖掘和利用人力资源的潜力和价值，从而最大化地提高组织的综合效益。

（三）文化与管理的关系

1. 管理也是一种文化

管理不只是一门学科，还应是一种文化，有它自己的价值观、信仰、工具和语言。管理是，而且应该是受文化所制约，管理也是文化，它不是无价值的科学。

2. 文化也是一种管理手段

文化对组织管理和发展具有十分重要的作用：一是用共同的价值标准培养组织意识；二是能激励职工奋发进取，提高士气；三是有利于改善人际关系，使组织产生极大的协同力；四是有利于树立组织形象，提高组织声誉，扩大组织的影响。

3. 文化与管理具有共生性

文化与管理的共生性，主要是指管理也是伴随着文化的发展而发展的，它本身也是通过文化的发展而得以表现出来的。文化与管理的共生性还表现在文化是在一定的社会生产力基础上发展的。管理也是人类文化的一个组成部分，管理水平的提高，促进了生产力的发展，也使文化的内容更加丰富。

4. 文化的管理功能

文化对管理的作用主要有以下几点：

（1）文化给人以认同感，无论在国内还是国外都是如此。

（2）文化的知识可以使人更好地相互理解。

（3）文化的洞察力和工具对比较管理的研究十分有帮助。

（4）文化的敏锐性可以使我们认识和发现市场需求的多样性。

总而言之，未来的组织在组织中工作将不再是单纯的谋生手段，而是学习知识、共享知识、创造知识、造福人类的精神享受和强烈需要。对于这种组织的管理，也必然是一种选择——文化管理。

二、组织文化的特征

组织文化是指一个组织共有的价值体系，包括组织共有的价值观念、价值准则、习惯、作风和道德规范等。根据美国当代著名管理学家斯蒂芬·P. 罗宾斯在其名著《管理学》中的描述，组织文化可以通过评价一个组织所具有的10个特征来加以识别，这10个特征是：

（1）成员的一致性。

（2）团体的重要性。

（3）对人的关注。

（4）单位的一体化。

（5）控制。

（6）风险承受度。

（7）报酬标准。

（8）冲突的宽容度。

（9）手段——结果倾向性。

（10）系统的开放性。

组织文化是这十个特征的复合体。这些特征是相对稳定和持久的，我们可以通过对这10个特征的分析来把握某个组织的文化。

三、组织文化的类型

根据美国哈佛大学教授泰伦斯·迪尔及艾伦·肯尼迪提出的理论，我们将组织文化分成四种类型。

（1）硬汉式组织文化。硬汉式组织文化形成于高风险、快反馈的组织。

（2）“拼命干、尽情玩”文化。这种文化形成于风险极小、反馈极快的组织。

（3）攻坚文化。攻坚文化形成于风险大、反馈慢的组织。

（4）过程文化。过程文化形成于风险小、反馈慢的组织。而从实际工作和大量实践中，我们可以看到不同的组织具有不同的文化类型。

四、组织文化理论

科学管理使组织管理走上了规范化、制度化和科学化的轨道，极大地推动了管理效率的提高，但也暴露出其本质的弱点——对员工的忽视。

20 世纪 80 年代兴起的企业文化理论，它提倡以人为中心高度重视观念和感情因素的非理性管理模式——文化管理。文化管理模式并不排除理性因素，而是使之与非理性因素相结合，并以非理性因素为主，其显著变化如下。

（1）管理中心发生了变化。科学管理是以物为中心进行管理，而文化管理是以人为中心进行管理。文化管理是人性化的管理。尊重人、关心人、培养人、激励人、以人核心进行管理。

（2）对人的研究方法发生了变化。文化管理是研究人的整体，将组织看成是由人组成的系统，研究在系统中如何建立正确的价值观、理念、行为道德准则，并且使员工认同这种价值观。

（3）研究的目的发生了变化。企业文化理论研究人的目的发生了根本性的变化，不是“利用人”，而是“为了人”。其包括两层含义：一是在组织内部，以人为本，以员工为中心进行管理；二是在组织外部，以顾客为中心进行管理。

（4）管理特色的变化。文化管理的特色是将理性与非理性相结合，是有人情味的管理，强调人与人之间的交流、沟通、平等和关心。

复习思考题

1. 组织的基本结构类型是什么？
2. 组织设计的任务是什么？依据哪些原则？
3. 韦伯、泰勒、法约尔和巴纳德 4 人分别提出的组织理论有何区别？
4. 结合本章的学习内容，思考如何建设组织文化？应把握哪些要点。

第五章 领 导

领导是管理的一项重要职能，领导水平的高低与组织的生死存亡息息相关。在任何社会，无论是在正式组织中，还是在非正式组织中，都离不开领导，领导的职能贯穿于管理工作的各个方面。领导工作的功效就是领导者通过辅之以指导、命令、沟通、激励等手段，对组织成员施加影响力，以统一组织成员的意志，从而保证组织目标的实现。

第一节 领导的内涵

一、界定领导的四个视角

有多少个领导学的研究者，就有多少个关于领导的定义。此话果然不假。拉尔夫·M. 斯道格迪尔（Ralph M. Stogdiu）和 M. 巴斯（M. Bass）在其编辑的领导学手册中，在总括各种学派和观点的基础上，提出了如下 11 种界定：

（1）领导意味着群体过程的中心。

（2）领导意味着人格及其影响。

（3）领导意味着劝导服从的艺术。

（4）领导意味着影响力的运用。

（5）领导意味着一种行动或行为。

（6）领导意味着一种说服的形式。

（7）领导意味着一种权力关系。

（8）领导意味着一种互动中逐渐形成的效果。

（9）领导意味着一种分化出来的角色。

（10）领导意味着结构的创始。

（11）领导意味着一种实现目标的手段。

综上，西方学术界至少是从 4 个不同的角度去界定领导这一概念的。

（一）领导者中心说

即领导者依靠由权力和人格所构成的影响力，去指导下属实现符合领导者意图和追求的目标。这一视角关注的是领导者自身所具有的特质，它反映了早期领导学理论的主要特征。但 20 世纪 80 年代以来的领导学理论又有向早期领导理论复归的倾向，它重视的是领导者创造远景、展现价值和自身魅力的能力。

（二）互动说

首先，领导活动是在领导者与被领导者的互动过程中共同实现符合他们双方追求的目标，所以舒马洪（Schermerhorn）就提出领导是人际相互影响中的一个特例，在这种特例中，个人或群体会仿照领导者的指示去行动，其结果对于领导者、下属以及整个组织都是有利的。卓斯（Drath）和伯勒斯（Palus）就认为，领导是赋予人们的集体行动以合理性并使其相互谅解和更具责任心。其次，领导者必须在与环境的互动中，既要经受社会环境变化的考验，又不能使自己的行为脱离社会环境的规定性。所以，互动说突破了以领导者为中心的传统，开始将追随者（下属）以及领导者所处的环境纳入到领导学的研究体系之中。从这个角度来说，领导者既要面对下属，又要面对环境。领导就是在与下属和环境的互动中，做出恰当决策以促使组织目标完成的一种特殊行动。脱离了下属的积极行动，超越了环境所能容纳的限度，任何决策都是无效的。所以，E. H. 西恩（E. H. Schein）认为领导就是一种紧跟外在环境的变化通过推动变革以增强组织适应性的能力。互动说证明领导活动不仅是一种劝导下属实现组织目标的过程，而且还是包含一定道德内涵和文化内涵的社会现象。

（三）结构说

结构说代表了领导学理论中的理性传统。结构说首先是以对正式结构（即正式制度）的关注作为起点的。尽管领导是展现领导者魅力及其影响力的一种社会现象，但是，单纯地对价值、激情和鼓动的关注并不能保障领导行为转化为客观的绩效与成果，因此，理性化的制度力量是保证领导活动顺利展开的外在保障。结构说认为领导是在一定组织结构中展开的一种特殊活动。领导者乃是这一结构中的一种特殊角色，领导者通过角色权力的运作实施对组织活动的控制。但是结构说包含着使领导活动被外在制度所操纵的危险，从而使领导活动堕落为职位权力和科层结构的牺牲品。结构作为领导的替代品，尽管促进了领导活动的有序化和条理化，但是高结构化的组织显然会使领导者成为一种多余。所以，近年来领导学开始关注“非正式结构”（内在制度）在领导中的作用。结构说包含着这样一个悖论：结构化程度越高，领导者发挥自身影响力的空间就越小。领导者选择恰当的领导方式的权变力量是克服这一悖论的法宝，也是超越结构说之缺陷的前提。即什么问题应该纳入到结构化的状态去解决，什么问题不应该纳入到结构化的状态去解决，领导者应该具有足够清醒的判断能力。

（四）目标说

目标说代表领导学理论中的功利主义的倾向。即领导活动的焦点在于实现符合组织需要的公共目标。在这种界定中，领导在道德上是中立的。领导者为了实现组织目标可以采用任何有效的手段。海姆菲尔（Hemphill）和库恩斯（Coons）在1957年就提出领导实际上就是指导群体成员的行动以实现共同目标的行为。霍根（Hogan）就认为领导实际上是劝服其他人在一定时期内放弃个人目标，而去追求对群体责任和利益至关重要的组织目标。大桥武夫认为领导是发挥集团内成员的全部力量，通过代表全体成员的集体意志，完成集团所规定的目标。故领导的实质在于为实现目标而令其成员努力奋斗的动力。目标说由于过分注重组织目标或领导者自身的目标，忽视了下属的目标，从而使其缺乏必要的道德内涵，所以近年来的领导理论特别强调领导者与追随者对共同目标的关注。

二、领导的含义

“什么是领导?”“怎样才能做一个好的领导者?”这些问题已经困扰着人类达数千年之久。柏拉图、孙子、诸葛亮、斯隆都曾试图给出答案。最近几十年来，也出版或发表了大量的专著和论文讨论这些问题。对于领导的定义，至少有下列几种解释：

（1）领导是解决问题的初始行为。

（2）领导是对制定和完成企业目标的各种活动施加影响的过程。

（3）领导是指挥部下的过程。

（4）领导是在机械地服从组织的常规指令以外所增加的影响力。

（5）领导是一个动态的过程，该过程是领导者个人品质、追随者个人品质和某种特定环境的函数。

第一个定义强调解决问题而采取的最初的行动。第二个定义着重说明对企业的活动施加影响，但过于空泛。第三个定义认为，领导就是指挥。第四个定义认为，领导就是正式命令之外的影响能力。据研究，因上级领导人的职权而发挥出来的职工的才能约为60%，因主管人员引导和鼓励能力而激发出来的职工的才能约为40%。换句话说，领导至少具有两种过程：一是利用职权指挥部下的过程；二是引导和鼓励部下的过程。两者缺一不可。第三个定义只看到了指挥而忽略了引导和鼓励；第四个定义忽略了指挥，片面强调职权之外的影响力。两者都具有片面性。第五个定义侧重于领导的决定因素及动态性，但没有对领导的本质做出解释。

那么领导是什么呢?

我们认为，领导就是指指挥、带领、引导和鼓励部下为实现目标而努力的过程。该定义包括下列3个要素：

（1）领导者必须有部下或追随者。没有部下的领导者谈不上领导。

（2）领导者拥有影响追随者的能力或力量。这些能力或力量包括由组织赋予领导者的职位和权力，也包括领导者个人所具有的影响力。

（3）领导的目的是通过影响部下来达到目标。

三、领导本质的二重性

（一）领导的自然属性

最初的领导活动是由人类共同劳动和共同生活的需要而自然产生的。就是说，只要人类需要共同生活和共同劳动，就需要相应的组织、引导、指挥和协调，亦即需要领导。领导活动是社会生产和生活正常运行及发展的保证。不管是在哪种自然条件下，哪种社会制度中，领导都是社会发展的必要条件。所不同的只是生产力水平发展低，人际关系相对简单，领导活动就显得相对简单；社会生产力水平越高，人际关系特别是阶级关系越复杂，领导活动也就越复杂。

领导行为发生在群体中，这一群体可能是一个任务群体，也可能是一个社区群体或包括多重要素的大型群体。群体认同领导者的基础在于其影响力的大小。影响力是领导的实质，强有力的领导者可以对追随者和群体的命运产生巨大的影响。那么，领导影响追随者和群体的资本是什么呢？正是基于对这一问题的思考，“领导才能”才获得了丰富的内涵，这也是它与“领导职务”的区别所在。因为建立在职权基础之上的“领导职务”并不意味着领导者真正拥有权威，一个拥有职权的人不一定拥有足够强大的权威，人们接受领导者的领导，不是基于对他职权的恐惧，而是基于对其权威的肯定性认同。可见，领导活动的权威性绝不是凭借职权这一强制性要素建立起来的。人们认同领导者的权威，乃是基于其个人要素（非职位要素）所产生的影响力。当然，现代社会是一个组织化程度很高的社会，因此基于组织结构而形成的职位影响力和基于领导者个人因素而形成的非职位影响力都是不容忽视的。可以说领导者的影响力是由职位权力和个人权力这双重因素构成的。

关于领导在社会生活中的一般意义，恩格斯在批判巴古宁等人的无政府主义观点时指出：“不强迫某些人接受别人的意志，也就是说没有权威，就不可能有任何的一致行动。不论这是多数表决人的意志，还是作为领导机构的委员会的意志，或是一个人的意志，这总是要强迫有不同意见的人接受的意志，然而没有这种统一和指导性的意志，要进行任何合作都是不可能的。”“我们看到，一方面是一定的权威，不管它是怎样造成的，另一方面是一定的服从，这两者，不管社会组织怎样，在产品的生产和流通赖以进行的物质条件下，都是我们所必须的。”列宁也指出：“任何革命运动，如果没有一种稳定的和能够保持继承性的领导者组织，便不能持久。”他以大机器工业为例指出：“任何大机器工业，即社会主义的物质的、生产的泉源和基础，都要求无条件的和最严格的统一意志，以指导几百人、几千人乃至几万人共同工作。这一必要性无论从技术上、经济上或历史上看来，都是很明显的。”“在参加共同工作的人们有理想的自觉性和纪律性的情况下，这种使人服从很像乐团指挥者在柔和地指挥。如果没有理想的自觉性和纪律性，那就可能通过严厉的独裁形式。但是，不管怎样，为了使按大机器工业形式组织起来的工作能够顺利进行，无条件服从统一意志是绝对必要的。”总之，领导的统率、引导、组织、指挥和激励等功能是人类社会发展的永恒需要，我们把这一点称之为领导的自然属性。

（二）领导的特殊属性

领导不仅具有“自然属性”，还具有特殊属性，或叫做社会属性。因为，领导活动不仅是生产力发展的需要，而且也是生产关系的重要表现形式。在社会生活中，领导者与被领导者的关系，领导方式、领导观念、领导作风、领导法则以及领导体制等，是受生产力发展水平制约，并由生产关系的性质决定的。在社会生活中，领导的特殊属性主要表现在以下几个方面：

（1）阶级性。在阶级社会里，人是划分为阶级的，任何一位领导者都是一定阶级的代表，都要按照本阶级人们的利益和愿望，带领本阶级的人们改造社会，发展自己。阶级又是具有革命的、反动的，先进的、落后的本质区别。因此，领导活动因其阶级属性不同，也具有革命的、反动的，先进的、落后的本质区别。

（2）民族性。领导活动的民族性是指其代表一定的民族利益和要求。人类社会大的社会集团是具有民族性的。从领导活动产生伊始，领导者就是本民族的利益和意志的代表者。在剥削阶级社会，统治者多半是由在各民族中占主导地位的某个民族的代表担任的。在一个国家内部，上升为统治阶级的民族代表，除了在一定程度上代表国家各民族的共同利益之外，同时又代表其本民族的利益和要求。当这种特殊的民族利益同国内各族人民的利益发生冲突时，占统治地位的民族的领导者便会运用手中的权力压制其他民族，从而形成了以国家形式出现的民族压迫。被压迫民族则会组织起来，由自己的领导者带领，反抗民族的统治和压迫。因此，在阶级社会，民族斗争归根到底还是阶级斗争。在国际上，国家与国家之间的政治、经济、文化等方面的交往和斗争，也都具有鲜明的民族性，这些活动也都是在高层次的领导组织下进行的。

（3）集团性。在原始社会，领导活动就是人类社会集团共同生活和生产的产物。在人类社会文明程度高度发展的今关，人类生活的集团性特点更为突出了，人们在社会生活中不仅属于一个阶级、一个民族，而且属于一个或多个社会集团。人们参加一个或多个社会集团，是由于某种或多种生产、生活、兴趣和志向的需要。不同社会集团的人们都有自己的不同社会追求，他们自觉地组织起来，在真心拥戴、心里认同的群众领袖的带领下，实现他们的共同目标。

总之，在社会生活中，不论是哪一种社会形态，都不存在单一属性的领导。因此，对于领导的属性，要从其多重性上加以认识。

（三）自然性和特殊性属性的关系

领导的自然属性具有永恒性，在任何社会条件下都不会发生根本的质的变化，只能表现出形式的差异。决定着领导性质的主导因素是领导的特殊属性。主要原因在于：

（1）领导的自然属性是由领导的特殊属性加以限制和规定的。不同社会活动中的领导都具有组织、协调、指挥与监督等职能。但是，不同社会形态下的领导者与被领导者，由于处于不同的政治、经济地位，因而决定了他们之间不同的政治、经济关系，也就赋予了领导活动的不同性质。

（2）领导者的自然属性会在特殊属性的影响下发生改变。任何领导活动都会表现出，领导者与被领导者在思想与行为上的统一性，否则这一社会行为就不能称之为领导行为。但是如何实现领导者与被领导者意志、行为的统一，要取决于一定社会形态下领导者与被领导者的政治经济关系。有的领导者与被领导者的统一，是二者根本利益和意志相对立基础上的统一，是领导者通过强制或欺骗的方法达成的统一；有的则是领导者与被领导者根本利益一致基础上的统一，是领导者运用民主的方法，并充分发挥自己的个性影响力达成的结果。

（3）领导者之所以能够成为领导者，其根本的原因不在于领导的自然属性，而在于领导的特殊属性。马克思在谈到资本主义的领导和管理的二重性时指出：资本家所以是资本家，并不是因为他是工业的领导人。相反，他之所以成为工业的司令官，因为他是资本家。

我们说领导具有二重性，并不是说有两种不同的领导活动，而是指在同一领导者活动过程中表现出来的两个不同的方面。对领导活动二重性的理解，是认识领导本质的根本点。如果只看到领导的自然属性，而看不到领导的特殊属性，就会将各种性质的领导活动混为一谈，抹煞不同性质领导活动的原则；如果只注重领导的特殊属性，而忽略了领导的自然属性，也会导致无法认识领导活动的一般规律和特点。

第二节 领导的产生和发展

一、领导的产生

领导活动是人类特有的现象，与人类社会共始终。在原始社会，人类为了生存而群居在一起，共同劳动，共同消费。凡是共同的劳动都或多或少地需要指挥，以协调人的行动，达到大家较为一致的愿望。因此，伴随着人类有组织的社会生活的开始，领导就已经悄然产生了。当然，最初的领导并不是在人类自觉的状态下产生的，而往往是在偶然的行动中自然产生的。例如，人们在某一次狩猎，或在某一次人群之间的冲突中，有人不自觉地指示了围追堵截的方向或撤退的路径；在原始森林的迷途中，或是在饥寒交迫的险象中，有人引导人们摆脱了险境等。这个人实际上就成了最初的领导者，起码是某次行动的领导者。如果这个人经常地充当这个角色，就会逐渐地为人们所信赖，在困境或重大行动中，人们便自然而然地把目光投向这个人，这个人也就自然而然地提高并确立了在众人心目中的地位，成了人群中的核心人物，即在一定范围内和一定时期的领导者。经常地，并为更多的人群做出了巨大贡献的，则被人们作为首领。总之，人类最初的领导是由人类社会共同劳动和共同生活的需要而自然产生的。

随着人类社会的发展，劳动范围的扩大化、多样化，以及劳动分工的出现，人类的群体活动越来越需要领导者的组织、引导、指挥和协调，由此便逐步形成了领导体制。

二、领导的发展

列宁指出：“为了解决社会科学问题，为了真正获得正确处理这个问题的本领而不被一大堆细节或各种争执意见所迷惑，为了用科学眼光观察这个问题，最可靠、最必需、最重要的就是不要忘记基本的历史联系，考察每个问题都要看某种现象在历史上是怎样产生，在发展中经历了哪些主要阶段，并根据它的这种发展去考察这一事物现在是怎样的。”因此，了解领导活动发展的历史过程，对于我们深刻认识领导活动的内涵和不同社会条件下的领导本质，是十分必要的。以生产资料所有制形式为依据研究领导活动的历史发展，可以将领导的发展分为三个阶段：

（一）原始社会的领导

原始社会的领导，是建立在不发达的生产力和生产资料公有制基础上的。低下的生产力和生产资料公有制，决定了当时领导活动的主要特征有以下几点：

（1）领导活动具有具体性、直观性。原始社会的领导是适应人类最简单的生产和生活的需要而产生的，其意义直接体现在：在生活水平十分低下、人类生存环境十分恶劣的自然条件下，维持人类的生存和种族的繁衍。由于当时的领导活动同人类简单的生产和生活直接联系，而且往往是处于被动应付环境挑战的状态，所以原始社会的领导活动具有具体性、直观性的特点，缺乏能动性、思想性，因此还算不上自觉的领导行为。

（2）领导者的地位是凭领导者的品德和能力得到群众认可的。在生产力十分低下的原始社会，人们征服自然的能力极弱，由此决定了只有那些能够引导人们征服自然，造福于人群的人才能够得到群众的尊重、认同和追随。《韩非子·五蠹》载："上古之世，人民少而禽兽众，人民不能胜禽兽虫蛇。有圣人作，构木为巢以避群害，而民悦之，使王天下，号曰有巢氏。属食果蓏蚌蛤，腥臊、恶臭而伤胃，民众疾病。有圣人作，钻隧取火以化腥臊而民说（同悦）之，使王天下，号之曰隧人氏。"《白虎通》卷一载："古之人民皆食禽兽肉，至于神农，人民众多，禽兽不足，于是神农因天之时，分地之利，制耒耜，教民农耕，神而化之，使民宜之，故为神农氏。"此外，在私有制尚未诞生的原始社会，只有那些能够为人群的生存吃苦在前，自我牺牲的人才能够得到群众的认可和尊重。神农氏："尝百草滋味，水泉之甘苦，令民之所辟（避）就，当此之时，一日而遇七十毒。"冒生命危险为民尝百草滋味。《韩非子·五蠹》中也记载了大禹在担任部落首领时，顶风冒雨，率先参加劳动，治水三过家门而不入，以至搞得形容枯槁的故事。这些都直观地反映了我国原始社会领导者的德能标准。

（3）领导者与被领导者的关系是平等的。从原始社会领导者的地位上看，他们是特殊的，不同于普通的氏族成员，但他们的地位是氏族群众自愿给予的，均由集体民主产生。首领与群众之间的关系是平等的、民主的，首领在经济上无优厚待遇，政治上也无特殊权力，体现了社会的主人是群众，群众给予领导者"决定性的影响"的领导者与被领导者的关系。以印第安人的普通酋长为例，他们的"职位是非世袭的，因为这是用来奖励个人功勋的，""由于他个人具有勇敢的精神，处理事务时的灵活性或是在议会中有雄辩的才能，才被选到这个职务上来。"

（4）领导者是靠道德的影响力发挥作用的。原始社会领导者的权威是道德性的，领导者是以自己的榜样作用来影响别人的。"酋长在氏族内部的权力，是父亲般的、纯粹道德性质的，他手里没有强制的手段。""他们的权力很小，必需以自己的榜样来影响别人。"这都是当时的生产力状况以及与之相适应的原始公有制所决定的。在人人平等、自由，又无专门从事管理的人的特殊等级、特殊权力的情况下，离开了领导者以道德榜样为基础树立起来的权威，集体的协调行动是不可想象的。

（5）重大决策是由集体做出的。原始社会发展到高级阶段时，氏族有议事会，它是氏族的最高权力机关，全氏族的重大事情（如选举或撤换群众领袖），都必须由议事会通过才能生效，如首领违背氏族成员行事，议会可以随时将其罢免。

以上可见，原始社会的领导体现了领导与群众的统一，民主与集中的统一，个人榜样作用和权力力量的统一，以及领导者的权威力量和群众自愿追随的统一。原始社会的领导活动以直观、朴素的形式揭示了领导的真谛和本质。为我们研究领导问题提供了十分宝贵的基础材料。但是原始社会的领导活动毕竟是在极其低下的生产力基础上形成的人类社会结构，是在人类特定的生存条件下自然发展的，所以，当时产生的一切领导现象都是朴素、自然、非理性的。

当其赖以生存的社会基础一旦发生变化，就很容易被另外一些虽然不尽合理，但却更为理性的东西所代替。实践证明，随着生产力的发展和私有制的产生，原始社会领导活动的许多理想状态很快被打破了。因此，对原始社会的领导现象，我们也不能评价过高。

（二）剥削阶级社会的领导

领导的本质是随着社会形态的改变而改变。在原始社会末期，由于生产力水平的提高，家庭逐渐成为经济单位，从而逐渐形成了以父系为中心的家长制。在父系家长制的形成时期，已出现了私有财产，私有财产一旦出现，必然造成贫富不均，部落首领自然会拥有更多财产，首领的权力也随之日益扩大。由于部落首领经济上的实惠和政治上的权力日趋扩大，他们或不愿意退位，或把它视为私有财产传位给儿子。这一领导体制的异化过程，实际上就是原始社会的领导体制向奴隶社会领导体制转化的量变过程，这种量变过程必然会导致质的变化，即由原始的民主领导体制转化为以王位世袭为中心的奴隶制领导体制，以后又转化为封建的领导体制、资本主义的领导体制。奴隶制、封建制、资本制等领导体制都是建立在生产资料私有制基础上的，因此就其根本性质来说，只有形式的差异，并无本质上的区别。剥削阶级社会的领导活动具有以下特点：

（1）领导者不再直接组织和指挥社会生产和生活，而是借助于载体，即通过既定的组织，运用手中的权力，组织社会生产和生活。

（2）领导者不再是人民的公仆。对于人民群众而言，过去的领导者实际上已成为统治者，他们之间的地位已经不再是平等的了，已经发展成为对立的两个阶级。统治者不是人民群众的公仆，而是骑在人民头上的官老爷。在统治阶级内部，统治者还是有代表性的，但是在私有制条件下，即使在统治阶级内部也不会有纯粹的民主和平等，统治者的代表总是由统治阶级中那些最富有、最有权势的人担任的。

（3）领导者已不再由人民群众民主产生，而是靠传统的力量世袭，或依财产的多少由少数有产阶级的人们推举。这时的领导者已不是由那些德能出众的人担任，而是由有产阶级中那些最富有、最有势力的人担任了。

（4）领导者（实际上已成为统治者）主要不是凭道德和影响力进行领导，而是凭借权力进行统治。因此，对于人民群众来说，已经异化为统治的所谓领导活动已不再强调自觉的追随，而是强调必须的服从，统治者无须努力提高自己的道德影响力，而是热衷于聚敛财富、培植权势，以维持自己的社会地位和扩大自己的权力。

（5）重大决策已不再由民主决定，而是由君主或有产阶级中的少数人决定。

在剥削阶级社会中，有两种领导现象需要认识：

一是农民起义军中的领袖人物。对抗阶级的产生必然导致阶级斗争。在奴隶阶级和农民阶级反对奴隶主和封建阶级的斗争中，由于斗争的需要，产生了许多领袖人物。农民运动中的领袖人物代表了人民群众的利益和意志，受到人民群众的真心拥护，这是在阶级斗争的风雨中自然形成的，在他们身上体现了原始社会领导活动的朴素本色，他们的领导活动也遵循了古代社会朴素的，然而也是正确的领导原则。较之剥削统治者，这些农民领袖更鲜明地体现了“领导”的特点。但是，只要不推翻私有制，立足于古代公有制基础上的朴素的领导方式就难以生存和发展。在剥削阶级的强大势力面前，或在残酷的阶级斗争中，农民领袖及其保持的朴素的领导方式和领导作风很容易发生异化，农民起义领袖李自成的演变就是生动的例证。

二是资本主义发展到高级阶段的领导现象。资本主义早期的领导，与奴隶社会、封建社会的领导并无根本差别，所不同的只是领导地位的获得和权力的运用，由过去主要靠传统的力量变为主要依靠资本的力量；领导重心由过去更多的注意权势的扩大、名分的提高，变为更多的注重生产力的发展，并注重通过变革管理手段促进生产力的更快发展。资本主义早期的领导活动管理的特点较为突出，较为重视对事、物的管理，没有重视人在组织中的作用。因此，这一时期的领导活动体现不出更多的领导特点。由于生产力的迅速发展和与之相伴的劳资双方矛盾的日益加剧，早期资本主义的那种重事、重物、不重人，热衷于依靠资产、权力的“大棒”进行统治和管理的手段，已经难以维系其生存和发展了。在这种情况下，资产阶级不得不寻找新的统治和管理方法来缓解劳资矛盾，以牟取更多的剩余价值，巩固其政治、经济地位。于是，资产阶级的管理和统治方式发生了重大改变：由过去以事、物为中心，逐步转向以人为中心，即重视人际关系的调整，重视人的潜力开发和劳动积极性的提高；由主要依靠“大棒”管理，转向注重管理者品德、思想、威望等内在影响力的引导；由强调职工的绝对服从，到强调职工的自觉追随等。可见，由于生产力的高度发展，资本主义社会发展到高级阶段时，其领导形态发生了很大变化，无论从理论上还是在实践上，较之原始社会、奴隶社会和封建社会都有了很大提高。然而，生产力的发展不过是领导形态发生改变的重要因素之一，只要所有制不改变，领导活动的性质就不会发生根本的改变。现代资产阶级的领导活动，虽然在客观上体现了领导活动的某些特征，并促进了人类社会的进步与发展，但就其实质而言仍然不过是遵循某些客观法则，借助人民的力量，满足资产阶级的私欲。资产阶级领导方式的任何变革和进步都不会改变其自私性、虚伪性。

（三）社会主义社会的领导

社会主义是人民群众当家作主的社会，生产资料归人民大众所有。以生产资料公有制为主体和人民群众当家作主的社会经济、政治制度，使领导活动在经历了剥削阶级社会的异化之后，出现了历史的扬弃和回归。社会主义的领导活动具有以下特点：

（1）领导者是人民群众中的一员，与人民群众具有平等的地位。他们是由人民推选，或人民的权力机关委任的，能够代表人民利益和愿望的代表；他们只有全心全意为人民服务的义务，而没有高于人民之上的特殊权力；人民具有选举和决定自己代表者的权力，也有监督和罢免自己代表者的权力。

（2）领导者是由群众公认的那些德才兼备的人担任的。他们不但要有足够的能力和影响力带领着群众改造客观世界，还要带领着人民群众改造主观世界。

（3）领导者进行领导工作，除正确使用人民群众赋予的正式组织权力之外，还要充分发挥自己在道德、思想、能力等方面的影响力，社会越发展对领导者的个性影响力方面的要求就越高。

（4）坚持民主集中制的领导原则，不允许个人独断和专制。

以上是就社会主义条件下领导活动的一般特点而言的。在社会主义的初级阶段，由于刚刚从旧社会脱胎出来，不可避免地还带着许多旧社会的痕迹，加上社会主义是新生事物，实践时间短，经验不足，生产力发展水平低，社会文明程度还不高。

因此，领导活动中的许多问题还难以尽如人意。例如，一些领导者掌握着人民给予的权力，不为人民谋利益，而是热衷于谋取个人的私利；选人用人机制不尽完善，一些德才兼备的人才不一定能及时地选拔到领导岗位，一些不胜任的领导者有的还不能得到及时调整；缺乏有效的权力制约和监督机制；集体领导和民主集中制的领导原则贯彻实施还不彻底等。这些都是在社会主义制度下亟待解决的问题。只要社会主义根本制度不改变，领导活动中的这些不科学、不完善、不理想之处最终会逐渐被克服和解决。

第三节　领导者与被领导者

一、领导者与被领导者的涵义

（一）领导者的涵义

领导者是领导活动的主体，是对确定领导目标，履行领导职能，取得领导效绩，起决定性主导作用的人或集团。领导者具有以下基本特征：

第一，担任职务。领导者的首要特征是担任职务。职务是领导者行使权力、履行职责的身份。在原始社会，它标志着领导者（即酋长或军事首领）在氏族或部落中的统帅地位。在阶级社会，它标志着领导者在国家机构中的法定地位和担负的特定领导职责。任何社会的领导者要进行领导活动，都不能没有领导职务。只不过这种领导职务在不同的社会里，具有不同的性质，同时又因领导层次和活动领域不同，具有不同的领导级别和业务性质罢了。在剥削阶级社会里，各种大大小小的官吏，都把职务当成维护剥削阶级统治、个人升官发财的工具。与此相反，在社会主义社会里，领导职务则是为人民服务的岗位，我们各级领导者都是人民的公仆和勤务员，所做的一切都应该为人民服务。

第二，负有责任。领导者负有领导责任，这是任何社会所共有的，是领导者概念本身所蕴涵的，只不过因为社会性质不同，其本质各不相同罢了。原始社会的领导者是对公众负责，剥削阶级社会的领导者是对剥削阶级及其政治代表——国家负责，社会主义国家的领导者要对国家和人民负责。

第三，拥有权力。权力有三个特征：一是相对性，即它是相对于实施对象来说的。一个离开社会的孤立个人，是无法拥有权力的；二是单向性，即拥有权力的人可以推动另一个人，做他本来不会做或不愿做的事；三是后果性，即权力所及对他人会产生有利或有害的后果。

权力现象广泛存在于各种人群关系之中，其表现形式多种多样，人们对其划分也各不相同。根据管理学家弗林奇·雷温等人的研究成果，我们可以把权力分成两种。一种是指挥权。它主要来自于个人在组织中的地位，包括强制权、奖赏权和合法权三项。强制权是指领导者对被领导者具有强制性，被领导者必须服从领导者的意愿，否则会受到处罚；奖赏权是指领导者对于服从自己意愿的被领导者，可以进行奖赏；合法权是指领导者的权力是组织正式授予的，只要运用恰当，就是正常现象。另一种是统御权。它主要决定于个人的品质和才能，包括专长权和个人影响权两项。专长权是说领导者由于具有某种专门知识和特殊技能，因而赢得下属的尊敬和佩服。影响权是说由于领导者思想品质、工作作风、道德风尚都好，因而受到下属发自内心的敬重。领导者之所以成为领导者，就是因为有这两种权力作支柱。

（二）被领导者的涵义

被领导者是相对于领导者而言的，是在领导活动中领导者实施领导的主要对象，是对领导活动的成败起基础性作用的人或集团，它的主体是广大人民群众。被领导者有如下基本特征。

第一，不担任领导职务，或虽担任领导职务，却因其职务较低，而不可能构成对上司行使权力的身份。这里有两种情况：一种是处在最基层的普通群众，他们只有上级而没有下级，是“完全”的被领导者；一种是处于中间层次的人们，他们有上级也有下级。相对于下级，他们是上级，是领导者；相对于上级，他们又是下级，是被领导者。这种职务较低的状况和权力的不对上特性，决定了他们的职务不可能构成对上级实施权力的身份。

有无职务，职务高低，在不同的社会具有不同的本质。在削阶级社会，它标志着人们所处的不同社会等级和层次。在社会主义社会，它标志着人们之间的社会分工不同，不说明人们的尊卑贵贱。

第二，对本职工作负责，而不对上级主管的全面工作负有领导责任。被领导者的地位决定了他只能对自己所属工作负责，而不能对上级主管的全面工作负领导责任。社会主义国家的被领导者同领导者都是国家的主人，尽管被领导者对某些工作不负领导责任，但他的主人翁地位决定了他不仅要对自己的本职工作负责，而且要对整个社会主义事业负责。因此，每一个被领导者，都应该把本职工作和整个社会主义事业统一起来，既要对本职工作负责，又要对整个事业负责。

第三，服从性。被领导者是在领导者组织、指挥下进行社会活动的，被领导者要服从于领导者。这是古今中外任何组织都通行的原则。小到一个三人团体，大到整个社会，都要有人在其中统御，其他人则要服从这种统御。否则，团体便无法存在，组织便会瓦解，社会便会陷人混乱。当然，以服从为最基本特征的被领导者，在不同的社会里，其本质是不一样的。在剥削阶级社会里，作为被领导者主体的人民群众，是在经济上受剥削、在政治上受压迫的被统治者；作为不是领导者的统治阶级中的一般成员的那些人，在本质上仍然是社会的主宰。

社会主义国家里的被领导者，对于领导者来说，也具有服从性特征，只不过这种服从与剥削制度下的服从具有本质的不同。它是自觉的服从，而不是被迫的服从；它是由社会分工造成的，而不是由于阶级剥削和压迫造成的；按照党的原则和国家法律，人民在服从领导者的同时，又拥有撤换不称职领导者的权利。因此，服从和自主的统一，应该是社会主义国家被领导者概念的完整表述。

尽管被领导者具有不担任职务、不负领导责任和服从性的特点，但是，被领导者在领导活动中的基础地位，同样对领导目标的实现起着关键性的作用。因此，领导科学既要注重对领导主体的研究，又不能忽视被领导者的地位和作用。

（三）领导者和被领导者涵义的相对性

领导者和被领导者涵义的相对性主要表现在如下几个方面：

第一，在身份上，除了国家最高领导者和最基层普通群众以外，一般人都具有双重身份，即对于下级来说，他是领导者，对于上级来说，他是被领导者。

第二，在作用上，有名义领导和实际领导。历史上和现实中都有这种职务分离现象：有的人有职无权，身居领导岗位，但无领导权力；有的人无职掌权，无领导职务，却能左右一切。当然，这是一种不正常现象。

第三，在时间和空间上，任何领导权力都只能在特定的时间和空间内行使。超出此范围，权力就会失效。

二、领导者和被领导者的关系

领导者与被领导者的关系，最基本的就是权威和服从的关系。无论在任何社会形态下，领导者和被领导者的关系都呈现出这一特点。但是同时，领导者和被领导者的关系又是一个历史的范畴，即在不同的社会形态里，领导者与被领导者的关系具有不同的表现。在此，我们主要以历史为线索，分析一下各种社会形态下领导者和被领导者的关系。

（一）原始社会领导者和被领导者的关系

在原始社会，由生产力发展水平所决定，领导者和被领导者的关系，只能是民主平等和互相协作的关系。这种关系属于原始民主型。原始社会的氏族酋长和军事首领都由选举产生，他们同其他氏族成员一起共同劳动，共同消费，其权力是纯道德性的，不具有强制性。氏族成年男女都有平等的民主权力，具有议政权和表决权。总之，在原始社会，领导者和被领导者的关系“都是平等、自由的，包括妇女在内”。

（二）剥削阶级社会领导者和被领导者的关系

1. 奴隶社会领导者和被领导者的关系

奴隶社会是人类历史上第一个人剥削人的社会。在奴隶社会，领导者和被领导者的关系是专制依附关系。这种关系表现在奴隶主和奴隶的关系上，奴隶主不仅占有一切生产资料，而且还占有奴隶本身，对奴隶实行残酷统治，奴隶没有任何自由，绝对依附于奴隶主；在贵族和“平民”的关系上，二者虽然同属于自由民等级，但“平民”往往要受制于和依附于贵族。奴隶社会领导者和被领导者的关系也有特殊和例外。例如，被马克思称为“希腊的内部极盛时期”的雅典伯里克利时代，在统治阶级内部就实行过原始民主式政治。

2. 封建社会领导者和被领导者的关系

在封建社会，领导者和被领导者的关系，也是专制依附关系，但与奴隶社会有所不同。在经济关系上，地主阶级凭借自己掌握的土地所有权，迫使农民依附于他们，从而形成这两个阶级之间在经济上剥削和被剥削、依附与被依附关系。在政治关系上，封建社会实行森严的等级制度，国君站在等级阶梯的最顶端，“君为臣纲”，对全国臣民实行专制；各级官吏又站在阶梯的不同层次，“官大一级压死人”，对下属实行专制。

这样就形成了自国君始的层层依附的政治关系。当然，统治阶级内部的专制依附关系，与地主和农民的专制依附关系具有本质不同。前者是建筑在根本利益一致基础之上的，后者是建筑在根本利益严重对立的基础之上的。封建社会的领导者和被领导者的关系，也有特殊的例外。极少数国家实行共和制，尽管其领导者和被领导者关系的主体——地主阶级和农民阶级的关系本质没有改变，但统治形式有所不同。起义农民队伍中的领导者和被领导者关系，也呈现出一种复杂状况：或实行专制，或实行很不完全的民主，或二者混杂，兼而有之。

3. 资本主义社会领导者和被领导者的关系

资本主义社会是人类历史上最后一个人剥削人的社会制度。它在使阶级对立简化为无产阶级和资产阶级的同时，也把包括领导者和被领导者关系在内的人际关系简化为金钱雇佣和交换关系。资本主义社会的领导者和被领导者之间的金钱雇佣和交换关系，主要表现在：在作为统治阶级的资产阶级和工人阶级的关系上，资本家雇用工人，工人则出卖自身，每天把自己生命中的 8 小时以至 15 小时拍卖给出钱最多的资本家，以养家糊口、活命；在统治阶级内部的领导者和被领导者的关系上，包括总统、部长在内的所有官吏，都是国家的雇员，企业的经理又是资本家的雇员。作为社会知识阶层的医生、律师、教士、诗人和学者，也被资产阶级变成了雇用劳动者，他们用自己的知识、技术和精神产品，从资产阶级那里换取以金钱为主的生活条件。总之，资本主义社会的人际关系正如马克思、恩格斯所说：“资产阶级在它已经取得了统治的地方把一切封建的、宗法的和田园诗般的关系都破坏了。”“它使人和人之间的关系除了赤裸裸的利害关系，除了冷酷无情的‘现金交易’，就再也没有任何别的联系了。”

（三）社会主义社会领导者和被领导者的关系

在社会主义社会，生产资料公有制取代了生产资料私有制，领导者和被领导者共同占有生产资料，都是生产资料的主人。这种对生产资料占有关系的变化，使以私有制为基础的领导者和被领导者的阶级压迫和阶级剥削的阶级对立关系，转变为以公有制为基础的领导者和被领导者的政治上平等民主、工作上分工协同、感情上友好相通的关系。尽管目前我国实行多种经济成分并存，但公有制占主体的地位并没有变，领导者与被领导者的关系，仍是社会主义性质的。

1. 政治上平等、民主关系

马克思曾经说过：“工人阶级的解放斗争不是要争取阶级特权和垄断权，而是要争取平等的权利和义务。”在社会主义社会，“公民在法律和制度面前人人平等……人人享有依法确定的平等权利和义务”。领导者实行民主政治，给人民群众以当家作主权利。人民群众则按照国家法律规定，管理国家事务，行使自己的民主权利。社会主义社会领导者和被领导者在政治上的平等、民主关系，与一切剥削阶级社会的领导者治人、被领导者治于人，领导者可以滥用权力，被领导者被迫履行义务的政治压迫关系，恰成鲜明对照。

2. 工作上分工协作关系

在剥削阶级社会里，领导者和被领导者的分工，体现着阶级对立和阶级差别。社会主义社会则不同。在社会主义社会，从国家主席到普通工人，大家有着共同的奋斗目标，都是为了建设社会主义，实现共产主义。领导者和被领导者的差别，仅仅体现在分工上面，而无任何高低贵贱之分。这种根本利益和目标的一致性，决定了二者在工作上能够互相支持，互相配合，形成协同关系。一方面，领导者作为社会的公仆，要通过自己的工作，为被领导者在工作、学习、生活等各方面提供和创造便利条件，率领并和被领导者一道完成党和国家交给的任务。另一方面，被领导者作为社会的主人，又要从国家和集体利益出发，积极给领导者以协助，使其正确领导得以贯彻和实行。

3. 感情上互相融洽的关系

在剥削阶级社会里，领导者和被领导者在政治上的压迫和被压迫关系，在经济上的剥削与被剥削关系，决定了领导者和被领导者在感情上必然表现为尖锐对立，不可能相通相融。在社会主义社会，由于阶级压迫和阶级剥削的消失，领导者和被领导者尽管在分工方面还存在差别，但在都是劳动者方面又是一致的。由于地位平等和奋斗目标的一致，领导者与被领导者之间必然是一种新型的、高尚的、纯洁的同志关系。在思想、感情、工作、生活等各个方面，他们能够互相了解、互相关心、互相帮助；领导者的正确意图容易被下级理解和接受；被领导者对领导者的服从基本上是自觉的，而不是机械的。

我们说，社会主义社会的领导者和被领导者的关系，是一种政治上民主平等、工作上分工协同、感情上相融相通关系，这是就其本质、就其主导方面而言的。由于社会主义社会是从旧社会过渡来的，因此在领导者和被领导者的关系上，不可避免要带有一些旧社会的弊病和痕迹。例如，个别领导者好搞宗派，拉团伙，经营山头，培植亲信；个别被领导者则对领导者一顺百顺，统统服从，使正常的领导者与被领导者的关系，变成了一种人身依附和被依附的关系；个别领导者等级观念和特权思想严重，要领导者的权威，凌驾于被领导者之上；个别被领导者由于受传统的奴化意识的熏陶，或出于个人私利，又竭力维护这种等级观念；有的领导者把为人民办事，并不当成自己的职责，而是作为获取酬劳和提升的资本；个别被领导者积极同领导者拉关系，不是为了工作，而是为了通过领导者手中的权力，来达到个人的目的，等等。对于这些在领导者和被领导者关系问题上至今尚存的种种弊端，一方面，我们必须对其重视，努力加以消除；另一方面，又要看到这些毕竟是支流，是非本质的，是局部的，是正在逐步克服的东西。不能以这些局部现象否定社会主义社会领导关系的本质。

第四节 领导环境

领导环境是领导活动的基本要素之一，是领导科学理论体系中的一个基本范畴。研究领导科学，不能不研究领导环境。

一、领导环境的含义和特征

（一）领导环境的含义

一个事物的环境，是指影响它存在和发展外在的时间、空间、条件和因素。对于不同的主体来说，环境的内涵是不同的。领导环境有领导者的环境，有领导活动的环境。我们这里所说的是领导者的环境，是指除了领导者自身因素以外的，影响领导者从事领导活动的一切时间、空间、条件和因素。

影响领导者从事领导活动的因素大致可以分为两大类：一类是领导者自身的素质因素，包括领导者的学识、品质、能力、体魄等；另一类是领导者自身以外的因素，包括组织状况、组织人员的素质及其关系，以及社会政治、经济、文化和自然、国际条件等。在这些外在条件和因素中，凡是对领导者的领导活动产生影响的因素，都包括在领导环境之内。

在领导者的诸多环境因素中，对领导活动的影响，有的是直接的，有的是间接的。不仅包括物质的因素，如自然资源、人才情况、市场需求、技术设备等，还包括精神的因素，如人们的思想、道德水准、信仰，传统文化等。由于它们对领导者的职能活动都有一定的影响，所以都包括在领导环境之内。领导环境是一个非常广泛的概念。一名合格的领导者应该清醒地认识环境，科学地利用环境，能动地改造环境，以便在错综复杂的环境中创造性地开展工作。

（二）领导环境的特征

领导者为了创造性地进行工作，必须认识环境的特征。领导环境的特征主要有：

第一，客观性。领导环境是独立于领导者之外的客观存在，它不以领导者的主观意志为转移。领导者在工作当中必须采取审慎的、客观的、实事求是的态度，去认识和把握环境，绝不能采取回避或各取所需的态度。

第二，差异性。环境的差异性首先表现在环境性质的多样性上，有政治的、经济的、自然的、技术的、精神的等多种多样的环境。其次，表现在对领导活动的作用上，有的作用大，有的作用小；有的起关键性作用，有的则起辅助性作用；有的直接起作用，有的则间接起作用。再次，表现在作用的方向上，有的环境对领导工作起支持的、鼓舞的、积极的作用；有的则起消极的、阻碍的，甚至破坏的作用。领导者认识环境的差异性，分清环境的性质、作用程度、作用指向，就能清醒地认识客观形势，针对不同情况采取不同对策。

第三，复杂性。领导环境的差异性进一步表现为复杂性。首先，环境自身的某些界限是难以划分的，常常相互交叉，难以区别。政治环境与经济环境、文化环境的交叉，物质环境与思想环境的交叉等。其次，当环境与领导者结合的时候，更是错综复杂。同一环境，对不同的领导者，作用可能截然相反；不同的环境可能造成同一结果，同一环境也可能引起不同后果。再次，领导环境中还包括人的因素在内，而人是有思想、有欲望、有情感的。在社会斗争中，还会出现假象，这些又是不断变化的，所以使领导环境更为复杂化。

第四，多变性。领导环境是动态的，不断发展变化的。政治经济不断发展，科学技术不断进步，人们的思想不断丰富。这种多变性初看起来似乎杂乱无章，仔细研究，却是有一定指向、一定规律的。

第五，可塑性。环境有可改造性。环境是客观的，并不是说人们在环境面前无能为力。领导者不仅要认识利用环境，更要去改造环境。当然，对环境的这种改造，绝不能随心所欲，而要在认识和把握了环境发展变化规律的基础上，推动环境的发展。正如斯大林指出的那样：“根据马克思的看法，绝不应把人和条件对立起来。正是人们创造历史，但是只有当他们正确地认识他们所碰到的现成条件的时候，只有当他们懂得怎样改变这些条件的时候，他们才能创造历史。”

领导环境的客观性、差异性、复杂性、多变性和可塑性等特征，是对领导环境从不同角度的考察，从不同侧面的认识，是领导环境的一般特征。具体到某一领导者，他所遇到的环境特征可能会有更为复杂的情况和不同的表现。无论如何，作为领导者必须认识他所处环境的情形和特点，摸索其规律。这样，他才可能应付各种可能出现的情况，把握工作的主动权，做好领导工作。

（三）领导环境的分类

按照不同的标准，领导环境可以分为以下几种类型：以环境的性质为标准，可以分为自然环境、社会文化环境、政治环境、经济环境、技术环境等。按范围来划分，领导环境可分为内部环境与外部环境。内部环境指领导者所领导的单位或组织的内部状况。外部环境是指领导者所领导的单位或组织的外部情况。从时序上，可分为过去的环境、现实的环境和未来的环境。领导者要明了现实环境状况，也要明了过去的状况，预测未来可能出现的环境情况。只有如此，才能纵观全局。以对领导活动作用的方向为标准，可分为有利环境与不利环境。以领导者可以掌握的程度来划分，可分为可控环境、部分可控环境和不可控环境。

二、领导环境的作用

（一）环境是领导工作的客观基础

环境是独立于领导者之外的客观存在，有其自身的发展规律，并不以任何人的主观意志为转移。领导者从事领导活动，只能顺应环境的发展规律，认识它、利用它、改造它；绝不能超越环境提供的可能去想入非非，否则将会在错综复杂的环境面前碰得头破血流。正如列宁在《言论和事实》一文中指出的：“问题不在于愿望，不在于动机，也不在于言论，而在于不以这些东西为转移的客观环境。正是它，决定着某一党派的口号、策略和总方针的命运和意义。”

环境对领导工作的基础性作用主要表现在两个方面。一方面，环境为领导者进行领导活动提供了舞台和客观条件。领导者与被领导者的矛盾运动，以及他们结合起来共同进行的改造客观世界的活动，都是依赖于一定的环境，并在一定的环境之中进行的。离开了环境，领导活动就失去了存在的时间、空间和条件，因而也就失去了存在的可能性和现实性。另一方面，领导者从事任何领导活动的目的，归结为一点，无非就是带领被领导者去认识环境、利用环境、改造环境，在对环境的认识、利用、改造中，把社会推向前进。

（二）环境影响领导工作的成败

无论从环境是构成领导活动的重要要素来看，还是从环境本身所具有的不以人的意志为转移的客观特性来说，都能说明环境是决定领导活动成败的关键性因素之一。从环境的客观作用来看，不同的环境条件，将导致不同的工作效果。从领导者对环境的能动作用来看，领导者只有依赖于环境，将环境作为领导工作的客观依据，认识它，掌握它的发展规律，才能取得领导工作的成功。例如，选择目标、制定决策是领导的最重要活动之一，而领导选择目标和制定决策的关键正是在于对客观环境及其发展规律的真实、全面的认识和掌握。不是建立在对客观环境真正认识和掌握基础上的决策，肯定是错误的决策。在领导决策实施过程中，对决策方案的不断调整和修正也是根据环境的变化，依据对环境的新认识来进行的。如果环境发生了变化，而领导决策仍然不变，或者在不了解环境真实变化情况下，就盲目修改决策，都将导致领导工作的失败。

领导活动的另一重要内容是设计组织结构，发挥组织的力量去完成领导目标。现代组织结构的设置与安排，其根本点在于增强组织活力。增强组织活力，总的讲，就是组织结构的设置与变化必须适应环境的要求和变化，只有那些与环境相适应的组织结构，才能成为充满活力和有效的组织结构。我国当前正在进行的经济体制改革和政治体制改革，从一定的意义上来说，实质上就是解决各种体制同当今国际国内政治、经济、人民群众的需要等环境相适应这个根本性问题。如果我们的管理体制同现实环境不适应，就不能适应未来的新形势，就会使四化建设的领导工作陷于盲目和被动。

在影响领导活动的环境因素中，领导者要特别注意认识和掌握那些不可控，或不能完全控制的环境要素。忽视不可控或不能完全控制的环境影响，往往会使领导工作陷于被动境地。因此，领导者要获得领导工作的成功，更要通过调查、预测等各种途径和方法，加强对这些环境因素的认识，并努力变不可控因素为可控因素。

（三）环境影响和决定领导方式与领导情绪

环境不仅影响和决定着领导工作成效，而且也决定和影响着领导方式和领导情绪。

首先，不同的领导环境，将产生不同的领导方式。战争时期的领导方式和建设时期的领导方式不同；从事经济工作和从事政治工作的方式不同；基层领导与高层领导的领导方式也不完全相同。领导者只有根据不同的对象、任务和条件，选择灵活多样的方式方法，才能取得领导工作的成功。世界上许多专家、学者从环境和领导方式的关系上做了深入研究。加拿大多伦多大学教授伊凡斯和豪斯认为，领导方式的选择主要取决于两个环境变量：一是下级的特点，如果下级觉得自己有能力完成任务，很需要荣誉和交往，不喜欢指令性领导方式，就应选择支持性领导方式；二是任务的性质，如果工作任务的性质是常规性的，目标和达到目标的途径一目了然，领导人还是去发号施令，就会引起下级的不满。但是，假如工作任务变化性很大，下级经常干些自己不熟悉和没有把握的事，在这种环境下如果领导人采取指令性方式，及时告诉他们目标和达到目标的途径、方法，下级是会欢迎的，而且也是适宜的。他们认为，领导者在不同的环境条件下有 4 种领导方式方法可供选择使用，这就是指令性方式、支持性方式、参与性方式和放任性方式。类似这样的理论还有一些，如领导权变理论，即领导者要根据环境的变化，采取权宜灵活的方式方法，切不可用一种方式方法到处乱套。

其次，环境对领导者的情绪、精神状态也有广泛深刻的影响。保加利亚心理学学家菲利普·格诺夫认为，对领导者情绪产生积极或消极影响的因素归纳起来有 10 个方面，即领导者的健康和体力情况；个人和家庭情况；自然条件；周围情况；交通和上班途中的其他客观因素；办公室的情况；与上级领导的关系；与他所在工作集体的关系；工作日的组织安排；工作效果。在这些因素中，除一项半之外，全部属于环境因素。这些环境因素对领导者情绪有重要影响。例如，上级领导者布置的任务不明确，工作的职责和任务边界不清，将使下级领导者无所适从，严重影响他的工作情绪和工作效能。再如，领导者与组织其他成员良好的人际关系，可以使领导者心情舒畅地去实现领导目标。如果人们之间关系紧张，领导者就会感到压力和不愉快，不加以调节，就会对工作产生不良影响。

以上列举了环境对领导活动的决定作用的几个主要方面，并不是全部。我们在工作中经常讲认清形势，实质讲的就是认识环境。如果对环境对领导活动的决定作用认识不深刻，不是从客观环境出发，而是凭良好的愿望或热情去工作，是绝然不能成功的。

三、认识环境、利用环境、改造环境

（一）实现有效领导的环境条件

实现有效领导需要一定的环境条件。不同的领导者需要不同的环境条件。这里仅就各种领导者所需要的带有共性的几个主要环境条件加以叙述。

第一，正确的路线、方针、政策是实现有效领导的前提。上级的路线、方针、政策、法律、法令和工作安排等，是各级各类领导者有效地开展工作的政治环境的主要内容，是保证下级实施有效领导的根本性环境因素，是使下级领导者沿着正确方向前进的前提和决定性因素。正是基于正确的路线、方针、政策的极端重要性，毛泽东同志才做出政策和策略是党的生命的论断。实践证明，正确的政策和策略不仅是党的生命，也是国家的生命，是决定领导工作成败的关键因素和最根本的保证。由于正确的路线、方针、政策对于领导工作具有决定性影响作用，所以各级领导者在作指示、决策，制订计划时，应该慎重，以保证其正确性和明确性。作为下级领导者，应该对上级的政策、指示、计划安排等，深刻理解，正确认识，并结合自身实际，创造性地加以运用、贯彻，使之通过自身工作得以实现。只有如此，才能实施正确领导，否则就会走偏方向，导致失误。

第二，良好的外部环境是实现有效领导的保证。这里所说的外部环境，是指在组织以外，除了上级指示、政策、计划的其他政治、经济、社会文化、技术等环境条件。对领导工作直接起重要影响和制约作用的外部环境因素主要有下列几点：

良好的政治环境。对我国领导者来说，一个和平的、开放的国际环境，以及国家政权的巩固，政策的稳定，改革的顺利进行，人民民主的高度发展，都是使领导工作成功的必要条件。

发达的社会经济环境。一定的经济条件是领导工作的物质基础。只有随着社会生产力的不断提高，社会财富的不断丰富，才能逐渐实现领导手段的现代化，使领导科学化的水平不断提高；才能不断满足人民群众日益增长的物质文化生活需要，从而增强人民群众对领导工作的信任感和依赖感，不断提高干部、群众的积极性和创造性。

健康的社会文化环境。在我国，马列主义、毛泽东思想和邓小平理论的普及以及它们的精神实质被广大干部群众所掌握；人民群众文化水平的普遍提高；人们对落后腐朽思想意识、传统观念的摒弃和对社会主义新观念、新思想、新道德的掌握；人民群众的思想方式和生活方式的健康发展；以及科学技术的不断发明和创造……都是实现科学领导的重要条件。

第三，协调的内部环境是实现有效领导的基础。这里讲的内部环境，是指领导组织内部机构设置、人员素质、设备、技术条件和领导班子等情况。

组织机构是领导活动的依托。组织机构是否协调，反应是否灵敏，对领导目标的实现关系极大。当前正在深人进行的经济体制和政治体制改革，说到底，就是为了创造有利于现代化建设，有利于提高领导效能的协调的组织机构，使我们的各级组织机构科学合理，协调运转。这是实现有效领导不可缺少的一个重要条件。

组织内部的人际关系是否融洽协调，是能否实现有效领导的又一关键性因素。因为任何组织协调，说到底是人际关系的协调，它是组织的力量所在。俗话说："天时不如地利，地利不如人和"，就是讲融洽的人际关系的重要性。人际关系范围很广，包括上下级领导者之间的关系，平行单位之间人员的关系，领导者同下级的关系以及下级群众相互之间的关系等等。这些人员之间彼此了解，相互尊重，意见沟通，就能使组织形成一个上下一致、团结统一的战斗集体，领导者就能比较容易地实现领导意图。

组织内部环境还包括组织内部人员素质以及设备、物质、技术条件等因素。如果组织内部人员素质好、设备先进、技术条件较高，领导者就能更加顺利地开展工作。

团结一致的领导班子是实现有效领导的关键条件。领导班子是一个单位的核心，它是否团结一致，直接关系到整个组织的巩固和统一，关系到领导工作的成败。这是实现有效领导的最重要的组织环境。

（二）认识环境、利用环境、改造环境

环境对领导活动具有决定性意义，任何领导者都不能超越环境的可能去想入非非。但是在一定的环境条件下，领导者充分发挥个人和组织的能动性，却能导演出威武雄壮的话剧来。领导者怎样认识、利用、改造环境呢？周恩来同志指出："一个好的领导者，首先，要估计环境及其变动，并找出此地此时的特点。次之，要依此与党的总任务联系起来，确定一定时期的任务和方针。再次，要依此方针，规定当前适当的口号和策略。"总结我们党和国家领导革命和建设的经验教训，在认识、利用、改造环境的问题上，应该做到：

（1）充分认识和掌握环境的特点及其发展规律。对环境的充分认识，是领导工作成功的前提。领导者要真正认识环境，一要把握住领导工作的环境特点，即要认识和掌握与自身领导工作密切相关的环境条件。正如刘少奇同志说的那样："总任务与总政策是一个，但一到实际工作上，各地方和各部分就各有不同。我们的同志就要善于细心地去分析各地方各部分的特殊环境与条件，去决定在这个工厂、这个农村，在今天做什么？能够做什么？怎样做法？这些做好了，明天又做什么？我们的同志如果能这样去做工作，就不会不实际。"二是领导者对环境的认识和掌握，主要在于认识和掌握领导环境发展变化的客观规律。我们党在十一届三中全会以后所实行的农业生产承包责任制，之所以产生了如此巨大的威力，就是深人研究、掌握了农村经济发展客观规律的结果。

领导者怎样才能认识和掌握环境的特点和规律呢？一是必须掌握马克思主义辩证唯物论的认识论观点，防止主观性和片面性。领导者如果不从实际出发，犯主观主义；或只见树木，不见森林，片面地看问题；或只看问题的表面，不去深人调查了解问题的实质，犯表面性的毛病，都无法客观全面地认识和掌握环境，是做不好任何工作的。二是领导者还应掌握一些认识环境的科学方法。例如，调查研究方法，运用现代科学的统计与数据处理技术和方法，运用篆信息机构和信息处理技术等。

（2）确定利用和改造环境的方略。这是领导者实现对环境利用和改造的中心环节，也是领导者是否称职的根本标志之一。适时制定出利用和改造环境的方略，除了要求领导者对环境及其变化的特点和规律掌握之外，领导者还要具有统筹全局的战略头脑，多谋善断的决策魄力，不断创新的进取精神，在经验、学识等方面也必须具有较高的水平。

（3）选择随机制宜的领导方式方法，即根据不同的任务、不同的对象、不同的条件，选择灵活的方式方法。刘少奇同志指出“党的组织形式与工作方法，是依据党所处的内外环境和党的政治任务来决定的，必须具有一定限度的灵活性。如果环境变更，工作条件改变，党提出了新的政治任务，那么，党的组织形式与工作方法，也必须有所改变；否则，旧的组织形式与工作方法，就要障碍我们党的工作内容的发展与政治任务的执行。”

领导工作不存在应付一切的“万应灵药”。领导者在工作中所遇到的情况和条件是错综复杂的，要成为一名合格的领导者，就要善于审时度势，根据不同情况，根据时机，采取灵活的方式方法，把领导目标转化为现实。

（4）创造适于发挥人的积极性、创造性的环境条件。无论是在人类普遍的社会实践中，还是在领导活动这一具体社会实践活动中，人都是最主要的动能因素。人的思想、文化、能力等素质状况如何，对领导工作的成败起着重要作用，而人的能力尤其是潜能是否能得到充分发挥，即是否能调动起人们的积极性、主动性、创造性，则更加重要。充分调动领导者与被领导者两个积极性，特别是充分调动被领导者积极性，既是领导者成功进行对环境的认识和改造的必要条件，也是领导者对环境成功地进行利用和改造的必然结果。在领导工作中，影响人们积极性的环境因素很多。例如，一个机构臃肿的组织环境，部门层次繁多，人浮于事，互相扯皮，内耗丛生，必然不利于发挥人们的积极性；人的才能如果得不到领导的充分认识和肯定，就要压抑和限制人的积极性；人员分工不合理，或下层工作责权不统一，就难以使人们发挥出积极性；没有一个良好的、健康的思想文化环境，人员思想混乱，人际关系复杂，人员觉悟不高，环境脏乱，正气不足，邪气上升，人们的积极性就会受到压抑；单位经济效益差，人们的物质文化生活的合理需要得不到满足，人们也不可能发挥出积极性，如此等等。领导者要调动人们的积极性，就要率领干部群众去改造这些环境，创造出有利于发挥人们积极性，使其工作精力集中，思想活跃上进，有利于身心健康的工作环境条件。

第五节　领导素质

领导者作为领导活动的主体，其素质如何，直接关系到领导活动的效果和领导工作的成败。认清领导者素质在领导工作中的地位和作用，了解领导者素质的基本内容和提高领导者素质的途径，全面提高领导者素质，对于提高领导者的领导能力、领导水平和执政水平，具有十分重要的理论意义和现实意义。

一、领导素质的含义及特征

（一）领导素质的含义

素质一词，本义讲的是人的心理状态和生理条件，即指的基于人的感觉器官和神经系统方面的生理特性。随着社会的发展，素质这个概念已被越来越多的学科广泛使用，其内涵及外延也都发生了变化。在更多的领域里，素质这个概念主要是用来说明事物本来与平素所具有的质的特性。而在领导科学中，领导者素质指的是领导者从事领导活动所必须具备的内在基本条件，是领导者的先天禀赋和通过后天的学习、实践所获取的知识、品德、才能、个性、心理等方面基本状况的总和。就其外部表现形态来说，领导者素质表现为某种能力或影响力。例如，组织协调能力、科学决策能力以及政治影响力和道德影响力等。一位领导者素质如何，是通过这些能力和影响力综合表现出来的。

（二）领导者素质的特征

由于领导者自身所处的时代、地位、环境及其先天禀赋和后天修养的不同，表现在素质方面的具体特征也有所不同。

（1）时代性。任何领导者都是在一定社会历史条件下成长起来的，必然会受到所处时代的政治、经济、文化、科技以及思想观念等因素的影响。因此，领导者素质必然要打上时代的烙印，具有时代性特征。此外，不同的时代也会对领导者素质提出不同的客观要求，因而领导者素质又必须适应时代的发展。一位优秀的领导者应站在所处时代发展的前列，去领导和促进社会的更快发展，并在社会实践中不断加强自身素质的修养，更新知识，更新观念，提高自身素质。

（2）综合性。领导者素质集领导者的政治、文化、知识、道德、能力以及思想观念等因素于一体，这些因素在领导活动中相互作用、相互影响和相互制约，表现出整体的综合性特征。单凭一位领导者某一方面的表现，则不能对其整体素质做出评价。凡是具有较高综合性素质的领导者，才会在领导工作中得心应手、成绩卓著。

（3）层次性。不同层次的领导岗位，具有不同的规律特点，对领导者素质的要求也会不尽相同。一般而言，处于高层次岗位的领导者，应该具备对整个社会经济发展的长期性、根本性问题做出正确战略运筹的宏观决策能力、统筹驾驭全局的能力；处于中层岗位的领导者，应该具备较强的承上启下的协调能力、组织能力和指挥能力；而处于基层岗位的领导者，则应该具备较强的实践能力、苦干实干的精神、管理能力和解决具体问题的能力。领导者素质虽存在层次之分，但不是一成不变的，随着领导者岗位层次的变化和实践领域的拓展，对领导者素质的要求也会不断地变化和发展。

（4）差异性。由于每个领导者的先天天赋和后天所处的具体社会环境以及在学习、实践工作中的努力程度不同，领导者常常会表现出在思想品德、业务能力和领导水平上的差异。这种差异的本质是领导者素质上的差异。这种差异表现为先天差异和后天实践的差异两个方面，但决定领导者素质差异性主要来自于领导者后天实践和自身努力的程度不同。

（5）可塑性。领导者的任何素质都不是一成不变的，而是在客观因素和主观因素作用下可变的。可以变好，也可以变坏，可以提高，也可以降低，不会永远在一个水平上。

（6）潜在性。任何素质，包括领导者素质，不论是先天素质，还是后天所形成的素质，在其外化之前，都是一种潜在形态，即由于各种原因、各种因素所形成的一种潜质或潜在的功能。这种潜质或潜在功能，只有在与外界事物接触过程中，即在领导实践中，才能显现出来，转化为领导智慧和才能，转化为领导形象、行为与作风。

（7）多样性。领导者的素质，不仅包括领导者的基本素质，而且还包括行业素质与职位素质；不仅包括做“官”的素质，而且还包括做人的素质。领导者素质是做“官”的素质与做人的素质的综合。

二、领导素质的形成

领导素质是以一定的先天素质为前提条件，在社会活动的实践中，特别是在自身的努力和所受教育影响作用下逐步形成的。每一个人在他一出生就会在肌体内，特别是在神经系统、感官、运动器官等方面具有生理遗传特征。一个人在先天素质这一必备的物质基础上，才有可能形成一定的后天素质。但是，领导素质并不完全取决于先天的遗传因素，而后天的坚持不懈的学习、社会实践，特别是平素修养，则是领导素质形成的根本条件。

在社会实践中，领导者根据客观环境的变化和主体自身的实际需要，通过自身心理适应性的不断调整，从客观环境中吸取自己需要的领导知识、经验与本领，从而内化为自身的素质。良好的社会环境有利于领导者素质的形成，并决定着领导素质的优劣，同时领导素质也会对社会环境产生积极的影响和作用。因此，每一位优秀的领导者只有积极投身社会实践，不断努力学习，加强锻炼，才能形成良好的素质，并促进社会实践的不断发展和提高。

三、领导素质的意义

（一）领导素质是关系到中国社会主义现代化建设成败的决定性因素

党的十四届三中全会《中共中央关于建立社会主义市场经济体制若干问题的决定》把培养和选拔德才兼备的领导干部，作为一项新的重要任务突出地提到了全党面前。江泽民总书记也多次提出：必须全面提高现有领导干部的素质。党中央对培养和提高领导干部素质问题高度重视的根本原因在于，建设有中国特色的社会主义，发展社会主义市场经济是前无古人，又没有现成模式可以遵循的伟大创造，它要求各级领导干部必须具备敢于探索、敢于试验、敢冒风险的现代领导者素质。造就和培养大批能够适应时代发展需要的领导干部是关系到中国特色社会主义现代化成败的决定性因素。

（二）领导素质是影响领导效能的关键问题

领导干部是否具备领导者的必备素质，关系到领导工作的成败得失，影响领导效能的实现。在现实领导工作中，在同等条件下，领导者素质越高，其领导效能就会越高，而素质低的领导者往往工作效率就低，成绩也不显著，甚至会导致工作的失误。正是由于领导者素质高低的不同，使原本属于处在相同水平的两个地区或单位的经济发展速度，在一段时间内拉开了距离，这样的例子举不胜举。

（三）领导素质是增强领导影响力的根本途径

领导影响力是由权力影响力和非权力影响力构成的。权力影响力取决于职位因素，而非权力影响力则取决于领导者的素质，在领导活动中，领导者的自身素质、表率作用产生一种影响力，这种影响力不是靠组织赋予的，而是完全凭借领导者在实践中的学习和锻炼而建构的。随着社会的进步和人民群众的民主意识、参与意识、平等意识、法律意识的增强，领导权力中起决定性、主导性作用的是非权力影响力。素质较高的领导者所持有的威望比仅拥有权力而素质不高的领导者，则更能赢得广大人民群众的拥护和爱戴。

四、领导者的基本素质

（一）政治素质

领导者的政治素质是领导者的根本素质，它不仅决定着领导者自身的发展方向，而且也决定着领导活动的性质。正因如此，所以江泽民同志提出，领导干部必须要讲政治。讲政治就是首先要提高自身的政治素质。领导者的政治素质包括政治方向、政治立场、政治观点、政治纪律、政治鉴别力和政治敏锐性等几个方面的基本内容。

1. 政治方向

政治方向是领导者处理领导工作的根本目标和指导思想，也是领导工作的大局。政治方向正确与否，关系到党和国家的前途和命运，是检验领导者政治素质的根本标志。新时期领导者必须坚持正确的政治方向，就是坚持走社会主义道路的方向，坚持共产主义方向，坚持建设有中国特色社会主义的方向。具体地说，就是要领导和团结全国各族人民，坚持以经济建设为中心，坚持改革开放，大力发展生产力，最终实现共产主义的远大奋斗目标。

2. 政治立场

政治立场是领导者在领导工作中认识问题和解决问题的立足点和出发点，是领导者政治素质的集中体现。政治立场问题的实质是一个站在哪一边、相信谁、依靠谁的问题，领导者在观察和处理问题时一定要站在无产阶级立场，站在人民大众立场，始终把一切从党和人民的利益出发，全心全意为人民服务作为自己的唯一宗旨。

3. 政治观点

政治观点是领导者处理问题的基本看法，是领导活动的指导思想。新时期领导者的基本政治观点就是马克思主义的辩证唯物主义和历史唯物主义观点，是毛泽东思想，是邓小平建设有中国特色的社会主义的观点。每一位领导者必须养成善于用马克思主义的立场、观点、方法观察问题和分析问题的习惯，并不断地加强马克思列宁主义、毛泽东思想，特别是邓小平建设有中国特色的社会主义理论的学习，以便更好地坚定正确的政治观点。

4. 政治纪律

政治纪律是领导者执行党的路线、方针、政策的行为规范。强调政治纪律的实质是保持政治上的政令畅通、令行禁止。它要求领导者在政治上、思想上、行动上必须和党中央保持一致，坚决维护党中央的绝对领导权威，做遵守和执行党的政治纪律的模范。

5. 政治鉴别力

政治鉴别力就是领导者在政治上识别大是大非的能力。善于用马克思主义的立场、观点、方法来分析和解决问题，是领导者必备的基本素质。如果领导者没有很强的政治鉴别力，就很容易“左右摇摆”，迷失政治方向。新时期领导者在原则问题上一定要旗帜鲜明，在重大问题上不能是非不辨、美丑不分。对一切与党的宗旨和政治纪律不相容的歪风邪气坚决给予抵制。始终保持清醒的政治头脑。

6. 政治敏锐性

政治敏锐性就是指领导者政治上，要有见微知著、见面知里、见近知远的洞察力及其快速的反应能力，要有政治上的远见卓识。政治敏锐性要求领导者要用冷静、清醒的头脑对形势的发展趋向、事物发展的动态有一种预见性的敏感，并凭借高度的政治敏锐性及时地去发现问题和果断地处理问题，从而使错误的东西消灭在萌芽时期，使新生的事物能及时破土而出，否则就会贻误时机，追悔莫及。

总之，政治方向、政治立场、政治观点、政治纪律、政治鉴别力、政治敏锐性这6个方面是构成领导者政治素质的整体要素。其中，政治方向是第一位的、是根本的，政治立场是政治方向的基础，政治观点是政治方向、政治立场的理论表现，政治纪律是坚持政治方向、政治立场的重要保证，而政治鉴别力、政治敏锐性则是政治方向、政治立场的内在要求。

（二）道德素质

道德属于一种特殊的社会意识形态，它是调整人们行为的规范和准则。领导者的道德素质，指的是领导者在领导活动中应当遵循的一些基本的行为规范和准则，是领导者必备的道德品质和修养的总和，它是赢得人民群众拥护和爱戴的重要条件。领导者应该具备的道德素质，主要包括以下几个方面。

1. 勤政为民的高尚情操

勤政为民的高尚情操，是领导者道德素质的重要内容，是衡量领导者道德水准的根本尺度。大力提倡和发扬勤政为民的高尚情操，这是社会主义领导道德素质的必然要求，它充分体现了党和人民利益高于一切的原则和甘于吃苦、乐于奉献、大公无私、清正廉洁的忘我工作精神。在发展社会主义市场经济条件下的今天，领导者树立勤政为民的高尚情操尤为重要，它直接关系到领导者能否经受住执政地位和改革开放的考验，领导者只有自觉抵制不正之风的干扰，扎扎实实地勤奋工作，才能在群众中树立良好的领导形象。

2. 求真务实的工作品格

求真务实是中华民族的传统美德，也是领导者在领导活动中应遵循的道德要求。领导者只有求真务实，言行一致，表里如一，言必信，行必果，对党和人民的事业无限忠诚，才能取信于民，赢得人民群众的拥护、信赖和支持。言而无信、朝令夕改、弄虚作假是造成领导者自身的信誉、声誉和声望下降的重要原因。

3. 谦让容人的豁达胸怀

豁达大度、谦让容人是领导者应具有的美德和气度。在领导活动中，领导者要以党和人民利益作为思考问题的基础，这样才能集众之长，忍他人所不能忍，容他人所不能容，在复杂的情况面前，以战略的眼光来把握事物的发展规律。自古以来，凡成大事者都有开阔的胸怀，由于能大度待人，与人为善，不计较个人恩怨，团结和自己意见不同的人一道工作，这种能容能让的举止，有望形成强大的凝聚力量，使人感到亲切、温暖，心甘情愿地忘我工作，以支持和配合领导者的工作。如果领导者缺乏大度气质，群众就会产生逆反心理，周围关系紧张，工作也就无法开展。

4. 严于律己、知错必改的自省精神

严于律己、以严治政、知错必改、以身作则和为人师表是领导者在领导活动中必备的道德素质。领导者的一言一行、一举一动都会影响群众的情绪和行为，从而也会影响领导工作的效能。因此，领导工作十分重要的前提就是做好群众的表率，树立好的榜样。要求群众做到的，自己首先做到；禁止别人做的，自己坚决不做。另外领导者还要不断地反省自己、防微杜渐，经常开展自我批评，检查自己的过失，“人非圣贤，孰能无过?”作为领导者关键是要有承认错误的勇气和改正错误的决心，正确认识自己，敢于解剖自己，揭己之短，不断提高自己。

（三）文化知识素质

文化知识素质是领导者素质的重要内容，领导者文化知识素质的优劣、高低，直接影响领导者主体能力的充分发挥。尤其在社会主义市场经济条件下，面对知识经济，面对高科技时代，如何驾驭市场经济，对领导者的文化知识素质又提出了更高的要求。

1. 知识面要宽

领导活动是一项具有高度综合性的社会活动，它要求领导者要有丰富的文化知识。领导者文化知识涉猎面越宽，就越能应付自如地驾驭领导工作，并会收到良好的领导效果。领导者必须具备和应掌握的文化知识主要包括：

（1）政治理论知识。领导干部首先要系统学习马克思主义理论，特别是邓小平建设有中国特色的社会主义理论，要用科学的政治理论武装头脑，学会用马克思主义的立场、观点、方法来分析和解决问题。

（2）社会主义市场经济和建设方面的知识。由计划经济体制向社会主义市场经济体制转变，使经济运行机制发生了根本性变化，这就要求领导者必须重新学习社会主义市场经济理论和建设方面的有关知识，只有掌握了社会主义市场经济理论，才能按经济规律办事，提高领导者驾驭市场经济的能力。

（3）科学技术知识。科学技术作为第一生产力正在对社会的政治、经济、文化产生深刻的影响，这就迫使领导干部必须学习和掌握现代科学技术方面的知识，来完善领导干部的知识结构，提高领导干部的科学素质，促进领导工作和领导决策的科学化进程。

（4）法律知识。市场经济在一定意义上说就是法制经济。领导者必须学习和掌握法律知识，把法律思想变成自己的自觉行动，严格依法办事，防止以权代法、执法不严、有法不依的不良倾向。

2. 专业知识要精通

现代领导者不仅需要广博的知识面，而且还要精通领导工作本身所需专业方面的知识，改变领导工作中常常存在的外行领导内行的现象。领导者只有掌握并通览所从事领导岗位的专业知识，才能够根据本行业、本系统的特点进行科学的决策和管理。

3. 知识结构要合理

领导人才是一个综合性或者说是复合型人才。因此，必须要有合理的知识结构才能适应领导工作的需要。单一的知识结构，必然导致领导工作的片面性，特别是一把手，必须得是全才。

4. 知识内容要更新

现代社会科学文化知识日新月异，正以几何级数突飞猛进地增长。因而，领导者只凭借过去已有的知识、经验进行领导工作，已不能适应时代发展的客观要求了。为此，领导者应该从战略的高度审视现代科学文化知识发展进步的动态，并着力把当代科学文化知识的新成果、新成就加以归纳，吸取其思想精华，丰富自己的文化知识内容，更新领导观念，以适应时代发展的需要。

5. 要有领导和管理方面的知识与经验

领导者作为领导活动的组织者和管理者，应该具备较丰富的领导和管理方面的知识与经验，这是领导者进行领导工作起码应该具备的基本条件。领导者只有具备系统的领导和管理方面的知识与经验，并把它们付诸实践，才能尽快地提高自己的领导工作能力和水平。现代社会的高速发展，尤其是组织规模的不断扩大，对领导工作的科学化提出了更高的要求。因此，领导者一定要顺应时代的发展，加强领导和管理知识的学习，积累领导与管理经验，也包括学习和借鉴西方发达国家的先进管理经验和模式，从粗放式、经验型的管理模式中解脱出来，用现代管理方面的知识和方法，最大限度地提高领导效能。

（四）能力素质

领导能力是指领导者在知识、经验、智慧的基础上所形成的、顺利完成领导目标所必须具备的基本智能、才能和技能，是取得领导效能和领导政绩的直接因素。领导者的能力素质主要包括以下几个方面。

1. 统筹全局能力

领导活动的一个重要特点就是具有全局性和战略性。一位优秀的领导者应该善于从全局和整体出发来操纵领导工作者的主动权。在领导活动中，领导者怎样才能做到统筹全局呢？

首先是要从整体出发，做到胸怀全局。领导者在处理问题时，不能只顾眼前，不顾长远；只顾局部，不顾整体。当眼前与长远、局部与全局发生冲突时，领导者要做到照顾全局，服从长远。其次，在照顾和统筹全局的同时，不能忽视局部的作用，更不能置局部情形于不顾，要做到兼顾局部，把全局和局部统一起来。再次，是要抓住全局中的关键环节。统筹全局是要把注意力放在对全局有决定意义的关键环节上，抓住关键环节，便可以带动全局，驾驭和统帅全局。

2. 科学决策能力

科学决策是领导活动的基本内容，决策能力是领导者的主要能力。在领导活动中，领导者要不失时机地选择最佳目标，运用科学的方法进行科学决策，保证决策结果的科学性和正确性。

3. 知人善任能力

领导者的职责：一是出主意（即决策）；二是用干部。领导者要用好干部，必须做到知人善任，这是关系到领导工作成败的关键问题。领导者要想用好干部，就必须具备知人的眼力，并根据领导目标的需要，按照选贤任能的原则，对人选进行科学的考察、选拔、使用和培养。

4. 组织协调能力

组织协调是领导者为了实现领导目标，通过采取对策和措施，协调处理好各种关系，以取得最佳领导效能的行为过程。在现实社会生活中，各种不协调的现象经常出现。为了消除社会组织内部的各种不协调因素，使其保持稳定和谐的发展状态，领导者必须要集思广益，群策群力，调整处理好各种因素之间的关系，使其达到高度协调统一。在社会主义市场经济条件下，领导者能调整好人们的经济、利益关系，处理好由此引发的各种矛盾、冲突，调动各方面积极性，以保持社会稳定协调发展，具有更重要的意义。

5. 随机应变能力

由于领导者所处的社会环境是在不断变化的，并且常常会出现一些紧急、突发的意想不到的事件，在瞬息万变的市场经济条件下更是如此。这就要求领导者具备较强的随机应变能力，不断地研究新情况、新问题，并根据环境情况的变化，及时调整自己的思路和对策，做到处变不惊，头脑冷静，沉着应付，因势利导，以不变应万变。

6. 开拓创新能力

领导活动从本质上讲就是一种创造性工作，开拓创新是领导者必备的能力素质。它是现代领导工作的重要条件。目前，我国正处于由计划经济向市场经济转型的新时期，市场经济对我们来说是一种新的尝试，这就更需要领导者具备高度的开拓意识和创新能力。在市场经济条件下，领导者开拓创新能力主要表现在：一切从实际出发，善于实践，勇于创新；不拘常规，对领导工作中出现的新情况、新问题有新设想、新对策；敢想敢试，敢于标新立异。

7. 感召能力

领导活动是一项亿万群众所参与的群体活动，因而必须要有广大人民群众的积极参与才能取得成功。为此，领导者必须要把广大群众动员起来，团结起来一道工作，这就需要有较高的感召能力，以便感化和号召广大人民群众积极参加领导活动，以保证领导任务的完成。

（五）心理素质

心理素质是指人的动机、兴趣、态度、情绪、个性、气质等方面内在因素的总和，它是领导者做好领导工作的基本条件。一位优秀的领导者应具备以下心理素质。

1. 坚强的意志

意志是人们在实践中有意识、有目的、能动的心理过程，它贯穿于人的认识、情感、行为过程之中，并通过自我调节来实现支配、调节行为的目的。坚强的意志是领导者顺利完成领导目标的重要保证，因为任何一位领导者在领导活动中都不会一帆风顺、一劳永逸，常常会遇到来自各方面的不利因素或阻力。特别是在市场经济条件下，由于竞争的加剧，只有具有坚强意志的领导者，才会在风险和困难面前，开拓进取，排除干扰和压力，通过意志的努力和顽强的拼搏，取得事业上的成功。另外，在领导活动中，领导者也常常会出现错误和缺点，克服自己的缺点和纠正错误，提高自我意识水平更需要坚强的意志，严于解剖自己，善于自我批评，克服心理障碍。

2. 稳定的情绪

喜、怒、哀、乐，人皆有之，领导者也不例外。领导者在领导活动中有时不可避免地会受到情绪的影响。领导活动实践表明，情绪在领导活动中起着非常重要的作用。如果一个领导者在工作中情绪失去控制或不适宜地宣泄，就会对领导者形象产生不良影响。因此，领导者保持稳定的情绪和高度的理智，树立良好的领导形象是十分重要的，领导者若想在领导工作保持稳定的情绪，必须学会控制自己的情绪，使情绪始终保持在积极稳定的状态，表现在工作成绩面前不沾沾自喜、不得意忘形。遇到了挫折和困难，不垂头丧气精神萎靡。喜怒无常、翻云覆雨是领导者之大忌。领导者若想保持良好和稳定的情绪，必须时刻保持清晰的意识和理智，努力以自觉意识来稳定自己的情绪，使自己的情绪持续处于乐观、稳定之中。

3. 优秀的个性

个性是一个人带有倾向性的比较稳定的心理特征，一个人的个性主要体现在兴趣、习惯、气质、性格和智能等各个方面。优秀的个性是领导者应具备的重要心理品质，它在一定程度上影响和决定领导活动的过程和效果。领导者应具备如下优秀个性。一是宽容大度，正直诚实。领导者在领导活动中只有做到宽容大度、正直诚实，才能建立一个良好和谐的人际关系，提高自己的威望。二是谦虚谨慎，自尊自爱，永远保持不断进取的精神状态。三是态度沉稳，居危不乱，处变不惊，具有良好的心理适应性。四是性格开朗，举止大方，谈吐诙谐，具有良好的生活和工作习惯。

4. 崇高的事业心

事业心是领导者从事领导工作必备的心理品质，也是领导事业成功的秘诀。一个事业心很强的领导者，才能在困难和挫折面前充满信心，才能有决心、有毅力去完成各项艰巨任务，才能在任何艰难险阻下，增强自身的责任感，才能与各种困难和险恶作不屈不挠的斗争。

（六）身体素质

身体素质是领导者身体的自然状况，是领导者知识、道德、能力等其他素质的物质载体和自身进行领导活动的物质基础，是领导者获得事业成功的重要条件。如果领导者没有一个健康的身体，就难以胜任繁忙的领导工作。领导者良好的身体素质主要体现在以下几个方面。

1. 精力旺盛

领导活动是一项十分复杂又高度综合的领导和管理工作，领导者往往紧张繁忙，日理万机，需要有旺盛的精力来处理好各种复杂问题。领导者只有保持旺盛的精力，才能在领导工作中表现出高度的革命激情和朝气，遇事处置坦然，得心应手。同时，领导者在领导工作中也应做到劳逸结合，多注意休息，合理安排好时间，增加生活爱好和兴趣。只有这样，领导者才能永远保持旺盛的精力，发挥出更大的创造性。

2. 体魄健康

领导者身体素质如何的一个重要标志，就是看他是否有一个健康的体魄和强壮的体格。由于工作的需要，领导者要经常从事长时间紧张的智力劳动，有时还要忍受复杂情况下的超强度体力和精力消耗。如果领导者没有一个健康的体魄，就很难适应繁重领导工作的需要。

3. 年富力强

每个人的年龄能反映出他的精力和体魄所处的实际状况，一定的年龄是领导者身体素质状况的定量分析。科学表明，每个人35岁到55岁之间是最佳年龄时期，这一时期人的阅历、经验十分丰富，精力旺盛，最富有创造性，是人的一生中工作的黄金时间。为了保证领导者年富力强，我们就必须实行领导体制的改革，实现干部队伍的年轻化，使领导者能在自己的最佳年龄时期进行领导工作，创造出最佳政绩。

复习思考题

1. 什么是领导？领导者的主要特征有哪些？
2. 如何正确理解领导者、被领导者和领导环境之间的关系？
3. 一名合格的领导者应当具备哪些领导素质？

第六章　控　制

控制是管理的重要职能之一。管理过程实际上就是一个控制过程，管理的控制职能对组织内部的管理活动及其效果进行衡量和校正，以确保组织的目标得以实现，从这个意义上来说，管理者就是控制者。

第一节　控制的内涵

控制可以定义为，监视各项活动以保证它们按计划进行，并纠正各种重要偏差的过程。所有的管理者都应当承担控制的职责，即便他的部门是完全按照计划运作着。因为管理者对已经完成的工作与计划所应达到的标准进行比较之前，他并不知道他的部门的工作是否进行得正常。一个有效的控制系统可以保证各项行动完成的方向是朝着达到组织目标的。控制系统越是完善，管理者实现组织的目标就越是容易。

控制指的是为实现组织目标，以计划为标准，由管理者对被管理者的行为、活动进行的检查、监督、调整等的管理活动。控制一直都未被管理学家们认为是最重要的管理职能，不可能为其他职能所取代。在现代管理活动中，控制既是一次管理循环的终点，是保证计划得以实现和组织按既定的路线发展管理的职能，又是新一轮管理循环的起点。

与控制关系最为密切的管理职能是计划，有些管理学家认为，计划和控制只不过是同一个问题的两个方面而已。计划不仅是控制的标准，而且计划本身就是为了对组织未来的活动加以控制。使组织的一切活动井然有序，能够经济、合理，顺利地实现组织的目标。正是从这个意义上说，计划也是一种控制，计划越全面、明确，控制的作用和效果也就越大，越明显。另一方面，控制的目的也就是为了实现组织的计划，按计划规定的路线、方法来实现组织的目标。

但我们认为，计划与控制又是有区别的，计划是控制的前提，可本身并不是控制，控制工作必须由掌握权力的直线领导来完成，但计划工作就不一定了。从这点来看，控制过程又是最为典型的权力实施过程。一个控制系统有三个不可缺少的基本要素：一是施控者，在管理活动中则是管理过程中的管理者；二是受控者，即管理活动中的被管理者；三是施控过程。显然，居于施控者地位的管理者必须拥有组织所赋予的权力才能开展控制工作。这种权力包括监督、检查和纠正受控者的行为偏差等的权力。于是，权力分配结构决定了一个组织控制系统的结构和控制方式。分权化的组织必然采取分层控制方式，集权化的组织必然采取集中控制方式。

第二节　控制的作用

一、控制是完成计划的重要保障

计划是对未来的设想，是组织要执行的行动规划。由于受各种因素的制约，制订一项行动计划，无论花费多大的代价，也难以达到十全十美的境界。一些意想不到的因素往往会出现在计划的执行过程中，影响计划目标的实现。此外，计划能否得以实现，除了计划本身要科学、可行之外，还要赖以计划执行人员的努力，计划执行者在执行过程中偏离既定的路线或目标是常见的现象。这些缺陷和偏差，都要靠控制来弥补和纠正。

控制对计划的保证作用主要表现在这样两个方面，其一，通过控制纠正计划执行过程中出现的各种偏差，督促计划执行者按计划办事；其二，对计划中不符合实际情况的内容，根据执行过程中的实际情况，进行必要的修正、调整，使计划更加符合实际。

二、控制是提高组织效率的有效手段

控制可能提高组织的效率。其主要表现是：其一，控制过程是一个纠正偏差的过程，这一过程不仅仅能够使计划执行者回到计划确定的路线和目标上来，而且还有助于提高人们的工作责任心，防止再出现类似的偏差，这就有助于提高人们执行计划的效率；其二，控制对计划的调整和修正，既可使执行中的计划更加符合实际情况，又可发现和分析制订的计划所存在的缺陷以及产生缺陷的原因，发现计划制订工作中的不足，从而使计划工作得以不断改进；其三，控制过程中，施控者通过反馈所了解的不仅仅是受控者执行决策的水平和效率，同时也可了解到自己的决策能力和水平、管理控制的能力和水平，这都有助于决策者不断提高自己的决策、控制等管理活动的水平。

三、控制是管理创新的催化剂

控制不等于管、卡、压。控制不仅要保证计划完成，并且还要促进管理创新。施控过程要通过控制活动调动受控者的积极性，这是现代控制的特点，如在预算控制中实行弹性预算就是这种控制思想的体现。特别是在具有良好反馈机制的控制系统中，施控者通过接受受控者的反馈，不仅可及时了解计划执行的状况，纠正计划执行中出现的偏差，而且还可以从反馈中受到启发、激发创新。

第三节　控制的类别

一、按控制系统的内部结构分类

（一）开环控制

开环控制也称开环控制系统（如图 6-1 所示）。在这种控制系统中，控制者与受控

者的作用关系是单向的，组织输出的信息不能反馈到施控者。开环控制系统中没有反馈制度，因此结构简单。但是，由于在开环控制系统中施控者不了解受控者的输出信息，自然难以改进自己的控制工作以保证目标顺利实现。开环控制系统在经验管理阶段比较常见，在现代化管理中已不多见。

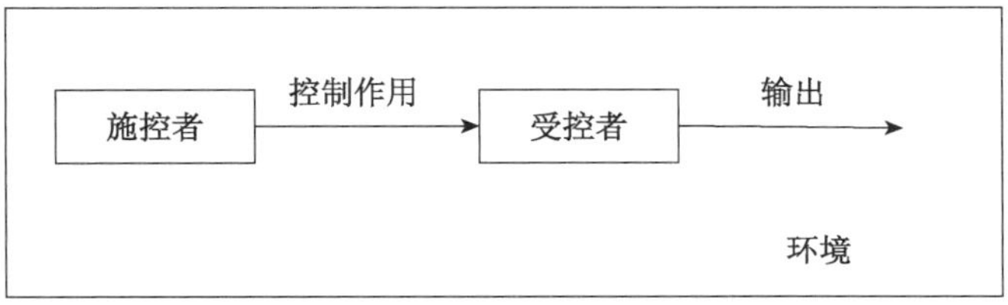

图 6-1　开环控制系统示意图

（二）闭环控制

闭环控制也称之为闭环控制系统（如图 6-2 所示）。它是在开环控制系统基础上，设置了反馈装置之后形成的。在闭环控制系统中，施控者与受控者之间具有反馈作用和控制作用。反馈是指将系统输出的信息再回输到原系统中去的系统活动。反馈是闭环控制系统的关键。

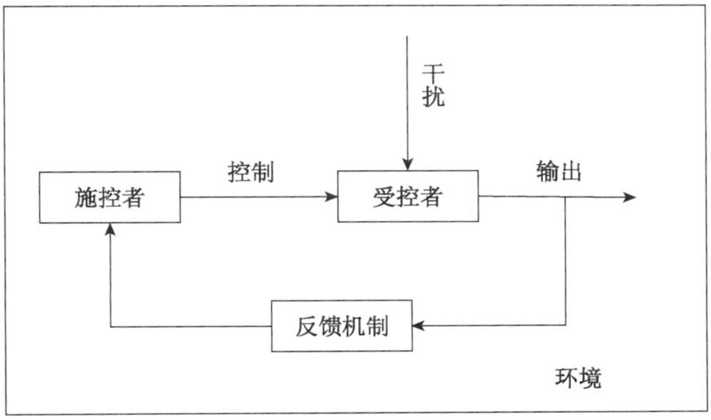

图 6-2　闭环控制系统示意图

由于闭环控制系统加装了反馈装置，系统的输出可以再回到施控者手中，施控者可以据此比较系统输出与目标的异同，发现差别，从而采取措施，改进系统和控制过程，提高组织效率。显然，闭环控制比开环控制要先进得多。但闭环控制也存在着不足，主要是系统已经输出，如果在外部因素的干扰下没有达到目标的要求，虽然施控者可以通过反馈了解这一情况，并着手改进，但损失已经造成了。例如，在企业的生产经营活动中，企业仅在产品销不出去才知道市场已经供过于求，并着手进行调整就为时已晚了，因为生产出的无销路的产品已给企业带来了经营损失。

（三）前馈控制

前馈控制也称前馈控制系统（如图 6-3 所示）。它是在完善闭环控制系统的基础上形成的，最为主要的改进是在闭环控制系统中加装了前馈装置。前馈指对未产生后果的干扰因素所作的反馈。这一反馈将干扰信号回输给施控者，施控者可及时采取对策排除干扰，保证目标得以顺利实现，因而，有人将前馈控制称之为事前控制，反馈控制称之为事后控制。

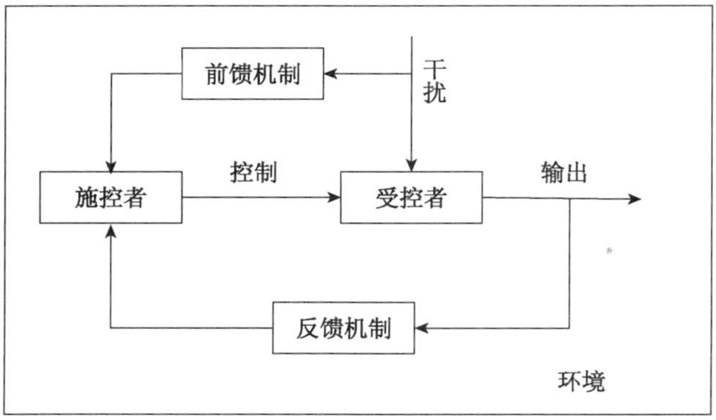

图 6-3　前馈控制系统示意图

带有前馈装置的控制系统也带有反馈装置，二者都是必要的，可以互相补充。因为即使系统设置了前馈装置，由于受多种因素的制约，系统中的前馈装置不可能将一切干扰都准确无误地反馈给施控者，施控者也有必要了解系统输出与目标之间是否存在着偏差，如有偏差，其程度多大，可见反馈装置同样是不可缺少的。

二、按控制的内容分类

（一）预算控制

预算控制即对组织活动所需的费用、成本、支出等进行的事前安排，以及支出过程中的控制。在预算控制中，最为重要的又是财务预算控制。预算控制对每一种组织都是重要的。因为每一个组织在开展活动、实现目标过程中，都有费用和成本。对企业来说，要求通过预算控制使成本最低，利润最大；对非企业型的其他组织来说，同样要求节省费用，达到效用最大化。

（二）信息控制

信息控制指对组织的信息流动进行的控制，信息是控制的前提，同时又是控制的对象。现代组织研究表明。信息是一个组织生存、发展不可缺少的要素。真实、全面和及时的信息既是决策的前提，也是保证组织协调一致，构成一个有机整体的纽带。组织不仅要与外界进行物质能量交换，而且也要进行信息交换。例如，一个企业，只有从外部获得有关市场需求、竞争对手、原材料供给等方面的信息，才能正确地做出经营决策，有准备地进入市场；同时还要向外部发布必要的信息，让社会、消费者了解企业，以及企业所生产的产品；另外，还要控制一些信息外泄，如企业的技术诀窍、发展战略等。在内部，信息的流量是否合理，传递的信息是否真实、全面和及时，是决定上下能否沟通，决策能否被接受并贯彻执行，左右是否能协调行动的重要因素，所以，信息控制是组织控制活动的重要内容。

（三）质量控制

质量控制包括产品质量控制和工作质量控制。质量控制是保证企业所生产的产品达到质量标准，工作水平达到工作质量标准的重要管理活动。质量控制不仅在企业里十分重要和必要，而且就是在非企业类的组织中同样十分重要和必要。人们对此还缺乏足够的认识。因为每一个组织，无论是企业还是其他非经济组织，都要以不同的形式向社会提供自己的产出。只不过企业提供的是产品，政府提供的是服务，学校提供的是毕业生，文艺团体提供的是满足人民精神生活所需要的精神产品。每一种产品的消费者对该产品都有一定的质量要求，这是不言而喻的，提供高质量的产出是每一个向社会提供产出的组织的责任。能否提供满足社会需求的高质量的产品，关系到组织的生死存亡。“质量就是生命”适用于一切参加社会交换的组织。如何才能提供满足社会所需要的合格的产品呢？从管理的角度来看，就是要做好质量控制工作。正因为如此，每一个组织都有质量控制的任务。

第四节 控制过程

一、控制过程的三个阶段

控制是一个不断的往复循环的管理过程，但就一次控制活动来看，它由如下三个阶段构成。

（一）确立控制标准

控制必须有标准，否则就不可能制定组织活动中是否存在着偏差。员工的绩效如何、组织的效率应当如何改进，要求达到什么样的水准。计划是控制的基本标准，但仅有计划是不够的。计划往往只是一个概略的、总括性的标准。管理者还必须在计划的指导下，建立起明确的、具体的控制标准。

为保证有效控制，控制标准应满足如下几个方面的要求：

（1）控制标准应尽可能数量化，具有可操作性，这样控制过程中，施控者和受控者心中都有明确的行动界线和标准，有助于发现行动中出现的偏差。受控者由此可自觉地、主动地纠偏。模棱两可，解释起来主观随意性大的控制标准是不利于控制的。

（2）控制标准应尽量简洁明了，不仅能为控制者所了解、所掌握，更要能为全体执行人员所掌握、所了解。

（3）控制标准体系应协调一致。一个组织内的活动是多种多样的，各职能管理部门都会制定出各自的控制标准，这些标准应该协调一致，形成一个有机整体。不能互相矛盾，否则会使计划执行者陷入两难困境，或管理真空地带中。

在一个组织中，控制标准按其特性可以分为两大类。其一是定量化的控制标准，它是以明确的、数量化的指标来表现的。这种标准客观性强，容易把握。如企业生产经营中的工时定额、成本定额、月销售额等都是定量化的控制标准。只要有可能，控制标准都应数量化。其二是定性标准，即以反映事情基本性质的指标标准。如衡量员工工作态度的“优良、一般、差”等就是定性化的标准。在控制过程中，定性化的控制标准也是必不可少的。因为有许多活动和事物，还不可能对其水准做出确切的数量划分，不可能用数量指标来表示。定性标准如果定得好，与定量标准互相补充，就会形成较完整的控制标准体系。

此外，控制标准还必须随事物的发展进行必要的调整，它需要控制标准保持一定的稳定性，但这种稳定不是绝对的，一般来说，随着组织效率的提高和组织的发展，控制标准应不断提高，可也不排除对过高的标准做出降低的调整。

（二）检查考核

检查考核就是对计划执行的实际情况进行实地检查，并做出判断。检查考核是控制的中间环节，也是工作量最大的一个环节。在这个阶段，施控者可发现计划执行中所存在的缺陷，有什么样的以及程度多大的偏差，它们是由什么原因引起的，应采取什么样的纠正措施。可见，该环节的工作影响着整个控制效果。

做好检查考核工作主要应注意以下几个方面：

（1）必须深入基层，踏踏实实地了解实际情况，切忌只凭下属的汇报作判断，也要防止检查中走过场，搞形式，工作不踏实，走马观花，点到为止。

（2）检查考核工作必须制度化。通过制度建设，管理者可及时、全面地了解计划执行的情况，以便从中发现问题，迅速纠正，尽可能地将重大偏差消灭至萌芽状态，检查无制度，随心所欲，就可能等到出现了大问题，才手忙脚乱地仓促应付。

（3）检查考核的方法应科学。考核应根据所确立的标准考核，对计划执行中存在的问题，不夸大、不缩小，实事求是反映情况。

检查考核的目的是对计划执行状况做出判断，更进一步讲，是判断是否存在偏离计划路线和目标的现象的工作。实际计划执行中的偏差有两种。一种可称之为正偏差，通俗地讲就是超额完成计划的情况。在大多数人的思想上，一直存在着这样一种意识：超额完成计划是好的，应该鼓励。其实，超额完成计划并非都是有利的。有些正偏差会加剧结构失衡。所以，在检查考核中发现存在着正偏差，也必须全面分析，然后再做出结论。另一种是负偏差，即没有完成计划和偏离计划的情况，显然，负偏差是不利的，施控者必须深入分析产生负偏差的原因，并及时采取对策加以纠正。

（三）分析偏差原因，并采取对策

如果发现计划执行过程中已经出现了偏差，必须马上召集有关方面分析偏差产生的原因，偏差产生的原因不外乎两大类。其一是计划脱离实际，使执行者无法执行。这种偏差产生的原因是计划制定得不合理，或是标准过高，或是标准过低。自然，纠正偏差的措施只能是重新调整计划，修改标准。其二是员工努力不够。这就需要坚持标准，同时分析员工努力不够的原因，排除消极情绪，督促其完成计划。

纠正偏差是控制的最后的一个环节。也是控制的目的之所在。管理者应予以充分重视。在这环节主要应注意如下几个方面的问题：

（1）纠正偏差一定要及时，发现问题马上解决，不能拖拖拉拉，等问题成了堆才去解决。

（2）纠正偏差的措施一定要贯彻落实，切忌将措施束之高阁。

二、控制的基础与前提

（一）控制要有计划

前面已经提出，控制与计划是同一问题的两个方面。计划在一定程度上也是一种控制，但从狭义的控制来说，控制仍要以计划为前提。这句话具有两重含义：

（1）计划是控制的标准，没有计划，就谈不上控制。实现计划是控制的最终目的。计划制订得越详细、明确、可行。控制也就越容易。所以，要做好控制工作，前提之一就是要做好计划工作。

（2）控制本身也需要有计划。对于施控者来说，不仅要建立控制标准、控制程序，而且还必须明确控制工作的重点、方法和目标。这都说明控制工作本身也需要计划。不然的话，控制就会打乱仗，施控者就会像消防队员一样，哪里出问题就急急忙忙地奔向那里，这样的话，控制是很难取得成效的。

（二）控制要依据有效的信息

信息是组织活动的要素，也是控制的基础和前提。控制必须依据有效的信息。控制过程实质上就是一个施控者向受控者传递指挥和决策信息、受控者向施控者反馈执行信息的过程，没有信息的传递，控制就不能进行；没有真实、全面、及时的信息，就难以达到控制的目的。

有效的信息必须符合以下几点要求：

（1）有效的信息必须是准确的信息。错误的信息必然导致错误的决策，其后果比没有信息更为糟糕。

（2）有效的信息必须是及时的信息。过时的信息在控制活动中是没有价值的。

（3）有效的信息必须是全面完整的信息。

为保证获得有效的情息，在控制系统中必须建立起完善的信息传递网络和机制，保证信息畅通，要建立必要的信息处理机构，运用先进的信息传递、处理、分析工具，建立科学的报告制度。报告是管理中最常见的信息载体的信息方式，每一个组织都必须建立起合理的报告制度。

（三）控制必须建立起明确的责任制

标准的确立只为控制提供了一个衡量计划执行状况的尺度。这个标准只有得到贯彻落实才会起作用。所以，控制必须建立起明确的责任制。通过建立责任制，使每一个人都明白自己的职责和要达到的标准，并在工作中自觉地履行职责，按标准要求完成任务。这样的话，外部控制就会转变为自觉的内部激励，或者说自我控制，使控制的效率大大提高。

也可以说，建立责任制过程本身就是一种控制行为。为了达到全面控制的目的，组织中的一切有目的的活动都必须建立责任制，每一个人，不论是管理者还是被管理者，都应纳入责任制体系之中。

（四）控制要有组织

控制要有组织，包含这样两重含义：

（1）为完成组织管理的控制职能应建立起专门的司控机构，配备专职的司控人员，授予其权力，明确其责任，这项工作可解决由谁来控制的问题。

（2）控制应注意协调。在一个组织中，控制是多方面的，各方面的内容和目的都不一样，为了保证组织的根本目标得以实现，各个部门的步调必须一致。所以，控制中必须充分注意协调。

三、控制的原则

一般来说，组织中的控制应遵守如下的几条原则。

（一）原则性与灵活性相结合的原则

控制是按一定标准进行的管理活动，目的是为了保证计划完成。受控者在控制过程中必须严格执行施控者的命令和决策，施控者对要完成的计划、要达到的标准，不能有丝毫动摇。控制是一项十分严肃的管理工作。控制需坚持原则，必须严格按计划、标准办事。对计划中存在的问题，必须及时反馈；对计划执行中存在的重大消极因素，必须坚决排除。但是，控制又是针对未来进行的管理，为了保护员工的积极性，对一些非原则性的缺点和错误，以及一些不影响大局的失误，应从正面给予帮助，积极引导，争取受控者自觉、主动地去纠正偏差。

在控制中做到原则性与灵活性的结合，需要较高的管理控制艺术水平。它首先要求管理者对哪些属于原则性问题、哪些属于非原则性问题有一个正确的判断；其次要求有与问题大小程度相适应的处理措施。做到这一点，施控者必须努力提高自己的政策水平、思想水平、工作水平，不断地总结管理中的经验教训，提高自己的管理调控能力。

（二）重点控制与全面控制相结合的原则

重点控制指在计划的实施过程中，应对关系全局的重点部门、重点工作环节进行的特别控制。全面控制指对计划实施过程中的诸多方面进行的一般控制。控制必须做到重点控制与一般控制相结合，以重点控制来带动一般控制，一般控制来保证重点控制。

重点控制在控制过程中是十分重要的。因为一项计划，无论多么简单，也会涉及到多个部门的工作协调，也要经过多个环节。不同部门、不同环节在计划实施中的地位和作用是不同的，有的事关全局，有的则仅起配套辅助作用。控制首先必须抓住这些事关全局的部门和环节。这样控制才最有效率。

例如，都是生产电视机的企业，有的面临产品质量差，市场萎缩的困难，这样的企业，管理控制的重点当然就是质量管理部门和管理工作；而有的企业则是产销两旺，但资金、生产场地紧张，这样的企业，控制的重点就是企业的财务和基建部门及其工作了。如果控制中缺乏重点，平均使用力量控制就会打乱仗，其效果必然低下，顾此失彼，难以保证计划顺利完成。

同时，在控制系统中，全面控制也是十分必要的。如果只抓重点控制，放弃全面控制，一些部门就会放任自流；一些环节，虽然它是非关键性的，在失去控制之后也会影响计划的完成。所以说，全面控制与重点控制是相辅相成的，缺一不可。

（三）事前控制与事后控制结合

事前控制指在计划执行前的控制，就是在计划付诸实施前，应尽可能地将计划本身存在的不足和执行系统中所存在的隐患消除掉。事前控制不同于计划，它需要采取实际行动。更具体一点，即它是人们通过对事实的观察和了解，对事物发展规律和趋势的把握，从而对未来可能发生或必然会发生的一些不利情况所采取的防范对策。事前控制通俗地讲就是将问题解决在萌芽状态，尽可能地减轻不利因素给计划带来的损失。由于事前控制具有超前性，所以又被称为现代控制方式。搞好事前控制，是做好控制工作、提高控制效率的重要内容。

但是，仅有事前控制又是不够的。因为计划执行受多种因素影响，人们不可能对所有的因素都知道得一清二楚，况且有些因素受各种条件约束，在事前也无法采取措施予以完全消防。所以除了事前控制之外，还必须采取事后控制方式。事后控制指在计划执行结果反馈的基础上，从中发现偏差和问题，然后采取纠偏措施，加以纠正偏差的控制方式。事后控制的内容明确，问题清楚，也比较容易采取解决办法。但事后控制是在问题已经发生之后才去采取措施，属于亡羊补牢。

事前控制与事后控制互相补充。只要协调得好，可以大大提高控制的效率。在管理实践中，事前控制与事后控制一般没有主次之分，二者在时间顺序上已经分开了。

第五节　控制效率

一、评价控制效率的标准

控制作为一项重要的管理职能，必须是有效的。那么，怎么来评价控制的效率呢？一般来说，应着重考虑如下几个标准。

（一）计划的保障程度

控制的主要任务就是要保证计划完成。在正常情况下，如果一个组织未能如期完成计划，就表明这个组织的控制无效或效率很低了。无论是建立控制系统还是实施控制过程，都应以保障计划完成作为基本准则。

（二）促进人们创新的概率

控制应努力促进人们创新，这一观点在本章的前面已经阐明。建立控制系统，不能将下属变成棋盘上的棋子，应给予他们发挥创造性的空间和权力，促使人们创新。

（三）解决问题的速度

控制的一个基本环节就是纠正偏差，俗称解决问题。控制越有效，解决问题的速度越快，如果一个组织中问题成堆，管理者却仍然熟视无睹，就表明该组织已经失控了。问题久拖不决，则表明组织控制效率十分低下了。

二、影响控制效率的因素

（一）分权不当，权力失控

分权和控制之间存在着因果关系，分权是控制的原因之一，控制是分权的保障。

如果管理者在管理中分权不当，权力失控，就会影响控制效率。管理实践中常见的分权不当有如下几种情形：

（1）将不应下放的管理权力不适当地下放给下级，如企业给非独立性的车间、分厂单独签订合同的权力，就有可能造成经营失控；

（2）权力下放和责任落实不对称，下级权大责小，下放的权力失去约束，造成权力滥用，失去控制；

（3）因为分权造成内部竞争，组织内部各种矛盾变得更加复杂，这种局面使组织内的关系复杂化，控制变得更加困难。

（二）信息流通不畅

控制必须以有效的信息为前提。如果组织内的信息不能顺畅流动，缺乏信息传递和反馈，控制就无法进行。所以，信息通畅与否直接影响着控制效率。信息流通不畅的主要表现及原因有：

（1）反馈不真实，下属受多种因素影响，不及时向上级报告新发生的问题，计划执行中产生了偏差的信息不能及时传递到施控者手中。

下属不愿向上级如实汇报情况的主要原因常见的是：

①上级好大喜功，下级报喜不报忧；

②下级故意隐瞒错误，逃避责任。

（2）层次太多，反馈不及时，环节太多，程序繁烦，文牍主义，造成信息传递缓慢，待等情况递到施控者手中，问题已经成了堆，并且，层次太多造成层层过滤，施控者接受到的是不完整的信息，据此无法做出判断与决策。

（三）标准过严

标准是控制的依据，但控制标准必须实事求是、科学可行。标准不能太低，低的标准缺乏压力，不利于调动员工的积极性。更值得注意的是，标准也不能过高、过严。若标准过高，下级和员工经过努力之后仍然不能达到，就会产生抵触情绪。如果过严的标准进行控制，施控者与受控者往往会产生对立情绪，控制也将失去作用。

（四）控制制度不健全

控制制度决定着控制工作本身的效率。控制制度规定着组织内司控人员的职责，权力、工作内容和程序等。若控制制度不完善，控制效率肯定低下。

控制制度不完善常常表现为：

（1）缺乏完善的检查考核制度，不能及时获得信息；

（2）控制机构和人员无约束，缺乏责任制；

（3）缺乏明确的控制机构和人员，纠正措施不能及时落实，无法了解纠偏措施的执行效果。

（五）各部门之间的目标冲突

控制的最终目标是要保证计划顺利完成，实现组织的目标。在一个较大规模的组织中，组织的目标和计划往往要进行分解，再落实到各个部门中去。目标分解和执行过程中，稍不注意，就可能使各部门之间的工作不一致，甚至各自的目标相互冲突，这会给司控人员的控制带来困难，降低控制效率。

三、提高控制效率的措施

提高控制效率，最为主要的是必须做到如下几点。

（一）树立现代控制观念

现代控制观念是现代管理观念的主要组成部分，虽然控制在管理科学诞生的初期就被确立为管理的职能之一，但今天的控制所包含的内容已远不是早期控制职能所包含的内容了。什么是现代控制观念呢？简单地说就是：

（1）树立新的施控者与受控者关系的观念。传统的控制管理观念认为：施控者处于绝对支配地位，受控者处于被支配地位。二者之间只有命令和服从的关系。现代控制观念则认为，控制者与受控者是平等的，施控者的权威只有被受控者承认和接受才有意义，施控者只有靠权力和威望才能施控，控制才能发挥作用。

（2）重视反馈。反馈是现代控制的特征之一，没有反馈，控制不可能高效率。施控者不是万能的，他必须依据受控者的反馈来判断和决策。建立反馈观念，重视反馈，不仅要建立制度化的反馈机制。更为重要的是要让下级畅所欲言，敢讲、愿讲真话；全面、及时地反映真实情况。

（二）合理分权

分权是控制中的问题，也是组织机构设置的中心问题。怎样才能做到合理分权，没有放之四海而皆准的真理，分权的合理与否只能根据实际情况来判定。一般来说，以下几条原则可保证分权合理性：

（1）权力下放和责任落实相一致，保证权责对等；

（2）切忌越级接权，越级接权必然导致越级指挥，从而给中层管理人员的控制活动造成困难；

（3）从实际出发，分权是因人、因时、因地、因事而异的管理活动，管理者的分权必须从实际出发，不能盲目地照搬他人的做法。否则，分权不仅难以调动下层的积极性，反而会造成失控的局面。

（三）做好控制制度建设工作

控制制度建设包含着广泛的内容，在某种意义上，基本上与管理相等同。就狭义的控制制度建设而言，主要应做好如下几道工作：

（1）建立精简、高效的控制机构，配备合格的司控人员；

（2）建立明确的控制责任制；

（3）完善组织内部的信息沟通体系，保证信息上下沟通顺畅，反馈及时；

（4）搞好协调工作，形成有机的控制网络。

复习思考题

1. 控制的涵义及控制的目标？
2. 开环控制、闭环控制、前馈控制的含义及优缺点是什么？
3. 思考如何从控制的角度来提高工作绩效，实现管理的突破。

第七章　决　策

决策是管理工作的本质。管理的各项职能——计划、组织、领导和控制都离不开决策。

第一节　决策的定义、原则与依据

一、决策的概念

决策是最重要的管理职能之一。以西蒙为代表的决策理论学派甚至认为：管理就是决策。决策指的是按组织目标的要求，在组织内外部条件的约束下，对多个可行的行动方案进行选择并执行选择结果的管理活动。

根据决策的定义，可知决策有如下特点。

（一）目标性

决策总是为实现组织的某一目标而开展的管理活动，没有目标，或者目标不明确，就不可能做出正确的决策，因为此时决策失去了方向。

（二）选择性

决策最显著的特点之一就是它是在多个可行方案中选择最优方案。如果只有一个方案，决策者没有选择也就无所谓决策了。由于决策是在多个方案中择优，就对方案的判定、选择标准的确定等决策者的判断力提出了更高的要求。

（三）风险性

决策是一种带有风险的管理活动，因为任何备选方案都是在预测未来的基础上制定的。客观事物的变化受多种因素的影响，加之人们的认识总有一定的局限性，作为决策对象的备选方案不可避免地会带有某种不确定性，决策者对所做出的决策能否达到预期的目标，不可能有百分之百的把握，都要冒不同程度的风险，所以说决策具有风险性。

二、决策的基本原则

（一）科学性原则

决策的科学性原则是指决策必须遵重客观规律，遵重科学，从实际出发，实事求是。决策是管理的首要职能，关系行动的成败，决策者应尽可能地减少决策中的失误。做到这一点，只有按科学的原则办事，将决策建立在科学的基础上。

执行科学性原则，首先要求决策者具有科学的决策意识。决策具有极强的科学性，容不得半点弄虚作假、哗众取宠的不良作风。决策者只有树立了科学决策的意识，才可能尊重事实，尊重客观规律，按科学的决策程序办事。其次，一切决策都应按科学的决策程序办事，决策程度就是为了保证决策的正确性所作的工作安排，人们在管理决策实践中已总结出了一套科学合理的决策程序。决策者应结合本部门管理实践的要求，建立起符合本部门客观实际的决策程序。这套决策程序一旦建立，就应坚持按程序办事的原则，切忌长官意志，独断专行，我行我素。最后，决策应尽可能掌握和运用科学的分析方法和手段，特别是现代科学技术手段，如现代科学决策理论、电脑等现代决策工具，帮助决策。决策者不能靠想象，凭主观愿望办事，只有运用科学的理论、方法和工具，对事物尽可能深入、全面、准确地分析，才能保证决策正确。

（二）经济性原则

经济性原则通俗地讲就是节约的原则。节约原则在这里包括着如下两重含义。

1. 应使决策过程本身所花的费用最少。决策同其他管理活动一样，需要费用和成本，决策者必须考虑决策过程中的费用和成本。人们之所以不可能按绝对最优的标准进行决策，其原因就在于列出所有的备选方案的成本太高了，常常会得不偿失。决策过程本身的费用和成本与采用的决策程序、决策方式、决策标准等方面直接相关。在保证决策的科学性、合理性的前提下，应选择费用最省、成本最低的决策程序、决策方式和决策标准。

2. 决策的内容应坚持经济效益标准。组织中的决策是多种多样的，其中经济活动的决策必须讲求经济效益，对于许多的有关社会、文化、政治等的决策，要不要讲求经济效益标准呢？回答是肯定的。现代管理一般不允许不计代价的活动。一个组织所从事的社会、文化、政治等方面的活动虽然不以经济性的利润等为目的，但这些活动同样有成本。不同的方案，可能会效果相同，但花费不同。决策就应选择花费最少、效果最佳的方案，用通俗的话来讲就是要少花钱多办事、办好事。决策不讲经济原则，不计成本和费用的观念是绝对错误的。“只算政治账，不算经济账”的口号已经受到了批判，但它的影响并没有完全消除。强调一切决策都应树立经济效益标准是市场经济的基本要求，每个管理人员都应记住这一点。

（三）谁决策谁负责

“谁决策，谁负责”具有如下两重含义。

1. 谁作决策，谁负责决策贯彻执行。作决策是为了实施，决策的贯彻执行是决策全过程中不可缺少的一个阶段。在管理中，谁作决策，应由谁负责贯彻实施，其理由是：

（1）决策者最了解方案的优缺点和实施的措施、路线，能够较好地控制决策实施过程；

（2）“谁决策、谁实施”是执行谁决策、谁对决策后果负责原则的要求。如果决策者不负责贯彻实施决策，一旦决策目标没有实现，或决策与实际不符，决策者就可能把责任推给贯彻执行者。

2. 谁决策、谁对决策后果负责。决策具有风险，决策失误，组织会受到或大或小的损失。要减少决策的失误，避免损失，决策者必须对决策的后果负责。这是防止滥用决策权、盲目决策，尽最大可能保证决策科学、正确、可行的基本前提，也是一个制度保障。

（四）时效原则

决策的正确和错误总是与一定的时间概念相联系着，“马后炮”“事后诸葛亮”是没有意义的。决策必须具有较强的时间观念，在瞬息万变的现代社会经济中，每一个决策者都应牢记：“机不可失，时不再来。”能否抓住恰当的时机作出决策，实施决策，也反映了一个决策者所具有决策能力的高低。

时效原则要求决策必须果断，不能犹豫不决，贻误战机。这一点对于市场中的企业经营决策来说尤为重要。因为市场如战场、商情如军情，成功的机会就那么一刹那，如果抓住了，企业就会发展。当然，一个决策者能否做到当机立断，果敢决策，取决于决策者对环境和条件的分析。前怕狼，后怕虎，当断不断，坐等机会溜过，实际上是对决策条件研究不深不透，对决策实施的结果没有把握的表现。

当然，执行时效原则并不等于搞盲动主义，问题没有摸透，措施不完善，就仓促决策，盲目上马，最后以失败告终。科学、合理是时效原则的前提。

（五）充分发挥集体智慧的原则

决策是一项对能力要求很高的管理活动，战略性决策尤其如此。在现代社会管理中，由于生产社会化程度提高，客观事物发展变化快，关系复杂，使正确决策的难度加大，要做出正确决策只靠某一个人的智慧和天才是难以实现的。现在决策的潮流是充分发挥集体的智慧。发挥集体智慧的方法可多种多样。如设立专家智囊团，如建立起集体决策体制。总之，充分发挥集体智慧是当代科学决策的一个重要方法。

第二节　决策的类型

决策可从不同角度进行分类，这里仅介绍几种主要的类型。

（一）按决策的性质，可将决策划分为程序性决策和非程序性决策程序性。决策又称为常规决策，是指可按既定的程序、模式和标准进行的决策。在实际生活中，无论是个人活动还是组织活动，有相当一部分属于程序性活动。这些活动通常多次反复出现，人们通过反复的实践积累起经验，形成了一套解决这些活动中所遇到的一般性问题的方法、程序和标准。再遇到类似问题时，就按这些既定的原则和步骤行动。人们称这种决策为程序性决策。程序性决策的关键是日常活动的程序化。活动程序化有两个作用：一是作为组织控制系统的组成部分，可使控制更为容易，从而提高控制效率；二是作为组织协调系统的一部分，可提高组织的专业化水平，因为组织活动程序化之后，标准化程度提高，内部的分工就可能更加广泛和深化。否则，各部门为了保证自己的活动顺利展开，就容易形成“小而全”“大而全”的组织，获得独立性。

程序化决策通常用于解决一般性问题，其决策权也多为组织的基层管理人员所掌握。

非程序性决策又称为非常规决策，是指不能按既定的模式和程序所做出的决策。它一般用于解决组织所遇到的重大的、不经常出现的问题。非程序化决策带有一定的创造性。所以，非程序化的决策权一般为组织的高层管理人员所掌握。

（二）按决策者所处的管理层次，可以分为高层决策、中层决策和基层决策。高层决策指由组织的最高管理层所做出的决策。高层决策的内容一般是战略性的、事关组织全局的，其形式多是非程序化的，其正确与否对组织有着重大的影响。高层决策又称之为战略性决策。

中层决策指由组织中间管理层，或各职能部门的管理者做出的决策。中层决策在组织的决策链中起着承上启下的作用。基层决策一般指由组织的基层管理者做出的决策。基层决策一般是执行性决策，具有程序化的特征。

高层决策、中层决策和基层决策从纵向层次上形成组织的决策链，共同构成组织的决策体系。在这个体系中，占主导地位、起主导作用的是高层决策，中层决策和基层决策是高层决策的具体化。

（三）按决策的环境约束条件，可分为确定性决策、风险性决策和不确定性决策。确定性决策指决策的主要约束条件已十分明确和肯定，每个备选方案的预测结果也比较确定，只要对不同的方案进行比较，从中选优就可以做出决策了。

不确定性决策是指影响决策的因素存在着两种以上的情形，并且将来会出现什么样的情形也不能确定，其决策结果也不能确定的决策。不确定性决策在经济管理活动中也比较少见。

风险性决策类似于不确定性决策，不同的是在风险性决策中，对未来可能出现的各种情况可以大致地估计出其概率，决策的结果受概率估计值的影响，因而方案的选择中有一个较确切的标准，但又带有一定的风险性，故将这种决策称之为风险性决策。风险性决策是经济活动中最常见的决策。

（四）按决策准备的充分程度，可分为以下两种。

1. 准备决策。指经过较充分的讨论，周密地思考所做出的决策。这类决策是针对预先所明确的问题的。

2. 临时决策。指针对突发性事件，由决策人根据当时的情形所做出的非程序性的例外性的决策。临时决策不等于非程序性决策。非程序性决策指针对过去没有发生过重大事件所做出的决策，但这一决策可能是经过了充分、周密的讨论和思考的。但临时决策则是针对事先根本没有预期到的事件所做出的决策。这类决策一般时间要求紧，容不得决策人过多地思考讨论，如针对巨大的天灾人祸的决策，战场上预测不到的环境变化的决策。临时决策对决策人的决策能力要求相当高。

第三节　决策的基本理论

一、西蒙的决策理论

西蒙在管理学上的第一个贡献是提出了管理的决策职能。西蒙之前，法约尔最早对管理的职能做了理论化的划分。此时，决策被包含在计划职能之中，其后的管理学者对此也没有提出疑问，直到20世纪40年代，西蒙提出了决策为管理的首要职能这一论点之后，决策才为管理学家们所重视。今天决策理论枝繁叶茂，与西蒙对这个领域的开创性贡献是分不开的。

其次，西蒙对管理学的第二个贡献是建立了系统的决策理论，并提出了人有限度理性行为的命题和“令人满意的决策”的准则。在西蒙之前，微观经济学对个人在市场中的行为也进行了深入的研究，微观经济学认为，个人具有完全的理性，完全按效用最大化的原则选择。微观经济学这一命题暗含的前提是：个人已经知道了可供选择的全部方案，并且对这些方案可进行效用排序，决策者可从中做出最大化的选择，微观经济学的这一选择理论又称之为完全理性的经济人行为理论。

西蒙认为，完全理性的经济人模式有两个缺陷：其一，人不可能是完全理性的，人们很难对每个措施将要产生的结果具有完全的了解和正确的预测，相反，人们常常要在缺乏完全了解的情况下，一定程度地根据主观判断进行决策；其二，决策过程中不可能将每一个方案都列出来，一是人们的能力有限，二是决策过程的成本限制，人们所作的决策不是寻找一切方案中最好的，而是寻找已知方案中可满足要求的。西蒙更一步指出，在符合要求的选择中，“要求”和“标准”本身也是决策人们所处的环境的一个组成部分，因而不应该把标准看成是给定的。当替代的措施被证明是容易发现时，就可提高标准；而难以发现时，就应降低标准。如果一并考虑寻找替代措施所产生的成本时，那么当由于提高标准而得到替代措施所产生的“边际效益”填补了为寻找满足这个更高的标准的措施所花费的“边际成本”时，那未选定的替代措施将会接近“最佳条件”。由此可见，标准不应一成不变，其高低应与寻找替代措施的成本相适应。

西蒙还认为，决策过程本身同决策结果一样具有重要的意义，不同活动的决策要求不同的决策过程。西蒙认为，一个组织的活动可分为经常性和非经常性两大类，经常性活动的决策应程序化，可以降低决策过程的成本，只有非经常性活动才需要进行非程序化的决策。

西蒙的决策理论不仅丰富了管理学理论，并且创立了决策理论学派，这个学派今天仍有较大的影响。当然，决策理论学派研究的范围大大拓展了，特别是对决策的数学方法的研究，已经达到了一个较高的水平。

西蒙的决策理论是以企业组织为对象，但阐述的原理和原则是适用于一切组织活动的决策的。

二、决策过程循环理论

这个理论是美国人凯普纳和脱利哥提出的，他们认为，决策是一个不断循环的过程，首先要求决策人明确当前问题处在什么方位，在所有的问题中哪些问题是要优先解决的，然后寻找问题的成因，对分析的原因进行测试，最后肯定原因，制定解决办法。

至此，决策经过了一个阶段，下一个阶段是选择方案，又可分为四小步，分别是建立目标、目标分类、产生行动方案、选择方法。这一阶段结束之后，即是执行决策阶段了。凯普纳和脱利哥将上述阶段模型化了，总的来说，凯普纳和脱利哥的理论与西蒙的理论没有本质上的区别，只不过是将西蒙的理论图示化，显得更直观罢了。

三、行为科学的决策论

行为科学认为决策者对决策结果影响甚大，虽然决策原则、决策程序可以科学化，但决策者的类型、品质、作风和方法却难以规范化、科学化。同一个问题，即使采用同样的程序和备选方案，结果可能迥异。这一理论颇有意思地是将决策者进行了分类。认为决策者可以分为这样 5 类：

（1）理论的决策者，能充分发挥才干，富有进取性，没有不良性格。

（2）接纳式决策者，这类决策者缺乏主见，人云亦云，最欢迎其下属提出总结性陈述或最好策略，他即不加思考予以采纳。

（3）剥削式决策者，这类决策者喜爱新玩艺，不惜向别人剽窃，施展权术，窃居高位。

（4）囤积式决策者，这类决策者墨守陈规，固步自封，对新思维、新思想和新事物表示冷淡，害怕出问题，十分保守。

（5）推销员式的决策者，这类决策者唯利是图，投机取巧，看风使舵，办事没有一定原则。

虽然，行为科学强调决策者的作用，对决策者加以研究是有重要意义的。

但应注意，决策体制对决策的影响同样关系重大。选择合适理想的决策者和建立合理的决策体制同样重要。

第四节　决策的过程与影响因素

决策一般要经过如下几道程序。

一、提出问题，分析问题，确定决策层次

决策不是做思维游戏，是为了解决一定问题所进行的管理活动，所以，决策必须围绕一定的问题来展开。当然一个组织中总是有许多的问题。例如，在一个企业中，就有企业如何在市场竞争中发展自己、企业目前资金不足等问题需要解决。在一个拥有两个或两个以上层次的组织中，仅将问题提出来是不够的，还必须在提出问题的基础上对众多的问题进行分析，以明确各个问题的性质，确定这些问题是涉及组织全局的战略性问题，还是只涉及局部的程序性问题。明确问题的性质是为了确定解决问题的决策层次，避免高层决策者被众多的一般性问题所缠绕而影响对重大问题的决策。

提出问题，并不是说决策者就只好坐等问题发生，等下级将发生的问题呈报在自己面前。对决策者特别是高层决策者来说，清楚地认识到潜在的有可能发生的问题，对事物的发展进行超前的、正确的预计是尤为重要的，这就要求决策者必须主动地深入实际调查研究，及时发现新问题，提出新问题进而解决新问题，以保证组织的健康发展。

二、明确目标

发现问题，提出了问题，对问题进行了定性，这只不过是弄清了组织中有哪些问题有待解决以及应放在什么层次或部门解决的问题，而对问题应解决到什么程度，就应该是明确决策目标的问题了。

决策目标既是制定决策方案的依据，又是执行决策、评价决策执行效果的标准。决策目标也就是决策必须达到的水平。因而，决策目标必须定得合理。一项决策目标定得合理的标准应该是使该目标既能够达到，但又必须要经过努力才能够达到。目标定得太高，根本不切合实际，会使人望而却步，失去为之奋斗的信心与勇气，决策就会随之化为泡影。目标定得太低，不经过任何努力即可实现，人们就可能认为唾手可得而感到无所作为，随之丧失应有的压力和积极性。管理的实践经验已经证明，保持一定的工作压力是必要的，而形成工作压力的主要途径就是决策的目标和计划指标了。

决策目标首先必须正确，这是决策正确的航标；其次就是水平必须合理、可行。

三、制定备选方案

实现同一个决策目标的方式或途径可能是多种多样的。不同的途径和方式实现目标的效率也就不一样。决策要求以费用最低、效率最高、收益最大的方式实现目标。这就要求对多种途径和方式进行比较和选择，所以决策的第三个程序就是在可以允许的程度内，将所有可能的备选方案都制订出来。

制订备选方案既是组织的一项管理活动，同时又是一项技术性很强的管理活动。无论哪一种备选方案，都必须建立在科学的基础上。方案中能够进行数量化和定量分析的，一定要将指标数量化，并运用科学、合理的方法进行定量分析，使各个方案尽可能建立在客观、科学的基础上，减少主观假设性。

四、评选、确定满意方案

对决策的备选方案进行比较评价，确定满意方案，是抉择的关键环节。为保证这一关键环节的正确性，首先需要组织一个得力的评选方案的班子，这个班子应包括各方面的专家。就企业决策来说，应包括有技术、财务、市场公关等各方面的专家，以便对方案在各个方面的合理性与科学性做出正确评价。其次要确定方案选择标准。经济组织决策中评选方案的标准一般是以经济效益为最基本的指标。例如，企业评价方案多以利润、成本、投资回收期等指标作为最基本的指标。但要注意的是，经济活动不仅是纯经济性的，它会涉及到许多方面。因此，除了经济效果之外，还必须有一定的环境效益、社会效益指标；再次，评选方案工作一定要深入、认真、细致；评价方案不只是依据评价指标从中选择最高的，还必须详细审查方案的可行性程度。如果没有可行可选的方案，绝不能迁就，草率抉择，而应该选择一些方案进行修改或增补备选方案，然后再进行评价选择。

五、组织决策实施

用现代决策理论观点来看，决策不只是一个简单的方案选择问题，它还包括决策的执行。因为决策正确与否，质量如何，不经过实践的检验，是得不到真正的证明的，实践才是检验真理的唯一标准。而且，决策的目的也就是为了实施决策，以解决最初提出的问题。如果说选择出一个满意的方案是解决所提出的问题成功的一半，那么，另一半就是组织决策的实施了。不能付诸实施的决策只能是水中之月、镜中之花。因此，决策者必须将组织决策实施的工作当作一个重要的环节来抓。

决策的实施首先要有广大组织成员的积极参与。为了有效地组织决策实施，决策者应通过各种渠道将决策方案向组织成员通报，争取成员的认同，当然最可取的方法是设计出一种决策模式争取更多的成员参与决策，了解决策，以便更好地实施决策。

六、信息反馈和决策的修订、补充

实施是检验决策正确与否的唯一方法。在决策时，无论考虑得怎样周密，也只是一种事前的设想，难免存在失误或不当之处，况且，随着形势的发展，实施决策的条件不可能与设想的条件完全相吻合，在一些不可控因素的作用下，实施条件和环境与决策方案所依据的条件之间可能会有较大的出入，这时，需要改变的不是现实，而是决策方案了。所以，在决策实施过程中，决策人应及时了解，掌握决策实施的各种信息，及时发现各种新问题，并对原来的决策进行必要的修订、补充或完善，使之不断地适应变化了的新形势和条件。

七、总结经验，吸取教训，改进决策

一项决策实施之后，对其实施的过程和情况进行总结、回顾，既可以明确功过，确定奖惩，还可以使自身的决策水平得到进一步的提高。

通过总结决策经验，往往可以发现一些决策最初看起来是正确的，但在实施之后却并不令人满意；如某些决策短期效益可能十分显著，而长期效益却很差，这些都是通过对决策实施的结果进行总结所得到的经验。总结决策的经验教训不是几个决策者的事情，有必要发动决策的执行者、决策方案的审评者和决策方案制订者参加，从各自的观点、立场改进决策，以提高决策水平。

第五节　决策的基本方法

决策的方法是完成决策必须凭借的手段。为了保证管理决策的正确性，必须运用科学的决策方法。决策的方法可以分为两大类：一类是定性的技术方法；另一类是定量的技术方法。决策的方法经历了一个由低级到高级的发展过程。在军队管理活动当中，随着现代科学技术的迅猛发展，各种科学的技术和方法为决策的科学化提供了有效的手段和辅助工具，促进了决策水平的不断提高。

一、定性的技术方法

定性的技术方法是军队管理决策的重要方法。它主要是指用于定性决策的技术和方法。利用这类方法，决策者可以运用社会科学，特别是军事科学理论，从研究决策对象的本质入手，掌握军队管理活动的内在联系及其运动规律，制定出适应不同时期需要的科学决策。定性的技术方法包括多种具体方法，主要有智力激励法、德尔菲法、列名小组法、方案提前分析法、信息交合法等。

（一）智力激励法

智力激励法是美国创造工程学家奥斯本于1939年创立的。它以专题讨论会的形式，通过扩散思维，进行信息催化，激发与会者的设想，形成综合创造力，方案的评价在会后进行，由决策者从众多的设想方案中选出最佳方案。运用智力激励法讨论的主题一定要明确，与会者不宜过多。要请熟悉主题的专家参加，讨论中应遵循“自由奔放，谋求数量，严禁批评，结合改善”的原则，各种设想不论如何，一律记录备选。

军事上，在进行决策之前，开展军事民主，征求基层指战员的意见，把各方面的意见进行比较选择，最后，定下作战的决心。这种方法实际上就是集思广益的方法。诸葛亮曾经说过：“夫参署者，集众思，广忠益也。”用集思广益的方法进行正确决策在历史上不乏其例。例如，我国历史上著名的官渡之战，袁绍大军十万，曹操“兵不满万，伤者十二三”。面对这种形势，曹操不主观武断，给远离前线的谋士写信，征询他们的意见，集思广益，不仅广泛地收集情报、分析敌我双方各方面的情况，听取参谋集团的建议报告，而且连刚从袁绍那里投奔过来的许攸之计也敢采纳。从多方面分析与综合，抓住袁绍“能聚人而不能用”这个弱点，果断决策，用奇取胜。而袁绍正好相反，不听从众人的建议，结果只能导致失败。相反，在“官渡之战”之后，虽然曹操统一了北方，征服乌桓，但是，他被胜利冲昏了头脑，不听谋士的劝阻，发兵八十三万向江南进攻，最后招致兵败赤壁。孙刘结盟抗曹决策的确立经过诸葛亮游说东吴，舌战群儒，力排众议，坚定了孙权抗曹决心。东吴的鲁肃、周瑜从多方面论述了抗曹必胜的条件，更使孙权拔剑砍掉案角定下抗曹决心，“再言降曹者，与此案同”！从这里，我们不难看出激励众思是广收益的根本，也是正确决策的基础。

智力激励法的主要特点是能促使信息催化，产生连锁反应，形成综合创造力。这是由于讨论会上自由发表的意见对每一个与会者都是一种信息刺激，这些刺激如果被接受和理解，就会被纳入自己的知识结构里，于是，新信息与旧信息，新信息与其他新信息融合，而产生新观念，或者在新的信息的刺激下，通过联想作用激活另一个有价值的观念，提出多种方案。例如，1948年春，我军解放石家庄之后，国民党军队在同年10月，集中了第94军、暂编第17师、新编骑兵第4师、骑兵12旅等兵力，在保定地区集结了数千辆汽车，准备快速奔袭石家庄。当时，我军在石家庄的兵力只有一个中央警卫团和一个教导团，敌我相差悬殊。在这种情况下，叶剑英、聂荣臻和肖克等人通过认真讨论，精密地筹划了一个“空城计”，使傅作义由狐疑转为动摇，怕受内外夹击，终于下令停止进攻石家庄。在这个例子当中，叶剑英等人集思广益，改变了传统的思维模式，开拓思路，创造性地提出问题和解决问题，科学地决策，最后取得了胜利。

（二）德尔菲法

德尔菲法又称为专家集体预测法，是定性决策的方法之一。它是以匿名方式通过几轮函询，征求专家们的意见，由专门的小组对每一轮意见进行汇总整理，作为参考资料，再送到每个专家的手中，以便于他们再进行进一步地分析判断，提出新的论证材料。经过多次反复后，专家的意见就会日趋一致，增加了决策的正确性。这种方法是系统分析方法在制定决策中的一种延伸，为合理地制定决策开阔了思路。这种方法对未来的行动结果进行了概率估计。由于估计的结果是以明确的概率来表示，因而，可以提高决策的准确性。

应用德尔菲法进行决策的关键在于专家。专家是指在军队管理系统中的某一领域内高素质的专业人员。由于军事上的特殊需要，在作决策时，所请的专家应根据具体的决策目标和决策内容来确定。不仅要选择精通技术与指挥，处于与决策相关领域的前沿的专家，而且应选择具有丰富经验和交叉学科综合知识的专家。在选定专家以后，针对决策目标进入设想和预测过程。设想和预测过程一般可分为以下几个步骤：一是提出预测问题，不加约束地让专家提出应考虑到的问题；二是综合第一步的调查情况，做出评价，说明理由；三是专门小组将第二步情况整理后，让专家再进行预测与判断，并说明理由。四是根据专门小组的需要，有重点地让一些专家再进行预测，并做出比较充分地论证。这种方法较好地利用了控制与反馈的原理，经过设想和预测的几个步骤，使意见比较集中，便于决策者定下决心。

（三）列名小组法

列名小组法是一种畅所欲言的方法，这种方法的具体做法是：事先列出参加决策问题的专家名单，但专家相互之间不直接接触，在互不影响的条件下，回答所征询的问题或针对所要决策的问题提出建议。会议主持者在汇总了所有建议后，只公布方案结果，不提及方案的提出者，然后，让专家们对汇总的方案情况进行讨论，每人都可以针对所提出的问题畅所欲言。在讨论以后，进一步汇总情况，做出决策。

（四）方案提前分析法

方案的正确与否关键在于备选方案的前提假设是否成立。方案提前分析法就是从前提假设的正确性入手，不直接讨论方案本身，而直接讨论前提假设。这种做法既可以避免参加决策人员的主观片面性，又可避免因参与的人员多，所提出的方案难以达成一致，以致于无法决策的局面。这种方法要求决策者事先要对方案认真分析，尽可能多地听取方案提出人的意见，找出制定方案的基本前提，加以系统整理后交付讨论。在讨论时，要求与会者通过仔细的研究与分析，从复杂的前提条件的表面现象中揭示其深层原因，排除主观因素的负面干扰，从而保证决策的科学性。

（五）信息交合法

信息交合法是把人们所获得的信息，经过筛选和交合后，从所产生的新信息中寻求新的方案。信息交合理论是研究客体时空与心理时空系统中尽可能多的信息以及信息之间的相互联系和相互作用的理论。信息交合理论的实质是通过制定一个由多维信息标组成的全方位信息反应场，来开发创新观念的一种理论和方法。信息交合论以以下两个公理为依据：一是不同的信息交合可以产生新的信息；二是不同联系的交合可以产生新的联系。心理时空的构象，即人脑中勾勒的映像，是由信息和联系构成的，它包括不同信息、相同联系产生的构象，相同信息、不同联系产生的构象以及不同信息、不同联系产生的构象。在一定条件下，任何信息、任何联系之间都发生不同程度的相互作用，任何新信息和新联系都是这种相互作用的结果。具体的信息和联系都有其局限性，都有特定的时间范围和相对的空间界限。

运用信息交合法的步骤：一是把要加工的信息，用不同的标线串成不同系统的信息标，寻找标线的“交合点”；二是在“交合点”上相交的若干标线连结成信息反应场；三是把信息按层次进行交合；四是进行筛选，寻找最佳交合结论。由于信息交合法可以迅速地改变人们的思维习惯，拓宽视野，扩展思维层次，培养多系统、多方位、多功能、高效率的思维素质，因此，在拟制方案时，利用这种方法，就可以通过信息的交合，设想出多个可行方案供决策者选择。

定性的技术方法在决策中应用时，往往是多种方法同时结合运用。尤其是战争的决策更需要运用多种科学的方法来保证其科学性。战争本身就充满了辩证法，要取得战争的胜利，就必须认识和研究战争的规律，了解战争中的矛盾因素和对立统一方式，在对立中展开科学的思维，运用正确的技术方法，做出正确的决策。在进行决策中，要以马克思主义哲学为指导，在对系统论、信息论和控制论进行归一性研究的基础上，建立完备的决策体系，促使决策中的矛盾向着有利于决策目标的方向转化，从而实现决策目标。

决策者应从对立的角度出发去思考军队管理的决策问题，从多方面进行思考，从相反中求相成，正确处理相互对立的关系。在决策中，对于得与失，必须考虑大利与小利，局部与全局的关系，抓住机遇，创造条件，造成有利于实现决策目标的反应场，使决策目标得以顺利实现。决策者应重视思维的信息性。一方面，决策者要以可靠的信息为依据，要鉴别信息的真伪，用真信息去决策。另一方面，要以假信息制敌，造成敌人的失误。例如，第二次世界大战期间，在诺曼底登陆作战中，盟军为了出奇制胜，给德军提供了一系列假信息，其中，冒名顶替蒙哥马利的欺骗术取得了成功，使德军决策失误，认为登陆不会立即进行，以致于在登陆的炮声打响时，德军许多高级将领还在休假。战争是一个充满了不确实性的领域，各种复杂因素的相互作用，决定了战争瞬息万变，所以在决策时，必须重视思维的信息性，并且应适应不断变化的客观实际。决策者应运用思维的多义性和同态性，研究军队决策的多种可能性。可以通过设置战争因素的同态模拟系统，广泛应用军事运筹学的成果，进行多方案选优。

二、定量的技术方法

在军队管理决策中，决策问题按照其结构可分为结构性问题、非结构性问题和半结构性问题。结构性问题可以通过计算机进行处理。非结构性的问题要依靠决策者的经验进行判断。半结构性问题既要靠计算机的定量运算，又要靠决策者根据经验来综合考虑。

根据所处理的决策问题的结构性程度，辅助决策方法可以分为：传统的运筹学方法、人工智能方法和判断分析法。

传统的运筹学方法适合于结构性的决策问题，可以通过数学方法求出最优解。军事技术层次和装备管理以及战术决策的部分问题可以运用这种方法。在作战行动方案的拟制过程中，有许多问题可以近似表达为结构性决策问题，也可以通过最优化技术来辅助行动方案的制订。

人工智能方法的本质是通过模仿人类的智能，来完成人们所要实现的目标。目前，应用于辅助决策的人工智能技术主要有各种专家系统。这种系统是通过计算机软件实现的。它利用知识和推理步骤来求解通常依靠专家的经验决策才能解决的问题。这种方法适合于非结构性的决策问题。

判断分析法是决策者从多个备选方案中选择一个优先方案的逻辑方法。其实质是首先把各种复杂问题进行分解与分析，然后针对分析情况将各部分综合成为一个较为全面的模型，再进行决策。判断分析方法主要包括决策分析法、多属性效应分析法、层次分析法和模糊决策法等，适用于决策者的自身能力不足以全面处理有关信息时的决策，它可以辅助决策者对含有重要主观因素的复杂问题进行决策。利用判断分析方法进行决策时，决策者必须对各个备选方案的结果的可能性以及对每个结果的主观偏向程度都做出明确的判断，这样，决策者就可以把自己的经验和智慧应用在逻辑分析当中。这种模型采用定性与定量相结合的方式，可以实现分析人员与决策人员的交互，是解决半结构性决策问题的有力工具。

由于结构性问题决策和非结构性问题决策的定量和运用计算机的技术方法比较明确，我们这里仅就半结构性问题的定量技术方法，即判断分析法加以说明。

（一）决策分析法

决策分析法可以解决根据环境约束条件，从一组备选方案中选择最满意的方案。用公式可以表示如下

$$V_{ij}=f(X_i,\ Y_j)$$

其中，$i=1,\ 2,\ \cdots,\ I$，$j=1,\ 2,\ \cdots,\ J$（$I\geqslant 2$，$J\geqslant 2$）。

式中：V_{ij}——决策方案的价值，表示当决策者采用方案 X_i，自然状态为 Y_j 时的益损值。由于决策目标只有在行动后才能反映出是否实现，因此，决策方案的价值一般要根据决策者对决策目标的主观评价来确定。

X_i——决策变量，也就是备选方案，备选方案必须有两个以上。Y_j 是随机自然状态，是决策者有所了解但不能实施控制的随机环境约束信息。受随机环境约束条件的限制，即使是同一个备选方案在实施时，也会产生不同的结果。Y_j 所表示的任两个随机自然状态都是相互独立的。

1. 不确定型决策分析

决策分析问题可以用决策矩阵或益损值矩阵的形式表达出来。根据可能的自然状态和备选方案的不同，列出对应的益损值作为矩阵的元素。

不确定情况下的决策分析必须要根据决策者对风险的态度来确定决策准则，通过决策准则把不确定型的决策问题转化为确定型的决策问题。

常用的决策准则主要有：等概率准则、大中取大准则、小中取大准则、折中准则

和最小遗憾准则等。

等概率准则是把随机的自然状态出现的概率认为是相同的，再根据主观认定的概率求出每一方案的益损值，取其最大者即可。

大中取大准则的决策分析方法是决策者在为了不放弃获得最好结果的机会时所采取的一种准则。决策者必须对决策的结果充满乐观和冒险的精神。这种方法是首先找出备选方案在最有利状态下的益损值，然后选择益损值最大者所对应的方案。

小中取大准则的决策分析方法是首先找出备选方案在最不利的状态下的益损值，再选择其中最大益损值对应的方案。这种方法属于比较保守的决策方法。

折中准则是大中取大和小中取大准则的折中，在选择时，应使折中益损值最大。

最小遗憾准则是用遗憾值或机会损失值作为评价备选方案的定量指标。遗憾值是指当某一自然状态发生时，由于决策者没有选用益损值最大的方案而形成的损失值。把各个自然状态和备选方案所对应的遗憾值作为遗憾值矩阵的元素。

总之，决策者在进行决策时，可以根据实际情况选用不同的准则，也可以多种准则综合使用。

2. 风险型决策分析

风险型决策问题是指在不确定型决策分析中，可以估计出自然状态出现的概率时的决策问题。用公式可以表示如下

$$V_{ij}=f(X_i,\ Y_j)$$

其中，$i=1,\ 2,\ \cdots,\ I,\ j=1,\ 2,\ \cdots,\ J\ (I\geqslant 2,\ J\geqslant 2)$。

$$P_j=P(Y_j)\in[0,\ 1],\ \sum_{j=1}^{J}P(Y_j)=1$$

在风险型决策分析中，如果要对各个备选方案进行定量比较，需要根据主观判断求得自然状态的主观概率 $P(Y_j)$，并利用效用函数度量决策者在风险条件下对决策后果的偏好态度。主观概率用来定量描述决策环境中自然状态和风险事件出现的可能性。决策者的偏好态度主要取决于客观环境、决策者所处的地位、意志品质以及心理状态等要素。

风险型决策分析有多种准则可以遵循。例如，最大期望收益准则、最小期望遗憾值准则和最大效用准则等。在风险型决策分析中，可以根据效用曲线求得收益值的效用，并根据期望值运算求得的等价肯定收益的效用来选择方案。

（二）序列决策分析

在军队管理决策中，由于管理系统与环境都是不断发展变化的，决策过程是一个情况—决策—新情况—再决策的循环往复的序列决策过程。序列决策可以用决策树法来描述。决策树用树结构描述自然状态、备选方案和效用值之间的随机因果关系，以方块和圆圈表示节点和连接这些节点的直线组成。方块节点又称决策节点，由决策节点引出的直线称为方案枝，每条方案代表一个备选方案。圆圈节点又称事件节点，是随机的自然状态节点，由状态节点引出的分枝称为状态枝，每一枝代表一个状态。状态枝的末端是其他状态节点或下一个决策节点。最后的状态枝末端是决策的效用值。状态枝的上部标出该状态出现的概率。由于决策问题有多个备选方案，每个方案又有

多种自然状态的约束，因此，决策树一般是树型的网状结构。

（三）多准则决策分析

多准则决策方法吸取了行为科学、认识论等社会科学方面的成果，注重决策者与分析者之间的信息交流。在军队管理决策中，方案的选择必须考虑多目标性所造成的方案之间的冲突，按照多个目标和多项准则对备选方案进行综合衡量。多准则决策分析问题的特点在于评价方案准则的多维性。由于各准则分量通常没有共同的量纲，相互之间有可能存在冲突，因而处理多准则决策问题比单准则问题复杂得多。

多准则决策分析的具体方法有多属性效用分析法、层次分析法等。

多属性效用分析法的基本原理是：在已知属性或准则的效用函数的条件下，以效用函数确定多准则决策问题非劣解的优先顺序。引入效用函数可以像单准则决策问题一样，利用期望效用准则来合并所搜集的信息，并选择具有最高期望效用的方案。

层次分析法是一种定性和定量相结合的多准则决策方法。这种方法的基本原理是：首先找出影响决策问题的主要因素，并进行分类。然后，建立反映各因素关联隶属关系的递阶层次模型。通过每一层各因素对上层因素影响的两两成对比较，得出各因素的相对重要性排序，再按照层次结构关系，得出备选方案的综合排序。层次分析法的基本步骤是：第一步，把决策问题分成递阶层次，把决策目标放在最高层，第二层是衡量目标最佳的准则，第三层是准则的属性层，第四层是方案属性层，第五层是最底层，列出备选的突破口；第二步，搜集两两比较数据，得出一系列判断矩阵；第三步，应用特征值求解技术，求解矩阵特征值；第四步，逐层聚合权重，得出合成权重向量。

（四）模糊决策分析

军队管理活动的决策往往会有多个可能的方案，需要决策者根据决策目标和限制条件加以评估，选出可行且令人满意的方案。但是，一些限制条件和目标是比较难以表达的，只能用模糊的、非定量的语言来描述。甚至即使目标和限制条件本身可以用变量明确表示，方案与变量之间的关系也是模糊不清的。对于多目标决策问题，由于其中包含了定量和非定量的模糊因素，并且有多个决策的参与者，因此，需要利用模糊集理论辅助做出正确的决策。利用模糊集理论解决决策问题，并不是用传统的数学方法，力图量化不易量化的东西，而是建立在模糊集合概念基础上的数学规则，使不易量化和不精确的概念的表达和处理方法形式化。模糊决策分析在管理决策中应用的方法主要有：基于模糊综合评判的决策分析和基于模糊交集运算的决策分析。在技术上，可以通过计算机来实现。目前，在决策领域，模糊决策分析已经得到了广泛的应用。

三、定性和定量相结合的技术方法

在军队管理决策过程中，定性的技术方法与定量的技术方法必须结合使用。既应肯定定性的技术方法是有效的决策方法，又要重视依靠数学模型和计算机等定量的技术方法来辅助决策，还要充分考虑决策的组织行为方面和社会心理方面的影响。

决策中的定性与定量的技术方法是辩证统一的。二者的区别在于：定性的技术方法主要是建立在决策者的分析、预测、综合和决断能力基础之上，处理难以量化或难以用数学模型表示的决策问题。这种方法具有较强的预见性，能够考虑到决策的长远后果，但是也不可避免地带有主观性的一面。定量的技术方法主要是通过建立数学模型并由计算机进行逻辑推理和运算。这种方法具有较强的可靠性和准确性，并且提高了决策的时效性。但是，一些不易量化和难以建立数学模型的决策问题，定量的技术方法难以实现正确的决策。可见，定性和定量的技术方法是相辅相成的，二者可以互补。把定性和定量的技术方法结合使用，可以发挥两种方法的各自的长处，克服二者的缺陷，做出符合军队管理实际的满意决策。

复习思考题

1. 决策的含义是什么？有哪些分类？
2. 决策的基本理论有哪些？其要点分别是什么？
3. 决策的基本方法有哪些？请结合具体工作，思考如何应用。

第八章　激　励

任何组织都是人的集合体，组织的各种活动都要靠人来进行，组织活动中的各种要素是在主动参与的人的作用下才发挥作用的。只有使参与组织活动的人始终能够保持旺盛的士气、高昂的热情，才能达到好的管理效果。管理的激励职能就是要研究如何根据人的行为规律来提高人的积极性。

第一节　激励概述

一、需要、动机与行为

（一）需要

人的一切行为都是由需要引起的。需要是一种人类心理反应过程，指人对于某种目标的渴求或欲望，潜在的需要一旦被认识到，就会以一定的行为动机的形式表现出来，从而支配人的行为。所以说，需要是人的行动积极性产生的根源和原动力。正如马克思在阐述社会经济活动源泉时所指出的："没有需要就没有生产。"

形成一种需要必须具备两个条件：一是人们感到缺乏什么，有不足之感，这种不足之感可以由人们的自我认识而产生，也可以由他人的引发而产生；二是人们对缺乏的东西有一种得到的渴望，主观上有求足之感。认识到缺乏的东西，若人们不需要它，也就难以产生对这种东西的需求，人的需要是发展着的，总是表现为一种"产生—满足—新的需求产生—再满足"的过程。在这一过程中，人的需要带有事实的社会性，即人们除了由生存的天然特性所产生的需要之外，更多的是由所处的社会环境所引发的需要，并且，不同的需要对人的行为的作用力量是不同的。

美国心理学家马斯洛对人的需要进行了结构分析，提出了著名的需要层次论。他认为，人的需要按其发生的次序可以分为五个层次，依次为：生理需要、安全需要、爱的需要、尊重需要和自我实现的需要。马斯洛认为：人的需要一般来说是依次产生的，只有当较低层次的需要被满足之后，才产生高一层次的需要。例如，一个连生理需要都没有满足，肚子还未填饱的流浪汉，很难产生自我价值实现的需要。马斯洛的需要层次论在心理学领域产生了巨大影响，但最具实践意义的还是对管理学和管理实践的推动作用。以人为主要对象的各种管理活动，如果不能弄清人的需要是如何产生，怎样发展，不能做到按需要的客观规律办事，要想获得良好的管理效果是不可能的。马斯洛的需要层次论也存在不足，因为不同层次需要之间的界限并不明确，而且还会相互转化。例如，稳定的职业在失业率很高的社会不仅能满足安全需要，由于获得这种职业颇为不易从而能满足人们自我实现的需要。

（二）动机

动机是需要与行为的中介。需要被人所意识到，就会产生动机，动机的产生就会激发人的行为。简单地说，动机就是推动人行为的原动力。它产生于被人们所意识到的需要。潜动的需要不产生动机。动机是人类行为产生的直接原因，但不是终极原因。动机受人的目的所指引，目的则由需要决定。而人的需要是客观现实的反映，受自然规律和社会生产环境制约。所以说，动机与目的是两个既相互联系，又有区别的概念。

动机是行为的直接原因，对行为具有如下几种作用。

（1）行为发动作用。需要产生动机，动机激发行为。面对多种需要的人们常会有多种动机，而激发的行为却只能有一种，那么是哪一种动机在起激发作用呢？心理学认为，由最强烈的需要所产生的最强烈的动机激发行为，这种动机被称为主导动机。当由这种最强烈需要产生的动机所激发的行为使这种需要被满足之后，它就会消失，或者减弱，或者暂时退居其次，由原来并不十分强烈的其他需要取而代之，产生新的主导动机，开始新的行为。行为发动机制昭示着：管理过程中要引导人们的行为，就必须掌握人们的主导动机。

（2）行为指向作用。动机一旦激发起人的行为，就会使人们朝着特定的目标努力，这就是动机的行为指向作用。因为动机激发的行为是执行决定的行为。一旦目标选定，人们就会向这个方向不断努力。

（3）强化作用，它指动机对行为的调节，具有加强和制止两个方面的作用。在一定动机支配下的行为结果，如果符合行为者本人的期望，这种行为就会得到强化，这种行为也常会反复出现；反之，行为就会减少，直至完全终止这种行为。

（三）行为

行为是人的主观对客观做出的可以观察到的反应，泛指人作为主体外观的各种活动。例如，动作、运动、工作，但不包括纯意识的思想反应过程。心理学中“场理论”的创始人——德国心理学家勒温认为人类行为既受外界环境的影响，又受个体心理的影响，人的内部需要和动机是行为的基础，是行为的驱动力，而客观环境则是引发这种驱动力的导火线；人的行为方向取决于人的内部力场和环境共同作用的结果，但居主要地位的仍是人的需要和动机。

一般来说，人的行为具有如下共同特征：

（1）主动性。人的行为都具有主观能动性的特征。对于一个意识健全的人来说，外力可以影响一个人的行为，但无法发动一个人的行为，一切外力都是行动的外因，它只有通过内因才能起作用。简单地说，无论是强迫还是引诱，都必须在被行为者接受之后，才能激发人的行为。

（2）原因性。任何一种行为都是结果，都可以找到至少一种原因。影响行为的原因有外在的，但主要是内在的。当然内在的动机、需要也会受客观环境的影响。

（3）目的性。恩格斯指出：“任何事情的发生都不是没有自觉的意图，没有预期的目的的。”人是有意识的，一切行为都是在一定的动机支配下，为实现一定的目的而产生的，具有明确的行为目的是人类行为的基本特点。

（4）持久性。行为指向目标，一般来说，在目的没有实现之前，行为不会终止。当然，行为的持久性程度因人而异，主要受人的意志和实现目标的条件影响。一个人意志坚强，一般在目标确定之后就有不达目的死不罢休的干劲，因此会始终如一地努力。对一个意志薄弱的人来说，如果在实现目标的过程中需要克服的困难太多的话，就有可能半途而废。

（5）可变性。行为由动机激发，指向目标。如果动机变化，行为必然发生变化。此外，如果动机不变、目标不变，而实现目标的环境与初期估计相差太大的话，也就有可能改变行为，重新选择目标。因此说，行为就具有可塑性。

二、激励的概念

从管理学的立场来看，激励就是通过管理者的行为或组织制度的规定，给被管理者的行为以某种刺激，使其产生努力实现管理目标、完成组织任务的管理过程。通俗地讲，管理中的激励就是要解决如何调动职工积极性的问题。

从上面关于需要、动机和行为的讨论中可知，人们的行为产生于需要。那么激励的关键就在于激发人们没有意识到的潜在需要，或对人们已经意识到的潜在需要，但没有欲望的需要，提供实现需要的条件，从而强化人们的行为。所以，激励过程可用图 8-1 简单地概括表示。

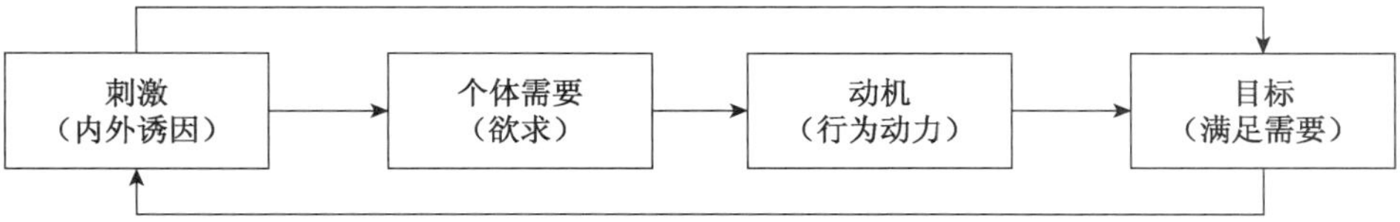

图 8-1　激励过程

由上图可知，激励有如下特点。

（一）激励是一个循环过程

激励是一个循环过程，这一过程包括了这样几个阶段：第一阶段，刺激人的需要产生；第二阶段，在需要的作用下产生动机；第三阶段，在动机作用下引发行为；第四阶段，比较行为的结果，如果行为的结果与期望的目标一致，就会产生一种满足感，从而产生新的需求，强化行为。如果行为未能满足目标期望，行为者就受到挫折，其反应通常有两种：一是调整目标；二是调整行为。在较低的程度上获得满足，然后产生新的需要。

（二）激励是一种典型的管理艺术的体现

在组织行为中，这样的情形是十分常见的：行为相同，动机不同；或行为不同，动机却相同。相同的动机，由于在寻找方法上的差异，会造成行为上的不一致，有的人可以采取这种行为，另一些人可能采取另一种行为。反过来，相同的行为也可能是由于不同的动机造成的。这些都说明，调动人积极性的激励，对不同的人、不同的情况，应当应用不同的方法。因此，不存在对任何人都适用的激励模式。

三、激励的作用

激励的主要作用在于激发、调动人的积极性，从而使人们能够更富有成效地努力工作，以取得最大的成效。管理学研究证明，个人的工作成效取决于个人的能力和工作积极性，若用公式来描述即为

$$M = f(A \times E)$$

其中，M 表示工作成效；A 表示工作能力；E 表示工作积极性。在决定工作成效的因素中，能力 A 自然是最基本的。如果通过有效的人事管理，使个人能够胜任工作，那么决定工作效率的关键因素就是工作的积极性了。并且，个人的能力变化是比较缓慢的，而工作态度，积极性的高低常常可能在短期内发生较大变化，从而对工作成效产生很大影响。激励恰恰就是要使人保持旺盛的工作热情和积极性。具体地说激励的作用在于以下几个方面。

（一）通过激励来挖掘人的潜力

人的潜在能力与平时所表现出来的能力有时存在很大差别，前者会大大超出后者。人的工作积极性越高，潜在能力就越容易发挥出来。所以，挖掘人的潜在能力，关键就在于有效的激励制度和激励方法。

（二）通过激励可以为组织吸引优秀人才

有效的激励制度不仅可以充分调动组织内现有的人力资源，而且还有助于吸引组织外的人才流向组织内部。因为人人都愿意自己的才能得到充分的发挥，并得到公正的满足。有效激励的实质就是能够合理地满足人们的需要，这样的激励制度自然会吸引那些才能难以得到充分发挥的人才。

（三）通过激励可以激发员工的创造性

有效的激励不仅可以调动职工的劳动积极性，而且还会促进职工在工作中发挥自己的创造能力。去努力克服工作中的困难，完成任务。这种创造性的工作态度和热情对组织任务的完成和组织的发展具有重大意义。

第二节　激励的一般原则与方法

一、激励的一般原则

前面指出，没有适用于一切人和一切环境的激励制度和激励方法。在管理中，激励是充分展示管理者管理艺术的管理活动。在管理过程中，激励必须因时、因人、因地而异，但这并不等于说激励就没有一定的规律可循。同其他管理职能一样，激励也必须遵循如下一些基本原则。

（一）理解人、尊重人

激励的根本目的是要调动人的积极性。与其他管理职能相比，激励是做人的工作的艺术，激励得当，人们的工作热情高涨；反之，人们的情绪低落，组织的目标就难以实现。做好人的工作，其前提必须理解人、尊重人。人的行为具有多变性、多样性、

创造性，但又遵循着一定的规律。理解人就是要认识这种规律。一个人的工作态度好、热情高，或者工作积极性不高，效率低，都有一定的原因。了解人就是要认识人，抓住这种原因。其次，做好激励工作，还必须理解人。仅了解人，知道了事情为什么是这样还不够，还应该站在当事人的立场上考虑问题，由此才能找到解决问题最有效的办法来。最后，激励还必须尊重人。无论是正激励的表扬，还是负激励的批评，都必须考虑被激励者所处的情境，采取合适的方式。只有真正地尊重他人，激励才会为人们所接受，奖励不被人们认为是恩赐，批评不被人们当作是打击。

（二）时效原则

时效原则指奖励必须及时，不能拖延。一旦时过境迁，激励就会失去作用。唐朝柳宗元在《断刑论》中就指出："赏务速而后有劝，罚务速而后有惩。"实践也一再证明，应该受表扬的行为得不到及时的鼓励，会使人气馁，丧失积极性；错误的行为受不到及时的惩罚，会使错误行为更加泛滥，造成积重难返的局面。把握好激励的时机是一种艺术，并非记住了这一原则就能做好的。一般来说，正激励多在行为一发生就给予表扬，以示支持。对错误的行为，先应及时制止，不让其延续下来或扩散开，批评与其他的惩罚措施应根据不同的情形分别处理。因为在有些情况下，当场的严厉批评会使受批评的同志觉得面子上过不去，进而产生对立情绪，甚至矛盾冲突。在这种情况下，适当的冷处理或许是十分必要的。

（三）功过分开，一视同仁

我国传统文化在奖励问题上有一种将功补功，以功抵过的主张。这是不符合现代管理的要求的。奖赏与惩罚应当分明，这不仅指对该奖的人给予奖赏，对该罚的人给予惩罚；而且还包含着对同一个人的功过应当严格区分，分别处理，有功该奖，有过当罚，不能以功抵过，扯平完事。做到赏罚分明，一个密切相关的问题就是赏罚必须一视同仁，人人平等。三国时著名的政治家诸葛亮曾说："赏以兴功，罚以禁奸，赏不可不平，罚不可不均。赏赐知其所施，则勇士知其所死；刑罚知其所加，则邪恶知其所畏。故赏不可虚施，罚不可妄加，赏虚施则劳臣怨，罚妄加则直士恨。"赏罚必须是对事不对人，才有可能做到人人平等。

（四）以奖为主、以罚为辅

奖励和惩罚都属于激励，最终目的是一样的。调动人的积极性，消除组织中存在的消极因素，可根据个人不同的情况，在偏重赏或是偏重罚之间适当地做出选择。但在建立激励制度时，应执行以奖为主，以罚为辅的原则。因为完成组织的目标，最终还要靠调动人的积极性和创造性，要激励员工努力工作。这一点，惩罚是做不到的。

我国古代思想家们在论述奖赏问题上也是认为应当坚持以奖为主的原则。《左传》中古人曰："善为国者，赏不悟越而刑不滥，赏悟越则惧及淫人，刑滥则惧及善人。若不幸而过，宁僭无滥，与其失善，宁其利淫。无善人，则国从之。"这段话的大意是：善于治理国家的人，赏罚都不可以过度。赏过度就担心邪恶者也能得到，罚过度就担心好人也会受伤害。如果不巧出现了差错的话，那么宁可赏过而不要罚过，因为，宁可赏错坏人，也不能伤害好人，一个国家若没有了好人，那么这个国家也不可能好起来。古人这里讲的是治国立法的道理，但也适用于一般组织的管理。

（五）物质奖励与精神奖励相结合的原则

物质利益是人们行为的基本动力，但不是唯一的动力。任何人都不可能仅为物质利益而活着。现实生活中，人们的需要是多方面的，既有物质性的，也有精神方面的，只不过对于不同的人而言，两种需要的强度有所不同罢了。所以，奖励必须注意物质奖励与精神奖励相结合。无论片面地强调哪一方面都是不正确的。物质奖励与精神奖励相结合也是针对激励制度而言的，就某一件事、某一个人来说，一次奖励，可能只是物质的，也可能只是精神的，或者是二者相结合的。

（六）实事求是，奖罚合理

无论是正向激励，还是负向激励，都必须实事求是，掌握好分寸。这也是激励的艺术性所在。古人也指出，赏不当功，罚不当罪是十分有害的。要做到实事求是，奖罚合理。首先必须端正奖罚的思想。奖励不能唯奖励而奖励，不能借奖励来拉关系，培植山头势力；不能故意拔高成绩。树立虚假典型；也不能搞平均主义，人人有份。批评、惩罚，也应该从事实出发，对事不对人。不能无限上纲，更不能借机打击报复；也不能因为受罚者是与自己关系不错的人，文过饰非，大事化小，小事化了。其次，还要掌握运用激励工具的艺术，特别是语言艺术。不论是奖励还是批评、惩罚，都要运用一定的语言表达出来。不同的语言或同一语言在不同的情形下，会表达出不同的激励强度。学会运用语言的艺术，一是要学会准确用语，用语要得体；二是要学会因时因地用语，注意形式和地点。同样的语言，在大会上说出来和在小会上说出来，个别说话时说出来，作用是大不一样的。掌握好奖惩的分寸，必须苦练运用语言艺术。

二、激励的方法

激励的方法指在关怀、尊重、体贴、理解的基础上，以诚挚的感情，入情入理的分析，实事求是的科学态度，恰如其分的手段，对受激励的对象以启发和开导，调动其内在积极因素，促使其振奋精神，积极向上，努力进取。激励的方法可分为精神激励法和物质激励法两大类。下面分别加以阐述。

（一）精神激励法

常见的精神激励法有：

（1）目标激励。目标激励就是通过树立工作目标来调动人们的积极性。在多数情况下，人们都希望工作具有挑战性，能在工作中充分发挥自己的能力，从而体会实现感。在管理过程中，如果给每一个人能确立一个通过努力可以实现的、明确的工作目标，就可以起到调动积极性的作用。

（2）情感激励。古人云："感人心者莫先于情。"情感是人们对于客观事物是否符合人的需要而产生的态度和体验。它是人类所特有的心理机能。当客观事物符合人的需要，就会产生满意愉快欢乐等情感。反之，就会产生忧郁、沮丧等消极情感。管理激励工作必须注重"情感投资"，晓之以理，动之以情，鼓励人情、人爱、人性，要讲人情味，给人以亲切感温暖感，用真挚的感情去感染人，满足人的感情需要。

（3）榜样激励。榜样激励，也就是典型激励。典型是公开树立起来的旗帜，典型的力量是无穷的，运用先进典型教育群众和带动群众，是我们党的思想政治工作经常用的一种行之有效的好方法。在实际工作中，应注意发现和及时正确宣传好的典型，发挥典型的引导作用，使好人好事得到社会和众人的承认和尊重，使人们向先进看齐，以先进为榜样，培养健康、向上的情操。

（4）行为激励。从管理心理的角度来看，每个人都对他周围的人产生行为影响力。但由于权力、地位、资历、品德、才能和心理素质等情况不同，每个人对他周围的人产生的行为影响力的大小是不同的。正因为如此，领导只有加强自身修养，通过自身的言传身教，树立权威和表率，才能更好地影响、激励广大干部和职工群众。这一点在本书领导与领导者一章有详细的论述。

（5）考核激励。就是对干部和职工的思想、业务水平、工作表现和完成任务方面考核，对政绩突出、表现优秀者给予奖励、晋升，对不胜任者要换职换岗，必要时还应降职处理。这种做法目的是给干部、职工造成一种压力，克服干好干坏一个样的状态，从而促使其振奋精神、积极进取。

（6）尊重激励。自尊心是一种高尚纯洁的心理品质。自尊心是人们潜在的精神能源，前进的内在动力。人们有自我尊重、自我成就的需要，总是要竭力维护和努力争取自己的面子、威信、尊严。一个人的自我尊重需要得到满足，就会对自己充满信心，对他人、对社会满腔热情，感到生活充实，人生有价值。反之，一个人的自尊心受挫，就会消极颓废，自暴自弃，畏缩不前。

（7）关怀激励。就是把他人的政治利益、物质利益和精神生活需要时刻放在心里。对于他人的工作、学习、生活、成长和进步给予关心和支持。通过关心他人的冷暖和切身利益，帮助排忧解难，使其认识到自我存在的价值，从内心深处受到感动，打动心灵，从而产生精神动力，积极工作，多做奉献。

（8）危机激励。危机就是潜在的危险。危机激励就是从反面激励，就是从关心人的立场出发，帮助分析问题和找出存在问题的原因，给人指明坚持某种观点、主张、做法可能会产生的不良后果以及危害，使人产生危机感，从而转变自己的态度、观点和行为，焕发精神，树立信心，鼓起勇气，积极进取。

（9）表扬激励。表扬激励就是对好人好事给予公开赞扬，对人们身上存在的积极因素和积极表现及时肯定、鼓励和支持。从心理学特点来讲，人们都喜欢接受表扬，不愿接受批评。从每个人来看，积极因素总的来说始终是占主要方面的，消极因素是占次要方面的。表扬激励有利于调动积极因素，把消极因素转化为积极因素，把大多数人的积极性调动起来，促进工作的开展。

（10）荣誉激励。受荣辱观决定，正常人都有荣誉感。荣誉激励包括发给奖状、奖旗、奖牌，给予记功、授予称号等，以此来激发广大干部、职工群众的革命热情，调动人们的积极性。

（二）物质型激励法

物质型激励法指的是通过满足人们对物质利益的需求，来激励人们的行为，调动人们的工作积极性的方法。物质利益是人们生存和发展的基础，是最基本的利益。当然，不同的人对物质利益的要求是不同的，有的强烈，有的淡薄。但总的来说，它仍是现阶段最重要的个人利益之一。所以说，物质型激励方法也是管理中重要的、常见的激励方法。

物质型激励方法主要有：

（1）晋升工资。就是提高职工的工资水平。工资是人们工作报酬的主要形式，它与奖金的主要区别在于工资具有一定稳定性和长期性。工作有成效的职工如果获得晋升工资的奖励，毫无疑问是重大的物质利益。因此，晋升工资的激励方法一般是用于一贯表现好，长期以来工作成绩突出的职工。

（2）颁发奖金。奖金是针对某一件值得奖励的事情给予的奖赏。奖金与工资不同，它的灵活性大，不具有长期性、稳定性，一件事情该奖，目标达到了，奖金发放了，也就结束了，所以说奖金也是一种重要的物质型激励手段，适用于特殊事情的激励。

（3）其他物质奖赏。除了货币性的工资与奖金之外，常用的还有住房、轿车、带薪休假等可为人们提供其他物质利益的激励手段。特别是有些激励方法是带有物质型激励与精神型激励相结合的特征，如高尔夫球俱乐部会员证，对个人来说，参加高尔夫球运动不仅是一种享受，而且在一定的社会中它还代表着一种地位和身份，给人以自尊需求的满足感。

第三节　西方激励理论简介

一、期望激励理论

期望激励理论是由美国心理学家托尔曼最先提出来的，1964 年，另一美国心理学家佛隆在其基础上又做了研究发展，才正式形成系统理论。期望激励理论认为：个人的行为方式由个人的需要和实现这种需要的可能性决定。个人需要可能产生行为的动机，而实现需要的条件却决定着动机是否能激发行为；因为个人需要如要得到满足，必须付出一定的努力。如果某人已经意识到某种需要，实现这种需要的客观条件又已经具备，他或她就会立刻采取行为，以实现需要。如果他或她觉得实现这种需要的客观条件不具备，或者要付出不值得付出的努力，那么他或她就可能抑制这种需要。这样，我们说一个人在行为之前，会对某一种需要进行估计，即实现这种需要对自己具有多高的价值，值不值得去努力；其次，在现实条件下，自己要经过多大努力才能实现这一需要。所以，激励的力量与受激励者对目标价值和实现的概率估计相关。

期望激励理论可用公式表述为：激励力量＝目标价值×实现概率

由此可见，如果一件事的目标价值越高，实现的概率越大，所产生的激励力量也就越大。通俗地讲就是可以调动更大的积极性。反之，如果一件事对受激励者来说缺乏价值，再加之实现概率小，就不会产生出激励力量。由此可推知，管理过程中的激励工作，要设定出人们确认其有较高价值的目标，同时又要创造出较大的实现概率的客观条件，这样才能充分调动广大职工的工作积极性。

目标价值的高低不是由管理者决定，而是由受激励者的需要所决定的。显然，一个在经济上拮据的人认为货币收入的价值较大，而一个富裕的人可能认为荣誉称号的价值较高。管理者的重要任务之一就是要准确地把握职工对需要的价值评价，采取合适的激励方式。

二、双因素理论

双因素理论是由美国管理学家赫茨伯格所提出来的。1959 年，赫茨泊格出版了《工作的激励》；1966 年，出版了《工作与人的本质》；1968 年，他在哈佛的《商业评论》上又发表了《再一次：你怎样激励雇员》；1969 年，在同一杂志上，赫氏与他人合作发表了《事实工作内容大有好处》一文。在这一系列著作中，赫茨伯格建立起了双因素理论。

赫茨伯格认为，影响人们工作积极性的因素可以分为不可互相替代的两大类：一类称之为保健因素；另一类称之为激励因素。

保健因素又称维持因素，它们没有激励人的作用，但有预防、保持人的积极性，维持工作现状的作用。换句话说，如果保健因素搞得再好，职工也不会因此而大增积极性；但如果保健因素搞得不好，那么职工的积极性就会下降。赫茨伯格认为这些因素不良可能造成不满意。这些因素主要有企业政策和行政管理、工资水平、人际关系、工作条件等。

激励因素是影响人们工作的内在因素，其本质为注重工作本身的内容，借以提高工作效率，促进人们的进取心，激发人们做出最好的表现。激励因素就像人们锻炼身体一样，可以提高身体素质，增强人们的体质。这些激励因素，赫茨伯格认为可以使人们满意，这些因素主要有五个：成就、认可、工作本身的吸引力、责任和发展。

赫茨伯格双因素理论的核心在于强调保健因素与激励因素不可相互替代，各自的作用不同。因为他认为，满意与不满意不是相互对立的，与满意对立的是没有满意，而与不满意对立的是没有不满意。这种观点与传统观点的比较如图 8-2 所示。

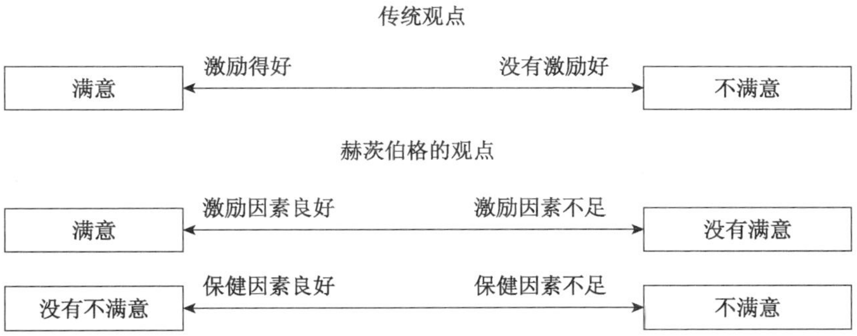

图 8-2　传统观点与双因素理论的比较

自 20 世纪 60 年代以来，双因素理论在管理界越来越为人们所注意，因为它指出：“激励人的积极性，更重要的是要提供能使人感到具有价值实现意义的工作，工作内容具有挑战性，应让人们承担更重要的责任。而不仅仅是把眼光局限于提高工资水平、办好福利事业上。”从这个意义上来说，赫茨伯格的双因素理论是与马斯洛的需求层次论相通的。激励因素就是人高层次的需求，而保健因素只是人们在低层次上的需求。当然，赫茨伯格的理论是以美国企业为实验基础的。这种实验基础的特点之一是，当时美国企业工人的收入水平已有很大提高，工人们对工作的内容越来越关注。例如，美国民意研究中心 1973—1974 年调查表明，过半数的男士认为工作的首要条件是能够提供成就感。此外，把有意义的工作列为首位的人，要比把缩短工作时间列为首位的人数多 7 倍。

我们认为，虽然保健因素与激励因素不能相互替代，但却紧密地联系着。如果保健因素缺乏，激励因素也不会为人们所考虑和关心，自然也不会激励出人们的积极性。在我国企业职工收入水平还低的现实中，更应注意到这一点。

三、公平理论

公平理论是美国心理学家亚当斯提出来的。1963 年亚当斯发表了他的论文《对于公平的理解》，1965 年亚当斯又发表了《在社会交换中的不公平》一文，从而提出了公平理论的观点。亚当斯的公平理论，主要解决分配过程中的公平程度对职工积极性的影响。亚当斯认为：在一定的环境中，人们总是将自己所做出的贡献和所得到的报酬之比，与一个与自己相关的人所作出的贡献和所得到的报酬之比相比，来判断报酬的分配是否公平，从而决定下一步的行为。显然，如果比值相等，双方都会有公平感，因此，双方都可以维持原有的积极性，如果二者不能相等，比值较小的一方就会认为自己在分配中受到了不公正的待遇，进而会调整他自己的行为。

由此，亚当斯提出了著名的公平关系方程式

$$\frac{Q_P}{I_P}=\frac{Q_O}{I_O}$$

式中：Q_P——对自己报酬的感觉；

Q_O——对别人所获报酬的感觉；

I_P——对自己所作投入的感觉；

I_O——对别人所作投入的感觉。

如果方程式没有得到满足，如$\frac{Q_P}{I_P}<\frac{Q_O}{I_O}$，比较者就会产生一种不公平感，认为自己的贡献没有得到公平的报酬。由此可知，一个人对工作的报酬是否满意，不仅受报酬绝对值 Q_P 的影响，而且还受到报酬相对值$\frac{Q_P}{I_P}$的影响，更会受到这个相对值与可比较的范围内的相对值的影响。只有当报酬是公平时，组织结构才能保持稳定，如果不公平，矛盾就会产生。

亚当斯发现，一旦出现了不公平，感觉到不公平的人们一般会采取行为调整措施，这些措施主要有以下几个方面：

（1）要求增加自己的报酬，以便提高$\frac{Q_P}{I_P}$的值；

（2）要求降低他人的报酬，以便降低$\frac{Q_O}{I_O}$的值；

（3）主动减少自己的贡献，以提高$\frac{Q_P}{I_P}$的值；

（4）要求提高他人的贡献，以减少$\frac{Q_O}{I_O}$的值。

在这四种行动措施中，第 1、第 2、第 4 种措施都只有在得到管理者的认可之后才能实现。并且，管理者在进行调整时，会改变原有的报酬格局，因此一般都比较困难。只有第 3 种行为调整方式不需征得他人的同意可自主进行。如果比较者的名义贡献，譬如劳动时间不能减少，他可以通过磨洋工的方式减少实际贡献。因此说，不公平的分配，必然降低人们的劳动积极性，这也就是在我国过去所存在的“大锅饭养懒汉”的现象。

如果当上述 4 种行为调整措施都不能奏效时，比较者的最后一种调整方式就是换一个比较对象，这实质上是心理自我安慰的做法，不可能持久。这种调整方式发展下去，会导致比较者调换工作环境，造成组织内的人员流动，队伍就难以稳定。

公平理论揭示了公平分配对激励的重要作用。这对我们今天来说是特别有意义的，激励制度必须包含公平分配的制度。当然，不只是公平分配制度。

四、综合激励理论

前述的激励理论都是从人的行为模式的某一方面来研究激励问题的。虽然都有一定的科学性，但又不太完备。有必要集众家之长，形成一个比较完备的激励理论。这个任务由波特和劳勒共同完成了，他们以期望理论为基础，建立起了被称之为综合激励模式的激励理论，如图 8-3 所示。

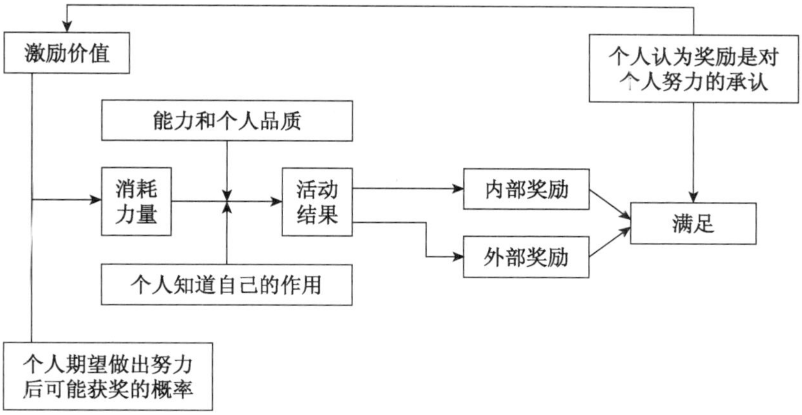

图 8-3　综合激励模式

从上图可知，激励可分为内激励与外激励两种。波特与劳勒指出：内激励的内容包括劳动报酬、工作条件、企业政策等；外部激励的内容包括社会、心理特征等因素，如认可、人际关系等。激励过程是内部激励和外部激励综合作用的结果。

在这个模型中，尚可进一步分析如下变量：

（一）消耗力量。指的是工作者对完成工作所需做出努力的估计，而它的大小由组织所确立的激励价值和自己可能成功的概率决定。显然，这是期望激励理论的应用。但这里的努力程度并非是活动的结果。活动的结果既受激励程度的影响，又受个人品质、能力以及和个人对自己工作作用感知的影响。最后一个变量指的是个人对完成工作任务的把握和对投入的规定意愿。

（二）满足。指的是个人从活动结果中所得到的满足需要的程度。它由两个因素决定，即活动结果产生的内部奖励和外部奖励决定，它指出一项活动结果只有在产生最大的外部奖励和内部奖励，才能使工作者获得最大的满足。当然，这种奖励还应为个人所接受和承认。

（三）联系。在波特—劳勒的综合激励模型中，各变量之间都有着密切的联系，如果联系中断，特别是激励和劳动结果之间的联系中断，职工就会丧失积极性，激励就不起作用。因此，必须注重这种联系的不断加强。波特—劳勒模型是比较复杂的，上述内容只是其中的梗概。这种模型在我国的管理实践中尚未应用过。如何结合我国的具体实践，还有待于进一步探索。

第四节　人员管理理论简介

一、阿吉里斯的“不成熟—成熟”理论

（一）内容概要

克里斯·阿吉里斯（Chris Argyris）是美国著名的行为学家，曾获哈佛大学和耶鲁大学的名誉博士学位，并在哈佛大学担任教育学和组织行为学的教学工作。他是美国许多举足轻重的大型企业的高级顾问，同时受聘于许多欧洲国家的政府，担任经理人员培训和教育培训的顾问，在国际上有广泛的影响。阿吉里斯勤于著述，先后出版了多部著作，发表了140多篇论文。代表作有《个性与组织》《理解组织行为》《个性与组织的结合》《组织研究》等。

1957年6月，阿吉里斯将《个性与组织》中节选的短文在《管理科学季刊》第二卷中发表，这篇名为《个性与组织：互相协调的几个问题》的文章集中体现了阿吉里斯影响最为深远的“不成熟—成熟”理论。

阿吉里斯“不成熟—成熟”理论研究的基础是：个人需求与组织需求的不相容。

阿吉里斯的“不成熟—成熟”理论，主要集中在个人需求与组织需求问题上的研究。他主张有效的领导者应该帮助人们从不成熟或依赖状态转变到成熟状态，如表8-1所示。

阿吉里斯的“不成熟—成熟”理论认为：组织行为是由个人和正式组织融合而成的，组织中的个人作为一个健康的有机体，无可避免地要经历从不成熟到成熟的成长过程。在这个成长过程中主要有以下7方面的变化：

（1）从婴儿的被动状态发展到成人的主动状态。

（2）从婴儿的依赖他人发展为成人的相对独立。相对独立指在自立的同时又和其

他人保持必要的依存关系。

（3）从婴儿有限的行为方式发展为成人多种多样的行为方式。

（4）从婴儿经常变化和肤浅、短暂的兴趣发展为成人相对持久、专一的兴趣。在这方面趋于成熟的标志是：成年人在遇到挑战时是专心一意从整体上深入研究某一问题的全部复杂性，并在自己的行动中得到很大的满足。

（5）从婴儿时期只顾及当前发展到成人时期有长远的打算。

（6）从婴儿时期在家庭或社会上属于从属地位发展为成年人与周围的人处于基本平等的地位甚至支配他人的地位。

（7）从婴儿时期的缺乏自觉发展为成人的自觉自制。

表 8-1　阿吉里斯“不成熟—成熟”理论

不成熟的特点	成熟的特点
被动性	能动性
依赖性	独立性
办起事来方法少	办起事来方法多
兴趣淡漠	兴趣浓厚
目光短浅	目光远大
从属的位置	自主的位置
缺乏自知之明	有自知之明，能自我控制

由此可见，成长的过程中，个体的自我世界扩大了，这样一个连续发展的过程也是一个从被动到主动、从依赖到独立、从缺乏自觉自制到自觉自制的过程。个体经历了这样一个成长过程之后，其进取心和迎接挑战的能力都会逐渐提高，而且随着这种自我意识的觉醒，个体会将自己的目标与自我所处的环境作对比，因此，个体在组织中所处位置在一定意义上代表了个体自我实现的程度。

（二）阿吉里斯的“不成熟—成熟”理论在组织中的应用

然而对于一个正式组织而言，其传统的原则是众所周知的专业化分工、等级层次结构、集中统一领导等完全理性的纯逻辑化的原则。这些原则希望能消除独立个人之间的性格差别给工作带来的影响（如专业化分工），希望个人能够循规蹈矩，严格遵从组织的规章制度行事。可见，正式组织的这些原则所要求的是员工一直处于依赖、被动、从属的地位。阿吉里斯以这样的组织原则为前提，自然而然地得出结论：正式组织与成熟个性之间存在矛盾。

这种正式组织所要求的不成熟的成员特性与个体实际经历的成长过程的矛盾导致组织中的混乱，而且这种混乱与个体发展与组织要求的不协调程度成正比。

这种混乱又导致个体的短期行为和思想矛盾。例如，个体难于自我实现，因此产生挫折感；因为个体不能根据自身需要确定自己的奋斗目标以及实现道路，所以觉得自己无能、失败；个体无法确定自己的未来，因此只好作短期打算；个体自身并不愿意遭受这些挫折和打击，但是另外找一份工作也不会有什么根本的改变，因此个体会产生种种思想矛盾。

此外，正式组织中等级化的层次结构使处于各个等级的人们产生压力。例如，职工为了更好地自我实现，就会为了提升拼命表现自己，相互仇视；组织的原则要求下属只要做好本职工作就给予奖励，下属因此变得只注重局部而忽视整体；组织为了协调局部和整体利益的矛盾加强了领导的控制力度，这又进一步加强了下属的依赖性和从属性。

以上的矛盾在现实生活中常常表现为：员工频繁地离开组织；有些不择手段地往上爬；普遍产生对组织目标的漠视或抵触情绪，例如，精力不集中，侵犯他人，工作拈轻怕重，集体限制产量，对明显不利于组织目标实现的事件袖手旁观，极端重视物质利益等。

如何解决个体成长和组织原则之间的矛盾是管理者长期面对的挑战，领导者的任务之一就是努力减少这种不协调。在实践中，为了在健康的组织中培养出健康的个人，协调组织和个人的需要，要求管理者应该注意应用以下办法：工作扩大化；实行参与式的以员工为中心的领导方式；加重员工的责任，激发责任心和创造性；更多依靠员工自我指挥和自我控制；实行“以现实为中心”的领导方式等。

（三）“不成熟—成熟”连续流理论的实践意义

1. 在从“不成熟”到“成熟”的连续流上，每个人都拥有自己的发展“起点”，至于这个起点的位置是更接近“原点”还是更接近“终点”，首先受到个体特征的影响。

就多样化的个体特征而言，在同一时刻，有的人呈现优缺点都比较明显的中等成熟状态，有的人表现出稳定而全面的成熟特质，而有的人则暂时看来极不成熟，但具有可发展到非常成熟的潜质。当以连续流框架体系来标定若干个体的发展起点时，这些起点就根据相互比较而形成的差异散落在连续流的不同位置上。一般来说，极少有人完全符合 X 理论或 Y 理论，因此很难找到一个恰好落在“原点”或“终点”上的起点。大多数人在某一特定时刻的起点都以不同的距离偏离“原点”或接近“终点”；比较成熟的人是从连续流上更接近“终点”的地方开始（或重新开始）成长的，这些人在追求自我实现的过程中具有既成优势；而那些较不成熟的人的发展起点则距离“终点”更远一些，他们在起始成长阶段的心理和行为特征更多的带有“经济人”的色彩。

这就要求管理者必须努力识别每个被管理者的独特的成熟程度（具体表征为个性、能力等），然后才能判断所采取的管理方式是否适当，并根据具体对象考虑如何管理。在现阶段，管理在某种意义上仍是人作为被管理者时的一种需求。根据心理学的相关理论，一个人的独特需求得到“合拍”的满足时，便可以受到真正有效的激励，最终表现为行为的改善和绩效的提高。如此说来，一味追求“一视同仁”的管理行为都有简陋而专横的嫌疑，违背了“人本主义”管理的初衷。

2. 连续流本身并不排斥特定条件下可能出现的从“成熟”到“不成熟”的逆向成长，甚至承认，在某些情况下，正、逆向成长是交替出现或同时存在的。

一方面，从“不成熟”到“成熟”的个人成长过程在理想条件下其方向是较为单纯的，然而实际上，“不够理想”的条件不可避免，因此员工个体完全可能在受到不利因素的影响时产生心智水平与行为模式上的“退化”现象（即逆向成长为“经济人”），而在有利因素再次出现时，又恢复正向成长的状态。

另一方面，连续流理论为如何说明个人是否成熟抽象出了能动性、自主性等 7 个指标，每个指标代表个性特征的某个维度，然而在个人的成长过程中，这些维度彼此之间未必完全同步。例如，一个人可能由于经验的积累，眼光逐渐变得长远了，但对事物的兴趣则越来越冷淡；或者其自主性增强的同时能动性却降低了，表征为坚持己见但凡事被动。因此，个人的成熟过程，在连续流上是可以正、逆向交替出现或同时存在的。

就前一方面而言，“持经达变”的管理方式是一种可选择的应对策略。管理者既要信任员工，并通过授权、参与式管理等方法让员工充分得到施展个人才能的空间，又要随时准备应对突然出现的不合期望的员工行为，即在当代倡导的以人为本的管理和马基雅维里式实用主义管理之间找到合适的结合点。后一方面需要管理者善于识别“光环效应”，在评价员工时防止被少数的优缺点影响到对一个人的整体判断，出现“一叶障目，不见泰山”的错误；还要善于运用“皮格马利翁效应”，懂得欣赏和经常表扬员工的优点，从而使其在身心愉悦的状态下全面健康的发展，最大限度地以组织目标作为“自我实现”的报酬。

二、卢因的“团队动力学”理论简介

团队动力学理论是行为科学学派代表人之一库尔特·卢因于 1944 年提出的。团队动力学所研究的团队指非正式组织。

（一）团队的三个要素

同正式组织一样，团体有三个要素：一是活动；二是相互影响；三是情绪。

在这三项要素中，活动是指人们在日常工作、生活中的一切行为；相互影响是指人在组织中的相互发生作用的行为；情绪是人们内在的，看不见的生理活动，如态度、情感、意见、信息，但可以从人的“活动”和“相互影响”中推知其活动，相互影响和情绪不是各自孤立的，而是密切相关的，其中一项变动，会使其他要素发生改变。

团体中各个成员的活动、相互影响和情绪的综合就构成团体行为。

（二）“团队动力学”理论的主要内容

团队是处于均衡状态的各种力的“力场”，叫做“生活场所”“自由运动场所”。这些力场涉及团队在其中活动的环境，还涉及团队成员的个性及其相互间的看法。团队成员在向其目标运动时，可以看成是力图从紧张状态中解脱出来。各种力处于均衡状态是相对的。事实上，一个团队永远不会处于“稳固的”均衡状态，而是处于不断地相互适应的过程。这可以比作一条波澜不惊的河流：看起来是相对静止的，实际上却在不断地缓慢运动和变化。团队行为就是各种相互影响的力的一种错综复杂的结合，这些力不仅影响团队结构，也修正一个人的行为。

卢因认为，除了正式组织的目标外，团队（非正式组织）还必须有它自己目标的维护团队，使团队持续地发挥作用。连续过度地追求正式组织的工作目标有损于团队行为的内泵力。所以，团队领导人必须为促进一定程度的团队和谐而提供相当的时间和手段。在团队内把感情上的压力发泄出来，有利于正式组织工作目标的实现。相互依赖水平高的团队，在意见和感情的交流上比较好，团队成员的满意度、激励和内泵力都较高。

卢因及其同事1939年在艾奥瓦大学从事的试验表明，对团队有三种不同的领导方式：专制的领导方式、民主的领导方式和自由放任的领导方式。由于领导方式不同，其效果也不一样。但这三种方式并不相互排斥，而是在不同的情况下可以选择不同的方式。同时卢因还发现，一个团队除了领导者之外，还有参与者。团队规模的大小是决定其成员参与程度和人数的一个主要因素。此外，如果团队成员的权力和地位比较平等，则参与者的人数会显著增加。工作团队不是一群无组织的乌合之众，工作团队是有结构的，团队结构塑造团队成员的行为，使人们有可能解释和预测团队内大部分的个体行为以及团队本身的绩效。

因此，卢因进一步指出，由于非正式组织的实质在于人与人之间的相互关系和作用，所以，基本团队的规模小为好，以便成员相互间能经常交往。但是，在实践中，团队的规模大小要根据具体情况来定。卢因认为，当一个团队和主要任务是做出高质量的复杂决策时，最恰当的规模是7~12人，有一个正式的领导者；当一个团队和主要任务是解决矛盾和冲突，取得协议时，最好由3~5人组成，不要正式的领导者。这样能够保证每个成员充分发表意见和进行讨论；当一个团队既要做出高质量的决议，又要取得协议时，最好由5~7人组成。可以发现，这种社会惰化效应产生的原因也许是团队成员认为其他人没有尽到应尽的职责。如果你把别人看作是懒惰或无能的，你可能就会降低自己的努力程度，这样你才会觉得公平。另一种解释是团队责任的扩散。因为团队活动的结果不能归结为具体某个人的作用，个人投入与团队产出之间的关系就很模糊了。在这种情况下，个人就会降低团队的努力。换言之，当个人认为自己的贡献无法衡量时，团队的效率就会降低。

（三）“团队动力学”理论中的团队规范

团队规范是一切实际影响个人态度与行为的某一团队中人们共同参考原则的总和。法律、道德、价值观等都是团队规范。一个团队中的成员都依照自己团队的规范去判断问题，决定自己如何行动。

1. 团队规范的类型

（1）正式规范与非正式规范；

（2）参照团体规范；

（3）社会认可的规范与反社会规范。

2. 团队规范的功能

（1）树立评价标准的功能；

（2）维持和巩固团队的功能；

（3）团队舆论的功能；

（4）行为导向的功能。

3. 团队规范的维持

（1）团队压力；

（2）从众行为。

（四）“团队动力学”理论的应用意义

工作团体中这种社会惰化效应对于组织行为学者来说，意义又是重大的。如果管理人员想借助团体的力量，来强化士气和工作团队，他们就必须提出供衡量个人努力程度的手段，否则，管理人员就应该权衡一下团体可能带来的生产率的下降程度是否可以接受。另外，社会惰化现象与文化背景有密切的关系。例如，像美国和加拿大这样的国家是由个人主义支配的个人主义主宰一切，社会惰化现象比较突出。在个人主要受团体目标激励的集体主义社会里，这种结论就不一定适用了。

三、布雷德福的敏感性训练理论

利兰·布雷福德（Dr. Leland. Bradford）的敏感度训练理论，也称为感受性培训、ST-团体训练，或训练小组训练，又或是实验室训练，是美国行为科学家布雷福德等人首创的一种训练方法。布雷福德博士 1947 年在梅因州的贝瑟尔建立了第一个感受度训练教室，即研究人们相互关系的实验室。

敏感性实验，其实质就是通过导致增加人际意识的“内心深处的”相互作用而达到行为的改变。感受性培训在心理学上又称之为团体咨询，这种方法源于美国，经由日本、台湾传到中国内地，适合各层次人群。为了使感受性培训获得更好的效果，训练要求学员能够积极参与，放下自我身份，展示真实的自己，用心去体会、感悟每个环节，使自己真正的融入活动之中，这样才能体验内心的收获。在感受性培训中，鼓励学员以此时此刻的经验和感受彼此坦诚的交流和沟通，利用团体的互动，克服疏离感，使学员展示开放、诚实、自然的特质，表现出新的适应行为。如从扮演角色转变为更直接的表达自己，团队的凝聚力无形中得到强化，个性得到提升；从对经验和不确定性持较保守的态度转变为更开放的接受外在现实和忍受不确定性；从遇到问题在自身外部寻找答案，转变为愿意从内指导自己；从缺乏信任、封闭、畏惧人际关系转变为对别人更具开放性和善于表达自己，在人性开发上互助精神得到强化，团队意识得到增强。根据社会学理论和人际沟通理论，把训练目的定位在自我探索，提升自信，掌握人际交往技巧，提高人际沟通能力，提升服务意识和强化团队精神。

经验表明，一个人的成功，15% 靠的是专业知识，85% 靠的是人际沟通和处世技巧等综合因素。敏感度训练（感受性培训）的目的就是通过用心理学干预技术唤醒自我意识，寻找人生的目的、意义和价值，使人学会保持健康心理，学会自我调节，从内心深处认识自己，学会怎样与人相处，建立和谐人际关系。在活动中，通过耳濡目染，在潜移默化、润物无声中增强积极观念和人性修养，真正领会团结、互助、合作的团队精神。使学员在专业知识 IQ、情商 EQ、人际关系 HQ 几个方面得到提升。

（一）敏感性训练的特点

（1）无严密组织，无主席，无议题，无议程；

（2）非定型的自由交谈，对有关现场的即所谓“此时此地”所发生的事情进行对话活动；

（3）培训指导人员仅从旁协作，为学习过程提供方便，其使命是观察、记录、解释，有时诱导，扮演一种不引人注目的领导角色。

训练一开始往往呈现一种使受训人员不知所措的局面。这时，有的人可能不耐烦，有的充满疑虑，有的思索，有的提议指定一个主席，有的提出各种问题。渐渐地展开了讨论，酝酿问题，交换意见，由此逐渐促成彼此间的认识和了解。

（二）敏感性训练的做法

1. 方法适用

感受性训练法也称之为感受性培训，它实质上是一种以体验学习为基础，通过体验来达到自我认识及他人认知的方法，感受性培训的适用范围非常广泛，包括服务业的待客教育，保险业的保险业务人员推销训练，不动产公司的高级人员讲习等；对象可以是管理人员或者一般从业人员以及任何阶层人员的教育培训等。可以说，凡是企业员工或者家庭、社工，不论职位高低，均可使用这种方法并取得显著的成效。

2. 具体操作

准备阶段：

（1）将研习人员分成小组，每组以10~15名为佳；

（2）选择指导人员；

（3）确定训练时间、地点。

实施阶段：

（1）小组成员间的互相认识与了解；

（2）以两人为一个小组进行活动，或以3~5人为一小组进行分组区别交谈；

（3）研习人员说明自我状态；

（4）指导人员沟通分析；

（5）对个别人的心理治疗和咨询。

实施要点：

（1）沟通能力训练法没有任何对特定对象、沟通主题的限制，凡是和团体合作，沟通相关人员间的人际关系、领导层的干部训练以及开发业务范围、拓展业务和销售训练都适用该法。

（2）参加学习人员总数无特别限制，但因为它属于小集团的心理治疗，人数应控制在10~15名为佳。

（3）感受性培训每次主题执行时间，每个主题控制在一小时左右，其中还应包括指导人员的讲解、讨论的时间和各个小组的演练时间。

特别提醒：

（1）在帮助人员学习的同时，辅以理论和体验性方式，以帮助研习人员掌握自我了解的模型、沟通人际关系的基本模型。

（2）每一小组人数不应超过5人，以利于领导者的随时监督观察，避免各小组间的相互影响。

（3）感受性培训的沟通能力分析训练的训练内容较为宽松，故不需外聘专家，指导人员只需要某种程度的训练，即可担任指导工作。

（4）指导人员不应过度介入或干预，否则会将具有实质效应的分组演习，变成一种虚伪的表演，妨碍个人自主性和自律性的确立。

（5）在进一步担任个人心理治疗或咨询顾问时，指导人员除原有训练内容外，还应再进一步接受心理学的专业知识学习和技能训练。

（6）训练一开始往往呈现一种使受训人员不知所措的局面。这时，有的人可能不耐烦，有的充满疑虑，有的思索，有的提议指定一个主席，有的提出各种问题。渐渐展开了讨论，酝酿问题，交换意见，由此逐渐促成彼此间的认识和了解。

四、领导方式连续统一体理论

罗伯特·坦南鲍姆（Robert Tannenbaum）和沃伦·施密特（Warren H. Schmidt）于1958年提出了领导行为连续体理论。他们认为，经理们在决定何种行为（领导作风）最适合处理某一问题时常常产生困难。他们不知道是应该自己做出决定还是授权给下属做决策。为了使人们从决策的角度深刻认识领导作风的意义，他们提出了连续体模型。

（一）创始人简介

罗伯特·坦南鲍姆是美国著名企业管理学家。毕业于美国芝加哥大学并获得博士学位，长期在洛杉矶加利福尼亚大学工商管理学院执教，担任人才系统开发教授，从事“人事制度的发展”研究，并为美国及其他国家的企业进行范围广泛的咨询顾问工作，坦南鲍姆在领导理论方面提出了富有创见的连续分析方法，并在敏感性训练和组织发展方面进行了卓有成效的研究工作，他和沃伦·施米特合著的《如何选择领导模式》是一部著名的管理学专著。坦南鲍姆和沃伦·施密特合著的《如何选择领导模式》是一部著名的管理学专著。坦南鲍姆和施米特提出了著名的“领导方式连续统一体理论”（也称“领导模式连续分布场”），主张按照领导者运用职权和下属拥有自主权的程度把领导模式看作一个连续变化的分布带，以高度专权、严密控制为其左端，以高度放手、间接控制为其右端，从高度专权的左端到高度放手的右端，划分7种具有代表性的典型领导模式。坦南鲍姆认为，不能简单地从7种模式中选择某一种模式作为最好的，或者认为某一模式是极差的，而应该在一定的具体情况下考虑各种因素，采取最恰当的行动。坦南鲍姆认为，实践中的领导风格是丰富多彩的，影响领导风格成效的因素甚多，不能给领导风格简单排序。

因坦南鲍姆与施米特在研究领导作风与领导方式时摆脱了较为绝对的“两极化”倾向，反映出领导模式的多样性与情景因素，研究成果显示出了良好的适应性与生命力，所以其理论受到了西方管理学界的普遍重视。

（二）理论简介

领导风格与领导者运用权威的程度和下属在做决策时享有的自由度有关。在连续体的最左端，表示的领导行为是专制的领导；在连续体的最右端表示的是将决策权授予下属的民主型的领导。在管理工作中，领导者使用的权威和下属拥有的自由度之间是一方扩大另一方缩小的关系。一个专制的领导掌握完全的权威，自己决定一切，他不会授权下属；而一位民主的领导在指定决策过程中，会给予下属很大的权力，民主与独裁仅是两个极端的情况，这两者中间还存在着许多种领导行为。

（三）领导模式

在高度专制和高度民主的领导风格之间，坦南鲍姆和施米特划分出 7 种主要的领导模式：

1. 领导做出决策并宣布实施

在这种模式中，领导者确定一个问题，并考虑各种可供选择的方案，从中选择一种，然后向下属宣布执行，不给下属直接参与决策的机会。

2. 领导者说服下属执行决策

在这种模式中，同前一种模式一样，领导者承担确认问题和做出决策的责任。但他不是简单地宣布实施这个决策，而是认识到下属中可能会存在反对意见，于是试图通过阐明这个决策可能给下属带来的利益来说服下属接受这个决策，消除下属的反对。

3. 领导者提出计划并征求下属的意见

在这种模式中，领导者提出了一个决策，并希望下属接受这个决策，他向下属提出一个有关自己计划的详细说明，并允许下属提出问题。这样，下属就能更好地理解领导者的计划和意图，领导者和下属能够共同讨论决策的意义和作用。

4. 领导者提出可修改的计划

在这种模式中，下属可以对决策发挥某些影响作用，但确认和分析问题的主动权仍在领导者手中。领导者先对问题进行思考，提出一个暂时的可修改的计划，并把这个暂定的计划交给有关人员进行征求意见。

5. 领导者提出问题，征求意见做决策

在以上几种模式中，领导者在征求下属意见之前就提出了自己的解决方案，而在这个模式中，下属有机会在决策做出以前就提出自己的建议。领导者的主动作用体现在确定问题，下属的作用在于提出各种解决的方案，最后，领导者从他们自己和下属所提出的解决方案中选择一种他认为最好的解决方案。

6. 领导者界定问题范围，下属集体做出决策

在这种模式中，领导者已经将决策权交给了下属的群体。领导者的工作是弄清所要解决的问题，并为下属提出做决策的条件和要求，下属按照领导者界定的问题范围进行决策。

7. 领导者允许下属在上司规定的范围内发挥作用

这种模式表示了极度的团体自由。如果领导者参加了决策的过程，他应力图使自己与团队中的其他成员处于平等的地位，并事先声明遵守团体所做出的任何决策。在上述各种模式中，坦南鲍姆和施米特认为，不能抽象地认为哪一种模式一定是好的，哪一种模式一定是差的。成功的领导者应该是在一定的具体条件下，善于考虑各种因素的影响，采取最恰当行动的人。当需要果断指挥时，他应善于指挥；当需要员工参与决策时，他能适当放权。领导者应根据具体的情况，如领导者自身的能力，下属及环境状况、工作性质、工作时间等，适当选择连续体中的某种领导风格，才能达到领导行为的有效性。

（四）考虑因素

通常，管理者在决定采用哪种领导模式时要考虑以下几方面的因素：

管理者的特征——包括管理者的背景、教育、知识、经验、价值观、目标和期望等。

员工的特征——包括员工的背景、教育、知识、经验、价值观、目标和期望等。

环境的要求——环境的大小、复杂程度、目标、结构和组织氛围、技术、时间压力和工作的本质等。

根据以上这些因素，如果下属有独立做出决定并承担责任的愿望和要求，并且他们已经做好了这样的准备，他们能理解所规定的目标和任务，并有能力承担这些任务，领导者就应给下级较大的自主权力。如果这些条件不具备，领导者就不会把权力授予下级。

（五）管理启示

首先，一个成功的管理者必须能够敏锐地认识到在某一个特定时刻影响他们行动的种种因素，准确地理解他自己，理解他所领导的群体中的成员，理解他所处在的组织环境和社会环境。

其次，一个成功的领导者必须能够认识和确定自己的行为方式，即如果需要发号施令，他便能发号施令；如果需要员工参与和行使自主权，他就能为员工提供这样的机会。

这一理论的贡献在于不是将成功的领导者简单地归结为专制型、民主型或放任型的领导者，而是指出成功的领导者应该是在多数情况下能够评估各种影响环境的因素和条件，并根据这些条件和因素来确定自己的领导方式和采取相应的行动。

（六）缺陷

但坦南鲍姆和施米特的理论也存在一定的不足，这就是他们将影响领导方式的因素，即领导者、下属和环境看成是既定的和不变的，而实际上这些因素是相互影响、相互作用的，他们对影响因素的动力特征没有进行足够的重视，同时在考虑环境因素时主要考虑的是组织内部的环境，而对组织外部的环境以及组织与社会环境的关系缺乏重视。

五、利克特的“支持关系理论”

支持关系理论是由美国心理学家、行为科学家伦西斯·利克特（RensisLikert）提出的一种企业领导方式理论。这一理论是利克特和他的同事对以生产为中心的领导方式和以人为中心的领导方式进行比较研究后所得出的成果，它集中体现于利克特所著的《管理的新模式》和《人群组织：管理和价值》两本著作中对企业的管理模式发表的独特见解，并提出了支持关系理论。

（一）支持关系理论的要点

1. 对人的领导是管理工作的核心

利克特认为，在所有的管理工作中，对人的管理是最重要的中心工作，其他工作都取决于它，即使在做同一工作的各个单位中，有的生产率高，有的生产率低，究其原因主要是领导人所采取的领导方式不同。以职工为中心的领导方式，强调的是工作中的人际关系，监督只是一般性的，而不是严密的。结果不但生产率高，而且集体中内聚力高，士气足，工人不安情绪少，跳槽者少。以工作为中心的领导方式，监督者注意的中心是生产，对工作的技术更感兴趣，对职工的监督过于严密琐细，经常给职工施加不必要的压力，动辄批评和处罚职工。其结果是生产效率低，集体的内聚力弱，士气低，不安情绪高，跳槽者多。

2. 企业领导方式

把企业领导方式分为专权命令式、温和命令式、协商式和参与式 4 种。第一种方式是传统的领导方式，第二、第三种方式虽然有程度上的不同，但无本质上的差别，都属于权力主义的管理方式。

只有第四种参与性的管理方式才是效率高的管理方式。因为：

（1）参与式的管理在对待所有其他成员、对待上级、对待工作、对待组织方面的相互信赖的高水平；

（2）对组织及其目标极为明确，并能有效地调动所有主要的激励力量来达到，彼此都很合作；

（3）该组织工作群体的成员之间具有高度的群体忠诚心，组织的上下级之间呈现出积极的和信任的态度，同时表现出对团队的重视，以及在个人的相互作用和群体的活动等方面表现出高水平的技能；

（4）组织绩效的测定主要用来自我激励，而不是用于外部控制。

3. 遵守原则

要求组织成员都认识到自己肩负着重要使命和目标，每个人的工作对于组织来说都是不可或缺的。

选择高效率领导方式的管理者在处理上下级关系时，还必须努力做到：

（1）尽力以易于感受的、体贴的方式对待下属，支持、关心和帮助他们，努力为下级、为公司的最佳利益服务；

（2）要信任下属的能力，因为只有信任才会促使下属人员自发学习，不断提高自身的素质；

（3）对于不适合于其工作岗位和不能胜任自己工作的下属，要努力帮助其找到适合于他们位置的工作，并切实安置好。

（二）利克特的支持关系理论的优缺点

利克特把管理效率等同于积极参与是有其积极意义的，但将其完全等同，则缺乏科学性，因为领导方式的选择离不开任务、成员的素质，以及该组织的传统文化背景和习惯等。

六、布莱克的管理方格理论

管理方格理论是由美国得克萨斯大学的行为科学家罗伯特·R. 布莱克（Robert R. Blake）和简·S. 莫顿（Jane S. Mouton）在 1964 年出版的《管理方格》（1978 年修订再版，改名为《新管理方格》）一书中提出的。管理方格图的提出改变以往各种理论中“非此即彼”式（要么以生产为中心，要么以人为中心）的绝对化观点，指出在对生产关心和对人关心的两种领导方式之间，可以进行不同程度的互相结合。

管理方格理论是研究企业的领导方式及其有效性的理论，这种理论倡导用方格图表示和研究领导方式。他们认为，在企业管理的领导工作中往往出现一些极端的方式，或者以生产为中心，或者以人为中心，或者以 X 理论为依据而强调靠监督，或者以 Y 理论为依据而强调相信人。为避免趋于极端，克服以往各种领导方式理论中的“非此即彼”的绝对化观点，他们指出：在对生产关心的领导方式和对人关心的领导方式之间，可以有使二者在不同程度上互相结合的多种领导方式。为此，他们就企业中的领导方式问题提出了管理方格法，使用自己设计的一张纵轴和横轴各 9 等分的方格图，纵轴和横轴分别表示企业领导者对人和对生产的关心程度。第 1 格表示关心程度最小，第 9 格表示关心程度最大。全图总共 81 个小方格，分别表示“对生产的关心”和“对人的关心”这两个基本因素以不同比例结合的领导方式。

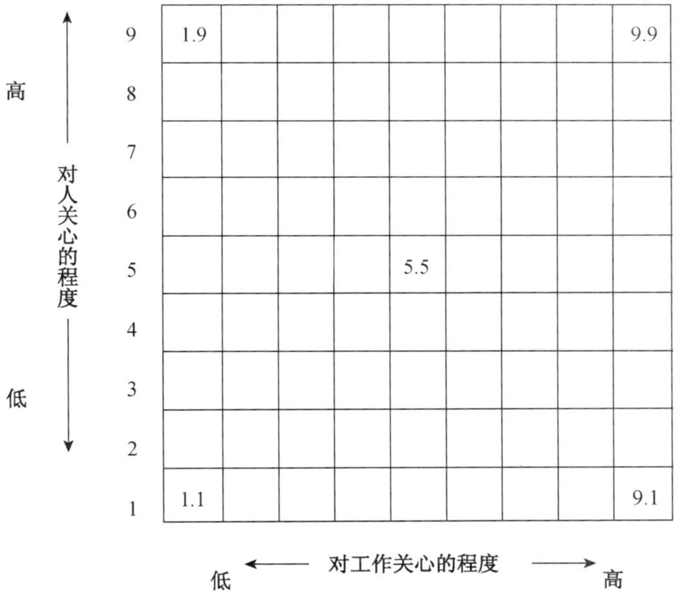

图 8-4 管理方格图

（一）管理方格图的主要内容

管理方格图（见图 8-4）是一张纵轴和横轴各 9 等分的方格图，纵轴表示企业领导者对人的关心程度（包含了员工对自尊的维护，基于信任而非基于服从来授予职责，提供良好的工作条件和保持良好的人际关系等），横轴表示企业领导者对业绩的关心程度（包括政策决议的质量、程序与过程、研究工作的创造性、职能人员的服务质量、工作效率和产量），其中，第 1 格表示关心程度最小，第 9 格表示关心程度最大。

管理方格图中，“1. 1”方格表示对人和工作都很少关心，这种领导必然失败。“9. 1”方格表示重点放在工作上，而对人很少关心。领导人员的权力很大，指挥和控制下属的活动，而下属只能奉命行事，不能发挥积极性和创造性。“1. 9”方格表示重点放在满足职工的需要上，而对指挥监督、规章制度却重视不够。“5.5”方格表示领导者对人的关心和对工作的关心保持中间状态，只求维持一般的工作效率与士气，不积极促使下属发扬创造革新的精神。只有“9.9”方格表示对人和工作都很关心，能使员工和生产两个方面最理想、最有效地结合起来。这种领导方式要求创造出这样一种管理状况：职工能了解组织的目标并关心其结果，从而自我控制、自我指挥，充分发挥生产积极性，为实现组织的目标而努力工作。

除了那些基本的定向外，还可以找出一些组合。例如，“5.1”方格表示准生产中心型管理，比较关心生产，不大关心人；“1.5”方格表示准人中心型管理，比较关心人，不大关心生产；“9.5”方格表示以生产为中心的准理想型管理，重点抓生产，也比较关心人；“5.9”方格表示以人为中心的准理想型管理，重点在于关心人，也比较关心生产。还有，如果一个管理人员与其部属关系会有“9.1”定向和“1.9”体谅，就是家长作风；当一个管理人员以“9.1”定向方式追赶生产，而在这样做的时候激起了怨恨和反抗时，又到了“1.9”定向，这就是大弧度钟摆；还有平衡方法、双帽方法、统计的“5.5”方法等。

（二）“9.9”管理方式发展的五个阶段的培训

布莱克和莫顿认为，作为领导者应该客观地分析组织内外的各种情况，把自己的领导方式改造成“9.9”型的方式，以求得最高效率。

布莱克和莫顿还根据自己从事组织开发的经验，总结出向9.9管理方式发展的五个阶段的培训：

（1）组织的每个人都卷入方格学习，并用它来评价自己的管理风格。

（2）进行班组建设，以健全的协作文化取代陈旧的传统、先例和过去的实践，建立优秀的目标，增强个人在职位行为中的客观性等。

（3）群体间关系的开发，利用一种系统性的构架来分析群体间的协调问题，恰当地利用好群体间的对抗以从中发现组织中存在的管理问题，利用这种有控制的对抗和识别为建立一体化所必须解决的症结问题，为使各单元之间的合作关系不断改善作下一次实施计划。

（4）设计理想的战略组织模型，要确定最低限度和最优化的公司财务目标，在公司未来要进行的经营活动、要打入的市场范围和特征、决策基本政策和开发的目标等方面有明确的描述，以此作为公司的基本纲领，作为日常运作的基础。

（5）贯彻开发。研究现有组织，找出目前运营方法与按理想战略模型的差距，明确企业应该在哪些方面进行改进，设计出如何改进的目标模式，在向理想模型转变的同时使企业正常运转。布莱克和莫顿认为，通过这样的努力，就可以使企业逐步改进现有管理模式中的缺点，逐步进步到“9.9”的管理定向模式上。

（三）5种类型的领导

根据企业管理者“对业绩的关心”和“对人的关心”程度的组合，可以将领导分为5种类型：

（1）贫乏的领导者：对业绩和对人关心都少，实际上，他们已放弃自己的职责，只想保住自己的地位；

（2）俱乐部式领导者：对业绩关心少，对人关心多，他们努力营造一种人人得以放松，感受友谊与快乐的环境，但对协同努力以实现企业的生产目标并不热心；

（3）小市民式领导者：既不偏重于关心生产，也不偏重于关心人，风格中庸，不设置过高的目标，能够得到一定的士气和适当的产量，但不是卓越的；

（4）专制式领导者：对业绩关心多，对人关心少，作风专制，他们眼中没有鲜活的个人，只有需要完成生产任务的员工，他们唯一关注的只有业绩指标；

（5）理想式领导者：对生产和对人都很关心，对工作和对人都很投入，在管理过程中把企业的生产需要同个人的需要紧密结合起来，既能带来生产力和利润的提高，又能使员工得到事业的成就与满足。

（四）管理方格法的意义

管理方格法问世后便受到了管理学家的高度重视。它启示我们在实际管理工作中，一方面要高度重视手中的工作，要布置足够的工作任务，向下属提出严格的要求，并且要有纪律规章作保障；另一方面又要十分关心下属个人，包括关心他们的利益，创造良好的工作条件和工作环境，给予适度的物质和精神的鼓励等，从而，使下级机构及其工作人员在责、权、利等方面高度统一起来，以提高下属的积极性和工作效率。

管理方格理论在美国和许多工业发达国家受到一些管理学者和企业家的重视。《管理方格》一书对美国经理阶层及管理学界有较大影响，出版后长期畅销，印数接近 100 万册。该书于 1978 年修订再版，改名为《新管理方格》。《新管理方格》在我国有中译本，由孔令济等人翻译，中国社会科学出版 1986 年出版，是“国外经济管理名著丛书”中的一种。

复习思考题

1. 什么是激励？
2. 激励理论有哪些？在实践中，如何正确理解和运用？
3. 激励方法有哪些？如何实现有效激励？

第九章　沟　通

沟通是管理的另一项重要职能，组织内部与外部的交流、组织内部的信息传递、上下级之间的感情联络、控制者与控制对象的纠偏工作，都与沟通密切相关。

第一节　沟通概述

一、沟通的概念

沟通简单地说，就是人与人之间进行信息交流的活动，沟通是人们社会生活的基本要求之一。因为人最鲜明的特点之一是他或她能够用语言来表达自己的感情、想法、意见和要求，一个人如果失去了正常交际，就不可能正常发展。具体来说，一个组织中的成员之间如果没有沟通，这个组织就无法正常运转。因为此时上级的决策无法传递给下级，更谈不上去执行。如果组织内部沟通不良，组织的效率也会因此受到影响，缺少良好的信息沟通，上级得不到下级执行决策的信息反馈，无法改进决策、优化决策；部门之间缺乏沟通，其行动也就难于协调一致；组织成员间沟通不良，组织内部就难以建立起良好的人际关系，组织必然缺乏凝聚力。可见，沟通是组织得以生存、运行和发展的必备功能之一，自然也是管理的重要内容了。

一个完整的沟通过程，包括如下四个方面的要素：

（一）信息源，又称为信息沟通的发送者，在一个沟通过程中，总有一方是信息的主动发送者。

（二）信息内容，即沟通的内容，组织中沟通的信息内容是多种多样的，它包括正式组织中上级下达的命令、指令、计划以及决策；下级按规定上报的报告，反映的情况，也包括在非正式场合中员工之间的感情交流、谈心。作为沟通内容的信息，既包括书面的，也包括口头的。

（三）信息的接受者，即沟通过程中处于被动地接受信息的一方。在沟通的不断循环过程中，信息的发送者与信息接受者的身份会不断改变，特别是在双向沟通中，无论哪一方，既要充当信息发送者，又要充任信息的接受者。

（四）沟通渠道，即信息交流的通道。不同的沟通渠道其沟通效率是不一样的。对于一个组织来说，不仅要建立完整的沟通渠道，而且还要使沟通渠道保持畅通无阻的良好状态。

二、沟通的特点

人与人之间的信息沟通有其本身的特点，这些特点主要有以下几个方面。

（一）心理因素对沟通的效果影响很大

在人与人之间的信息交流过程中，其交流的效果必然会受到人的心理活动的影响，由于人都具有爱憎、喜好、厌恶等情感，同时人又具有丰富的想象力，因此人们在进行信息交流的时候，都会不自主地受到这些情感及心理因素的支配，对沟通的效果产生很大的影响。心理因素首先会影响信息发送者发送信息所选用的语言、表达方式、沟通形式；其次，心理因素也会影响信息接受者对信息的理解。同样一句话，在不同人的口中，在不同的场合，以不同的方式说出来，会代表着不同的信息，不同的人听起来，会做出不同的理解，其原因除了信息接受者个人能力水平差异之外，最为重要的是心理因素在起作用。所以说，沟通不是简单的机械式的语言传递，而是带有丰富的感情色彩的人际交流。

（二）沟通过程既是一个信息传递过程，同时又是培养、交流感情的过程

由沟通的第一个特点可知，沟通中人的心理因素必然会起作用。所以，沟通就不只是简单的信息传递过程了，而是伴随着思想、感情等的交流。如果沟通良好，信息不仅可以在组织内部进行准确、及时、完整地传递，保证组织运转顺畅，而且也有利于人们之间进行思想、感情交流，增进了解，建立良好的人际关系，这对一个组织来说具有十分重要的意义。所以组织内部在建立沟通网络、选择沟通方式时，应充分注意沟通对感情交流、人际关系创造的作用。

（三）沟通是以语言为工具、载体的

在人与人的交流中，语言是最基本的工具，不过这里的语言指的是广义的语言，它既包括书面语言、口头语言，也包括体语。选择什么样的语言进行沟通，对沟通效果有着直接的影响。选择合适的沟通语言，不仅指词句应准确、明白易懂，而且包括语言形式要适当。例如，同样一次决策，领导者是用文件形式传达或用广播形式传达，还是开会亲自传达，其作用会不一样，领导开会亲自传达，信息接受者就可以从传达者的体语上，如态度、语气等来感受，判断这一决策的意义。

三、沟通的作用

在一个组织中，沟通起着如下几个方面的作用。

（一）通过与外界沟通，获得组织生存和发展所需要的资源和信息，使组织能够更好地适应环境。组织同外部的沟通是组织沟通的重要内容，通过这种沟通，组织可以从外界环境中获得生存和发展所必需的信息。这一点对所有正处在信息化时代中的各类组织都是特别重要的。以企业为例，在市场经济中，作为市场主体的企业，要想求得生存和发展，就必须摸清市场变化的规律，及时掌握市场动态，生产出适销对路的产品。之后，还必须让市场了解本企业和企业的产品。这些都需要靠企业与市场的信息交流来解决。在过去计划集中管理的体制下，企业闭门造车，对市场不闻不问，生产出来的产品积压滞销，如果今天仍然如此的话，其结局必然是将被市场所淘汰。组织同外部的沟通是沟通管理中要注意的重要方面，但外部沟通与内部沟通之间有着很大的差别，本章要讨论的主要是组织内部的管理，所以，仅在此强调外部沟通的重要性。至于如何做好外部沟通工作，我们不深入讨论。

（二）沟通是加强民主管理、保证科学决策的前提

吸收职工参加管理，这已是一个世界性的趋势。民主管理，并非指经常召开职工大会，对众多事无巨细的管理问题进行决策。民主管理最本质的规定是职工的意见能够得到充分、及时的反映，并为管理者所重视，对正确的、有价值的意见予以采纳。显然，民主管理要求组织内部建立起良好的沟通关系。以企业为例，如果一个企业建立起了良好的上下信息沟通制度，并且企业领导者不是被迫而是自愿地乐于同职工沟通，职工对生产经营方面的意见和建议必然会得到及时、全面的反映，久而久之，自然就会加强职工在管理中的地位和作用。必然能培养起职工的主人翁意识和精神，进而会使职工发挥出更大的积极性。反之，如果一个企业上下沟通不良，职工的意见无处表达，领导也不重视他们的意见，这样的话，无论在口头上将“职工是主人”的口号喊得多么响亮，职工也不会感到主人的身份与地位的存在，当然也不会有主人那样的积极性和责任心。

信息是决策的前提，这在前面已经指出过，及时、完整、准确的信息更是科学决策所必不可少的。决策者能否及时获得必要的信息，那就要看沟通的效率了。良好的沟通是科学决策的保障，这一点勿庸赘言；另一方面，沟通加强了职工参与管理的作用，自然也会对科学、合理决策产生积极作用。

（三）沟通是改善人际关系、鼓舞士气、建立良好工作环境的基本手段

人无论在什么组织内工作，都希望人际关系良好，可以从其中获得一种归属感。这种归属感是人的感情的需要之一，如果一个组织内人际关系良好，大家都能和睦相处，上下级之间相互信任，相互尊重，那么这个组织就容易做到上下一条心，全体团结成一个整体，职工的士气也就高昂。反之，组织内人际关系紧张、矛盾重重，必然使组织成为一盘散沙，缺乏战斗力。怎样创造良好的人际关系呢？关键之一就是人与人之间的良好沟通。通过沟通，职工之间增进了了解、增强了感情、化解了矛盾。这样，必然会给职工创造一个令人心情舒畅的工作环境，提高人们的工作积极性。

（四）沟通是转变职工态度、改变职工行为的重要手段

理解是接受的前提。在组织内部，一切决策都需要下级真正接受。主动行动才能得到切实地贯彻落实。怎样才能使职工真正理解、完全接受一项决策，特别是有抵触情绪的决策呢？例如，改革中采取的一些改革措施，就需要良好的上下沟通，使职工能够理解上级决策，支持上级决策，实施上级决策。如果做不到这一点，上下对立，职工违心地接受上级的指令，也只能是消极地去执行，不可能有积极性和创造性。此外，上级对下级所犯的错误或存在的错误认识，只要不是原则性的，就应采取沟通的方式，促使其认识到错误的性质、原因。只有做到了这一点，下级才能真正地转变认识、端正态度、改正错误。在一个组织中，如果上下级之间具有良好的沟通，无论对下级，还是对领导，都可能使其在态度和行为方面发生好的转变。

四、沟通的类别

沟通可以进行如下分类。

（一）按沟通是否具有正式的组织系统可分为：

（1）正式沟通指通过正式组织的沟通网络，如组织层次联系、横向协作关系进行的沟通。正式沟通是组织内部信息传递的主要方式。大量的信息都是通过正式沟通网络传递的。正式沟通的优点是：沟通效果好、严肃可靠、约束力强、易于保密、沟通信息量大，并且具有权威性。缺点是：因靠组织层次系统层层传递，沟通速度一般较慢。

（2）非正式沟通，指在正式沟通网络之外进行的信息沟通。非正式沟通是正式沟通不可缺少的补充，也是一个正式组织中不可能消除的沟通方式。非正式沟通的特点是：传递信息的速度快，形式不拘一格，并能提供一些正式沟通所不能传递的内幕消息；缺点是传递的信息容易失真；传递越广，失真就越多，容易在组织内引起矛盾；非正式沟通的控制也较困难。

（二）按沟通中信息流动的方向可分为：

（1）上行沟通指下级向上级进行的信息传递，如各种报告、汇报等。上行沟通是领导了解实际情况的重要手段，是掌握决策执行情况的重要途径。所以，领导不仅要鼓励上行沟通，还要注意上行沟通的信息真实性、全面性，防止报喜不报忧的现象。

（2）下行沟通指上级向下级进行的信息传递，如企业管理者将计划、决策、制度规范等向下级传达。下行沟通是组织中最重要的沟通方式。通过下行沟通才可以使下级明确组织的计划、任务、工作方针、程序和步骤。企业领导者必须做好下行沟通工作，其标准可以用一句俗语“家喻户晓、人人皆知”来概括。就是通过下行沟通还可以使职工感到自己的主人翁地位，从而激发他们的积极性。

（3）平行沟通指正式组织中同级部门之间的信息传递。平行沟通是在分工基础上产生的，是协作的前提。做好平行沟通工作，在规模较大、层次较多的组织中尤为重要，它有利于及时协调各部门之间的工作步调，减少矛盾。

（三）按沟通所使用语言的方式，可分为：

（1）口头沟通指采用口头语言进行的信息传递。口头沟通是最常用的沟通方式。其优点是：沟通过程中，信息发送者与信息接受者当面接触，有亲切感，并且可以运用一定的体语、手势、表情和语气、语调等增强沟通的效果，使信息接受者能更好地理解、接受所沟通的信息。口头沟通通常还可以即时获得反馈意见，具有双向沟通的优点。但口头沟通也存在一些不足之处：一是沟通范围有限；二是沟通过程受时间限制，沟通完成后缺乏反复性；同时对信息传递者的口头表达能力要求比较高。

（2）书面沟通指采用书面文字形式进行的沟通，如各种文件、报告。书面沟通的优点是：严肃、准确，具有权威性，不易被歪曲；信息接受者可反复阅读以增强理解；信息传递者对要传递的信息所采用的语言可以仔细琢磨，以便用最好的方式表达出来。但书面沟通也存在着不足之处，主要是：应变性较差，只能适应于单向沟通。所以，一般需要反复强调，内容量大、涉及面广的信息，多采用书面沟通的方式。

（3）书面口头混合沟通指在沟通过程中，既有书面表达的信息，同时又以口头沟通的方式加以阐述、强调，以使信息接受者加强理解。如一些重要会议中，报告人的报告既以书面形式印发给与会者，报告人又亲自作口头报告，同时还召开有报告人参加的座谈会，以加强信息沟通。这种方式兼顾了口头沟通与书面沟通的优点。其不足之处是：沟通费用较高，只有一些特别重要的信息，才采用这种沟通方式。

（四）按沟通过程中信息发送者与信息接受者的地位是否变化可分为：

（1）单向沟通指信息的发送者与接受者的地位不改变的沟通。在这种沟通中，不存在信息反馈。其优点是：信息发送者不会受到信息接受者的询问，能保持发送者的尊严，信息沟通比较有秩序，速度较快。其不足之处是：信息接受者不能进行信息反馈，没有理解的信息只能是囫囵吞枣地强制接受。这样，容易降低沟通效果，严重时甚至可能产生对抗心理。只有在比较特殊，特别是时间紧迫，不允许采用耗时较多的双向沟通时才采取单向沟通。

（2）双向沟通指在沟通过程中信息的传递者与接受者经常换位的沟通。在这种沟通中，存在着信息反馈，发送信息者可以及时知道信息接受者对所传递的信息的态度、理解的程度，有助于加强协商和讨论，增强了解和对发送信息的理解。但双向沟通一般费时较多，速度较慢，易受干扰，信息发送者的心理压力较大。如果时间允许，为了保证信息传递的准确性和提高沟通效果，应尽量采取双向沟通的方式。

第二节　沟通过程

一、沟通的四个阶段

在信息沟通过程中，沟通的基本程序为信息的发送者将要发送的信息转化为言词，随后经一定的信息沟通渠道传送信息，信息的接受者在接到信息之后，对信息进行理解，并按接受到的信息采取行动，其中包括发出反馈。信息沟通的程序可分为四个阶段。

（一）关注

关注指沟通对象对沟通内容引起关心。在沟通过程中，信息发送者必须注意信息接受者是否关注自己所发送的信息。如果不关注的话，就应采取措施使之关注。因为如果信息接受者对信息发送者所发送的信息毫不关心，沟通就很难成功。管理研究发现，决定人们对信息发送者发送的信息是否关心的因素主要有四个：

（1）沟通中信息接受者所接受到的信息量。如果信息接受者在一定的时间内接受到的信息量很大，由于精力等因素的制约，必然有一部分信息将被信息接受者忽略。在信息量过大的情况下，先接收到的信息一般较易为信息接受者所关注，而后发送的信息就容易被忽略。因此，为了使发送的信息不致被忽略，重要的信息一般应单独发送，或者优先发送，以便引起信息接受者的关注。

（2）人们在正式沟通中所处的位置，主要是权力和影响力。在正式组织中，由于上级可由权力获得一定的影响力，因此，上级发送的信息就比较容易引起下级接受者的关注，而下级向上级发送的信息，就容易被忽略。当然，这主要取决于作为信息接受者上级的素质高低，下级在沟通过程中的信心以及选择的沟通方式。加拿大的休·丁·阿诺德博士通过调查发现，下级在与上级沟通中往往会信心不足。例如，在他所调查的8个公司中，大多数员工都认为上司不会对他们的问题感兴趣，并且如果下级将问题和盘托出，反而会引出许多麻烦，所以下级喜欢报喜不报忧，用好听的信息引起上级的关注。

（3）人们在非正式网络中所处的位置。非正式沟通网络是相对于正式沟通网络而言的。每个组织中都存在着弥补正式沟通网络不足的非正式沟通网络。在非正式网络中居于核心地位的员工在沟通过程中所发送的信息常能引起较多的关注。

（4）信息本身。不同的信息所引起人们关注的程度是不同的，当然这也因人而异。例如，有人比较关注人们的隐私，而另有一些人比较关注国家、地方的大事。但一般的规律是，每个人都最关心与自己利益相关的事，所以，与自己利益关系越密切的信息，就越容易引起人们的关注。

（二）理解

引起信息接受者对信息发送者发送的信息关注仅是沟通的第一步，接下来的是信息接受者对接受到的信息做出正确的理解。如果信息接受者不能理解含意，甚至作出与含意相反的理解的话，沟通也会失败。对信息的理解与对信息的关注不一样，前者主要取决于信息发送者的表达能力和信息接受者的水平和理解能力。具体来说，影响接受者理解接收到的信息的因素主要有如下几个方面：

（1）表达信息的语义。语言是信息沟通的基本工具，但这个工具有简单、复杂之分。如果在沟通过程中，语言表达模糊，可作多种解释时，就会引起理解的困难。此外，如果在表达信息时，使用了过多的专业术语，这样，对外行人来说，就会引起理解上的困难。如何准确简要地表达出要发送的信息，是信息发送者必须认真考虑的问题。在管理中，决策的表达应尽量地明白易懂，使下级能够及时、准确地理解。

（2）反馈的机会。如果信息接受者对接收到的信息不甚理解，但能及时地提出疑问，请信息发送者给予解释的话，就会使信息接受者对接受到的信息做出准确、深刻的理解。如果信息接受者没有反馈的机会，理解就会碰到困难。如果接受者对上级的命令没有理解就加以执行的话，就有可能出现执行失误的问题。所以，信息发送者应在发送出信息之后，尽可能地给予信息接受者反馈的机会，或主动地要求其做出反馈，及时了解信息接受者对信息的理解状况，以便帮助信息接受者较好地理解所接受到的信息。

（3）信息发送者与信息接受者之间的关系。在信息沟通过程中，如果发送者与接受者之间关系不好，例如，说有矛盾，在心理因素的作用下，信息接受者往往不易正确理解发送者发送的信息。特别对一些容易引起联想的语言，还易做出与意愿相反的理解。当然，这与沟通的方式有关。如果关系不好，采取间接沟通的方式可能比较好，但有时采用直接沟通的方式又可能更有效。

（三）接受

沟通的目的是使信息的接受者能够接受信息，并依照信息的要求做出行动。因此，人们在理解了信息发送者所发送的信息之后，要么接受，要么拒绝。在沟通过程中，信息发送者应预先估计信息可能被接受者拒绝的情况，并采取一切措施，加以预防，以使发送的信息能够被接受。信息发送者发送的信息能否被接受，主要受下列因素影响：

（1）信息本身的真实可靠性。当人们怀疑某种信息的真实性时，就不会接受这一信息。因此，在信息的沟通过程中，特别是多层次的信息传递过程中要注意防止信息失真，导致信息不被接受。

（2）信息发送者与接受者之间的关系。信息可能被主动地接受，也可能被强制性地接受，上级向下级发送的信息，由于有权力的强制性作用，所以，一般不易被拒绝。而下级向上级发送的信息，就比较容易为上级所拒绝。同样，关系好的同事之间发送的信息，比较容易被接受，而关系不好的同事之间的信息发送，就容易被拒绝。

（四）行动和反馈

沟通的最终目的是对信息接受者产生影响，促使其行动。当信息被接受之后，一般会产生影响，促其行动，但信息接受者的行动还受下列因素影响：

（1）信息接受者的行为能力。如果一个人缺乏按照信息的要求行动的能力，即使他或她接受了信息发送者发送的信息，也难以产生信息发送者所预期的行动。因此，在信息发送之前，信息发送者就必须考虑信息接受者的行为能力，不能勉为其难。

（2）信息的保持性。信息能否产生影响，与信息的作用时间有着密切的联系。而信息的作用时间，又与信息的保持性相联系。如果一项信息反复作用，其影响就可大大加强，从而促进行动。

二、沟通过程中的障碍

在一个沟通过程中，常会出现一些障碍，这些障碍往往会降低沟通效果。使之达不到预期的效果，严重时甚至可能使沟通过程中断。因此，认识沟通障碍，防避沟通障碍，排除沟通障碍，就十分重要了。沟通障碍在沟通的信息发送者、信息通道和信息接受者三要素之中都可能存在。

（一）信息传递者的障碍

（1）表达障碍。指信息传递者表达能力不足产生的障碍。语言是信息的载体，准确地选择语言是实现沟通目标的必要前提。准确地语言选择不仅包括选用最恰当的词句，使用正确的语法，而且还包括采用书面沟通形式时清晰的字迹、简明的图表。由此可见，影响信息传递者表达能力的因素，除了自身的语言文字水平之外，还有工作责任心等非文字方面的因素。所以，信息传递者若要消除表达障碍，必须努力提高自己的语言表达能力。同时，在发送信息时，应具有高度的责任心。

（2）语义障碍。主要指因对语义的不同理解引起的障碍。对于信息发送者来说，不能仅从自己的角度选择用语来理解事情，更重要的是要从信息接受者的立场考虑用语，这样才能保证发送的信息能够被完全正确地理解。

（3）传递形式障碍。指传递形式不协调产生的障碍。信息发送者在发送信息时，形式要适当，如语言符号和体语应保持一致。例如，领导在批评下级的错误时，态度不严肃，就可能使下级难以认识到错误的严重性。正式、重大的事件信息用很平常的方式传递，就可能使人怀疑信息的真实性，所以，在沟通中，信息沟通的形式应同沟通的信息内容相一致，消除因内容和形式不一致带来的障碍。

（4）社会环境与知识局限产生的障碍。如果信息发送者与信息接受者之间有共同的经验区，这样才比较容易实现沟通信息的目标。如果双方缺乏共同的经验区，沟通就会遇到障碍。例如，同一领域的科学家们大量地运用专业术语、数学公式、各种符号进行沟通，既简便又实用，但如果用这种方式同缺乏相应知识和经验的外行沟通，肯定会失败。

（二）信息传递渠道中的障碍

（1）信息传递手段的障碍。在现代信息沟通中，使用越来越多的新兴信息传递手段，大大提高了沟通效率。同时，一旦这些手段发生故障就会影响沟通。如开大会时，广播的物理噪声过大，就会影响报告的效果。在信息沟通中，要尽可能地选择保证高效率的沟通工具。

（2）传递层次的障碍。信息在传递过程中，同其他的物体运动一样，会发生损耗。在信息传递中，信息损耗现象被称之为信息过滤。如果一个信息从发送者那里发出，到达接受者那里时经过的环节越多，这种过滤现象就会越严重，使到达最终接受者那里的信息大打折扣，或者被歪曲、曲解、篡改。所以，在沟通过程中，沟能的层次应当尽可能地减少，以防信息被过多地过滤。

（三）信息接受者的障碍

（1）对信息“过滤”。信息接受者在接受到信息之后，有时会按照自己的要求，对信息进行过滤，取其“对味”的信息，滤掉“不对味”的信息。

（2）理解能力的障碍，这同发送者发送能力的障碍是一样的。如果是一个发送者面对一个信息接受者，这种障碍还可以通过发送者与接受者的共同努力来消除。但如果是一个发送者面对多个接受者，其中一些接受者对信息不能理解，存在障碍，就主要靠接受者自己提高理解能力来消除障碍了。

（3）信息过量障碍。接受者在收到过多的信息时，前面已经指出，必然有一部分信息会被忽略，这对信息发送者来说要给予重视。同样对信息接受者来说，也要引起重视。一个人在信息化的社会中，所接收到的信息必然是十分多的，信息接受者不能整天埋在信息堆里，而应有重点地接受重要的信息。

第三节 沟通艺术

一、掌握沟通艺术的重要性

管理以人为中心，以人为对象，但它不是简单的我管理你、管理者管理被管理者的活动，而是由管理者与被管理者相互作用的过程。在这个过程中，自始至终都伴随着相互沟通的活动，因此掌握沟通的艺术是十分重要的。

首先，掌握沟通的艺术，有利于管理者与被管理者相互理解，取得下级的支持，做到上下一致，共同努力去完成组织任务。

其次，掌握沟通艺术，有利于管理者增强自己的权威。权力是组织赋予的，但威望却要得到承认才可能建立起来，而沟通则是使领导者的威望得到承认的基本途径。

沟通是人与人之间的信息交流，由于世上没有两个完全相同的人，因此，不同情况下的有效沟通并不一定适用于另一情况下的沟通。所以说，沟通的艺术主要靠管理者自己去探索、去总结，但从大量的沟通实践中总结出来的一般规律和方法，通过学习掌握它，对做好沟通工作，尽快形成自己的沟通艺术又是十分有效的。

二、语言表达艺术

掌握语言表达艺术的前提是要通过学习和训练，提高自己运用文字和语言表达能力，使自己运用语言的水平达到一个较高的水准，这样，使用起来才能熟练自如、得心应手。一般规律是，语言文字水平越高的人，其语言表达艺术水平越高。除此之外，在沟通中，还要与沟通对象、沟通环境、沟通内容结合起来，考虑怎样使用语言。

（一）沟通中语言的运用首先要与沟通的内容相一致，如科学性强、严肃性强的沟通内容，应少用形容词，少用比喻、夸张等修辞手法；而鼓动性的宣传、演讲、倡议、大会报告，则要选择有感染力的字句；在同志之间交流谈心时则要注意语言的真挚动人，以表达诚恳真诚的心愿。

（二）沟通中语言的运用要与对象相一致，不同的沟通对象，其理解能力不一样，要求也就不同。对于做实际工作的同志来说，由于普通工人、农民不爱听深奥的大道理和纯理论的东西，要是以他们作为沟通对象，语言文字就必须朴实生动、有理有据、简明扼要、通俗易懂。

（三）要注意语言文字净化，不用不规范、不正确的文字，在沟通中，为了使人容易记住，应尽量使用短句，在口头沟通中，尤其要注意这一点。

（四）要学会用体语表达。体语指的是在面对面的直接沟通中，信息传递者的身体动作、姿态等传递出的信息。如在交谈中，两个人坐得很近，表明之间没有距离感，就容易推心置腹地沟通；又如在表扬下级时，拍拍下级的肩膀，就会加强赞扬的口气；沟通中如果一方皱起眉头，自然是不高兴的表示；而耸耸肩膀，则表示是无可奈何，无可奉告的意思。在什么样的场合使用什么样的体语，既受沟通内容、沟通对象的约束，同时也受风俗文化的约束。如果体语使用得当，有强化沟通效果的作用。

三、聆听艺术

信息发送者发出信息之后，信息接受者对传递的信息主要通过两条途径来接收：一是眼读；二是耳听。在更多的场合，信息接受者是通过耳听来接收信息的。在双向沟通，当面沟通中，聆听艺术不仅是影响信息接受效果的重要因素，也是影响发送效果的重要因素。因为有些不良的聆听习惯反馈到信息发送者之后，会影响信息发送者正常地发出信息，如下级在向上级汇报情况时，领导心不在焉，时不时地与他人闲谈，下级就可能会立即结束汇报，那么，一些信息就被截留下来，不会传递给领导了。因此，掌握聆听艺术，一方面是要学会有效的聆听方式，二是要克服不良的聆听习惯。

（一）有效聆听方式及其要点

聆听方式从信息接受者的态度来看，可分为三种。

一种是漫不经心式的，这种方式最容易伤害信息发送者的自尊心，阻碍信息的正常发送，沟通效果最差。一般来说，在沟通中应注意防止这种聆听方式出现。

第二种是争论式，即信息接受者一边听，一边反馈信息，同信息发送者进行争论。

这种方式的沟通效果好坏取决于参与沟通的双方的身份、地位和沟通内容。一般来说，上下级之间的沟通，争论式的聆听的沟通效果不会好，因为，下级向上级传递信息，上级反驳、争论，会使下级不敢再发出信息。下级在上级传递信息时与上级争论，在大多数情况下，会使上级感到有损威信与尊严而闹成僵局。所以，下级如果对上级的决策、指示等有意见的话，也不应当场顶撞争论，应在事后恰当的时间和场合再提出来。此外，如果是在个人对群体，群体对群体的沟通中，发生争论式聆听现象，效果会更糟。但如果沟通的双方是同级人员，并且关系比较密切的话，争论式的沟通就可以取得比较好的效果了。

第三种方式为全神贯注式，如聆听时不时记笔记，点头表示注意，这种方式一般来说，沟通效果较好。

美国心理学家戴维斯提出了有效聆听的十项因素，它们是：

（1）少讲多听，多保持沉默，不要打断对方讲话；

（2）设法使交谈轻松，使讲话人感到舒适，消除拘谨不良情绪；

（3）表示对谈话有兴趣，不要漫不经心，冷漠；

（4）尽可能排除干扰；

（5）站在对方立场上考虑问题，表现出对对方的同情心；

（6）要有绝对耐性，不要随便插话；

（7）控制情绪，保持冷静；

（8）不要与对方争论或妄加批评；

（9）提出问题以显示您在充分注意和求得了解；

（10）仍是少讲多听。

戴维斯所说的有效聆听的几个要点，对于管理者在沟通过程中有效地聆听下级意见，提高沟通效果，是很有价值的。

（二）克服不良聆听习惯

不良的聆听习惯既会影响信息接受者对重要信息的注意，有的还会影响信息发送者发送信息，在沟通中是要加以防止和克服的。有人对不良的聆听习惯进行了总结，认为主要有如下几种表现：

（1）对谈话的主题无兴趣，不能安下心来听对方讲话，表现出漠不关心的态度；

（2）被对方说话的姿势所吸引，忽略了说话的内容；

（3）听不到合意的内容便激动，影响了对其余信息的接受和理解；

（4）只重视事实而忽视原则或推论；

（5）过分重视条理，对于条理较差的谈话内容不愿多加思索；

（6）假装注意，实际上心不在焉；

（7）注意力不集中，分心于他事；

（8）对较难懂的内容不提问，不反馈，不求甚解；

（9）被对方的感情语言所分心，抓不住实质性的内容；

（10）不爱动笔，内容太多时，听了后面忘了前面。

克服不良聆听习惯，有助于提高沟通效果，这需要管理者从时时处处做起，养成一个良好的聆听习惯。

四、管理者的面谈艺术和沟通十戒

在管理过程中，管理者与被管理者的沟通，经常要采取面谈的方式，掌握好面谈艺术对沟通效果、管理效果有很大的影响。掌握好面谈艺术应做好如下几点。

（一）选择好谈话的地点

不同的谈话地点在沟通中所起的作用是不一样的。在办公室谈话，表明管理者对谈话的重视，管理者所持的认真、严肃、慎重的态度。到对方家中谈话，表示着关心和爱护；约到管理者自己家中谈话表示的是亲近；在下级的工作地点谈话，表示沟通信息的迫切性和扩大影响；边走边谈则表示需要一个轻松的气氛。因此，管理者在同下级面谈时，要根据谈话的内容选择好地点。

（二）创造一个合适的交谈气氛

允许下级发表意见，交谈气氛对信息沟通的效果影响十分显著。如过于紧张，沟通就比较困难。因此，管理者应尽可能地创造一个活泼、友好，有时也需严肃的谈话气氛。在与下级面谈中，能否创造出良好的谈话气氛，其主动权在于上级。

（三）准备要充分

面谈中随时可能出现许多意想不到的情况和信息，因此，在交谈之前，一定要做好充分的准备，将各种可能出现的情况、处理方法及其后果都应仔细考虑，做出计划。

（四）时间安排应尽可能充裕

面谈的时间安排不宜过于紧迫，应根据内容留有一点余地。如果时间太紧迫，就难以充分交换意见。当然，为了充分利用时间，面谈时应尽量地集中主题，不必要的闲谈应尽量避免。

（五）讲话应有礼貌，控制情绪

管理者与下级面谈时，不可避免地会碰到下级的顶撞、争论，甚至对抗现象。在这种情况下，管理者应胸怀坦荡，要控制自己的情绪不为下级的激动情绪所影响，讲话应有礼貌，有节制，这样不仅有助于沟通进行下去，还有助于维护自己的权威。那些一见到下级顶撞就大发雷霆、拍桌子的领导威信并不一定高。在对立情绪严重的面谈中，管理者应学会“小声音说大话”的方法。

（六）管理者沟通十戒

美国管理学会在美国的企业管理实践中，为了提高管理过程中沟通的效果，总结出了管理者在沟通中应注意的十个问题，这对我们的管理沟通也有参考价值，具体如下：

（1）沟通前先将概念澄清；

（2）检讨沟通的真正目的；

（3）考虑好沟通时的一切环境；

（4）计划沟通内容时，应尽可能听取他人意见；

（5）做好必要的记录；

（6）可能时，尽量传递有效资料；

（7）应有必要的反馈；

(8) 沟通时不仅要着眼于当前，也更要着眼于未来；
(9) 言行一致；
(10) 应成为一位“好听众”。

第四节　非正式沟通

一、非正式沟通的概念

非正式沟通指不按组织结构中的正式沟通系统和方式进行的信息传递活动。非正式沟通一般可分为两大类：其一是具有补充正式沟通不足的作用的非正式沟通——谈心；其二是对正式沟通和组织有一定的负作用的非正式沟通——传言。谈心多是积极的，是领导做思想政治工作常用的方法之一。

在一个正式组织中，无论其沟通系统设立得多么精巧、严密，总还是会存在非正式沟通网络。非正式沟通网络传递的信息，通俗地讲就是人们所说的各种“小道消息”，理论上叫传言。美国管理心理学家戴维斯 1953 年发表了一篇题为《管理信息沟通与“小道消息”》一文，文中公开了他在“小道消息”传递方面的研究成果。戴维斯以一家皮革公司的 67 名管理人员为对象，采用顺藤摸瓜的办法调查了“小道消息”的传递特征。他发现，热衷于传播“小道消息”的人只有 10%。另有两位心理学家以政府机关为对象做了类似调查，也发现传播“小道消息”的人也只有 10%左右，并且总是那么几个人，大多数人不大参与传播“小道消息”。可见，热衷于传言的人所占比重不高。戴维斯还发现，传言式的非正式沟通网络可归纳为如下几种类型。

(一) 单串型

即“小道消息”由 A 传给 B，由 B 传给 C，C 传给 D……这是比较常见的非正式沟通网络，多用于传播与人们工作有关系的“小道消息”。

(二) 饶舌型

由一个最喜欢传递“小道消息”的人将他所知的消息传递给他周围的人。这种网络在新鲜事的“小道消息”中最常见。从我国的情况来看，在同一个组织群体中，这种传播网络比较常见。

(三) 随机型

由 A 将消息传给一部分人，又由这些人随机地传递给另一些人，一直类推下去。

(四) 集束型

由 A 将消息传给某些特定的人，这些人又将消息再次传递给另一部分特定的人。

二、传言的性质与特征

传言的通用形式是口头传播，速度快，也易消散，传播中失真和添油加醋的现象十分常见。传言的信息发送者与接受者没有固定的结构和位置。

戴维斯指出，传言有以下特征：

(1) 消息越新鲜，人们就说得越多；

（2）对人们工作有影响的，最为人们所谈论；

（3）最为人们所熟悉的，最为人们所谈论；

（4）人与人在工作上有关系者，最可能牵涉在同一谣传中；

（5）人与人在工作中经常接触者，最可能牵涉在同一谣传中。

传言的性质带有两重性，有利的一面与不利的一面。有利的一面是：领导通常可从传言中了解正式沟通渠道中所不能了解的情况。例如，赫尔希曾对 6 家公司 30 条“小道消息”做过分析研究，其中有 9 条是真实的，16 条完全没有根据，5 条有些根据，但有歪曲。这说明“小道消息”不一定都是不确切的消息，因为在非正式沟通中，人们的真实感情常常不自觉地表现出来，领导就可以通过非正式沟通来了解下属的心态。如因正式沟通不良，使职工信息不明，产生不安全感，甚至抵触情绪。这说明“小道消息”可能是下属的想法和忧虑心理的反映。

三、正确对待传言

非正式沟通既有补充作用，但又有扰乱作用，因此，对传言既不能一概加以否认和制止，也不可忽视传言的负作用而听之任之。正确的态度如下所述。

（一）要明确传言的性质

领导者在听到组织中的各种传言时，首先要区分它是属于政治性的传言，还是一般社会问题的传言；是会对工作造成消极影响的传言，还是有一定促进作用的传言。对于组织中存在的会影响安定团结和工作积极性的传言应加以重视，摸清传言的来源，并采取有效措施加以消除。

（二）用正式消息驱除“小道消息”

许多“小道消息”不胫而走，传播甚广，主要原因是正式沟通不足，使得那些热衷于传播“小道消息”的人有机可乘。此外，还使得一部分人只得凭空想象想要知道的真实情况。因此，对于与真实情况不符的传言，应通过正式沟通渠道发送信息驱除传言。因为真相大白以后，谣言就不攻自破了。至于危害性不大的“小道消息”，可以不予理睬，让其在非正式信息沟通渠道中自行消失，因为，一旦有人知道事实真相，必然又会反馈给他人，使不正确的消息消失。

（三）正确对待传言者

对于一般的传言者要加强引导和教育，提高他们正确区分真假消息的能力，提高批判不正确“小道消息”的自觉性。

对于饶舌型的“小道消息”的传播者，因其所传播的消息会引起严重后果，应予以重视，视情节轻重加以处理。

对于有意制造谣言并大肆传播者，则应严加处理以严肃纪律。

复习思考题

1. 何谓沟通？简述沟通的过程。
2. 沟通的形式和方法有哪些？
3. 有效沟通的障碍有哪些？如何克服？

参 考 文 献

［1］周三多．管理学——原理与方法（第四版）［M］．上海：复旦大学出版社，2004.
［2］李祥斌．军队管理哲学［M］．北京：国防大学出版社，2002.
［3］丁士峰．军队领导管理学［M］．北京：国防大学出版社，2004.
［4］乔翔．毛泽东 邓小平 江泽民军队管理思想研究［M］．北京：军事科学出版社，2007.
［5］王忠远．军队管理艺术论［M］．北京：国防大学出版社，2004.
［6］王保存．外军管理与领导［M］．北京：军事科学出版社，2001.
［7］赵金魁．军队管理学［M］．北京：海潮出版社，1999.
［8］田园．军队管理学［M］．北京：兵器工业出版社，2006.
［9］赵有生．现代管理学基础［M］．北京：经济科学出版社，2008.
［10］刘建军．领导学原理［M］．上海：复旦大学出版社，2007.
［11］陈振明．公共管理学［M］．北京：中国人民大学出版社，2005.
［12］Richard L. Hughes，Robert C. Ginnett，Gordon J. Curphy. 领导学——在实践中提升领导力［M］．朱舟，译．北京：机械工业出版社，2009.
［13］张德．现代管理学［M］．北京：清华大学出版社，2007
［14］周菲．管理心理学［M］．北京：清华大学出版社；北京交通大学出版社，2005.
［15］刘兰芬．现代领导科学基础［M］．北京：中国经济出版社，2001.